博弈分析视角下的城市公共交通定价与补贴

王江　王镜　著

中国铁道出版社
2009·北京

内容简介

城市公共交通票价的制定对于城市公共交通的发展至关重要，而票价调整和财政补贴是通过价格杠杆来影响乘客、政府以及公共交通运营企业的决策行为。本书运用博弈的方法分析不同公共交通方式间价格竞争，研究它们之间的定价策略对自身及其他局中人收益的影响，并建立相应的定价博弈模型，给出算例或实例分析进行论证。其主要内容包括城市公共交通定价及补贴的基础理论，基于博弈分析的城市公共交通定价与补贴，基于非合作博弈的不同公共交通方式间的定价方法，基于合作博弈的公共交通定价及优惠方法，基于博弈的公共交通财政补贴方法等。本书适合城市交通研究人员、专业技术人员、高校教师学生等参考。

图书在版编目(CIP)数据

博弈分析视角下的城市公共交通定价与补贴/王江，王镜著. —北京：中国铁道出版社，2009.6

ISBN 978-7-113-10152-7

Ⅰ. 博…　Ⅱ. ①王…②王…　Ⅲ. ①城市运输：公共运输：旅客运输-运价-研究②城市运输：公共运输：旅客运输-政府补贴-研究　Ⅳ. F570.5

中国版本图书馆 CIP 数据核字(2009)第 094041 号

书　　名：博弈分析视角下的城市公共交通定价与补贴
作　　者：王 江　王 镜　著

责任编辑：熊安春、杨哲　　**电话**：010-51873094
封面设计：郑春鹏
责任校对：孙　玫
责任印制：陆　宁

出版发行：中国铁道出版社（100054，北京市宣武区右安门西街 8 号）
网　　址：http://www.tdpress.com
印　　刷：三河市华丰印刷厂
版　　次：2009 年 6 月第 1 版　2009 年 6 月第 1 次印刷
开　　本：880 mm×1 230 mm　1/32　印张：6.75　字数：201 千
印　　数：1～2 000 册
书　　号：ISBN 978-7-113-10152-7/U・2519
定　　价：18.00 元

前　言

《罗马宣言》指出，公共交通是适合于所有人的出行方式。1995年，《北京宣言》（中国城市交通发展战略，北京，1995.11.10）指出，城市交通是一个高度综合而复杂的问题，必须从政策、机构、体制、管理、收费与价格、基础设施建设和投资等各个方面同时入手解决。

随着城市化进程和机动化进程的加速，使得人口向以大城市为核心的都市圈聚集，越来越多的家庭拥有私人小汽车，道路交通拥挤问题日益突出。国内外经验表明：通过优先发展城市公共交通能适度控制私人交通需求，以缓解道路交通拥堵问题。我国政府已把"优先发展城市公共交通上升到国家战略层面，是实现国家可持续发展，建设资源节约型社会、环境友好型社会，构建和谐社会等重大战略的重要组成部分"。2004年，温家宝总理和曾培炎副总理在建设部《关于优先发展城市公共交通工作报告》上做了极为重要的批示。2005年，《国务院办公厅转发建设部等部门关于优先发展城市公共交通意见的通知》（国办〔2005〕46号，以下简称《通知》）下发，优先发展城市公共交通是国务院做出的重大战略决策。2006年，建设部联合国家发展与改革委员会、财政部、劳动和社会保障部下发《关于优先发展城市公共交通若干经济政策的意见》（建城〔2006〕288号，以下简称《意见》），重申要：①加大城市公共交通的投入；②建立低票价的补贴机制；③认真落实燃油补助及其他各项补贴；④规范专项经济补偿。建设部在全国倡导优先发展城市公共交通，并于2007年9月16日～22日，联合全国110个城市举办首届中国城市公共交通周及无车日活动，充分体现了政府大力发展城市公共交通的决心。为了响应国务院的《通知》和四部委的《意见》，优先发展城市公交、实现公交低票价政策，近两年，北京、上海、广州、深圳等国内各大城市都先后实行公交票价调整并实行财政补贴。

城市公共交通票价的制定对于城市公共交通的发展至关重要。在公交服务水平一定的情况下，票价水平将决定城市公共交通的分担率，由此也将影响城市公共交通运营企业的生存和发展。马尔科姆·沃纳主编的《工商管理大百科全书》就定价问题指出，定价是市场营销决策中最难的领域之一。价格确定和发挥作用的环境是极其复杂的，尤其是涉及乘客、企业和政府的城市公共交通定价与补贴就更是如此。

“票价调整和财政补贴”是近期我国各大城市非常热门的话题，由于关系到国计民生，也关系到巨额的财政支出，是很值得交通行业的人士深入研究和探讨的课题。城市公共交通票价和补贴政策通过价格杠杆来影响乘客、政府以及公共交通运营企业的决策行为，力求现有交通资源利用率及社会环境效益达到最优，从而将城市交通系统效益趋向最大化。从某种程度上来说，城市公共交通票价和补贴也是一种运用博弈手段去调节政府、企业和乘客决策并使其整体效益达到最大化。城市公共交通降价和补贴策略是指在政府宏观调控下对企业进行补贴，鼓励企业适当降低票价吸引乘客乘坐公共交通，以取得整体经济效益和社会效益最大化的一种博弈经营策略。这种降价策略诱导个体交通转换为公共交通以提高公共交通分担率，能够最大限度吸引弹性需求的乘客，使政府、企业、乘客三者效益达到最大化。研究科学合理的城市公共交通最优定价与补贴的理论和模型，为国内公共交通定价与补贴提供新的思路和方法，具有非常重要的理论和实践意义。对于城市公共交通定价而言，可以实现以下预期目标：

其一，社会目标。由于城市公共交通的公益特性、自然垄断特性，要求城市公共交通定价要满足两个基本的社会目标，即：①公益性要求——满足城市所有居民的出行需要(满足公交覆盖率指标)，也满足中低收入人群的出行需要(使其出行费用在其人均可支配收入中一定比例之下)；②缓解城市交通问题，引导市民利用公共交通出行。为了实现这两项社会目标，大部分国家都由政府投资建设城市公共交通基础设施、进行城市公共交通的价格管制并给予城市公共交通运营企业以巨额财政补贴以维持公共交通优惠及各运营企业经营。

其二，企业目标。虽然很多的城市公共交通基础设施由国家建设，但是目前国内外大部分城市的公共交通运营基本上是由企业经营。企业定价需要满足两个基本要求：①要保本，为了企业生存；②要盈利，为了企业发展。而这个盈利水平是受到政府控制和民众监督的。城市公共交通运营企业定价的影响因素包括：成本、乘客、竞争者和政府，公共交通票价运营企业与竞争对手（其他交通方式或其他运营企业）、乘客及政府博弈的均衡结果。

根据以上目标，本书的基本框架如下：

首先，简要描述城市公共交通系统的定义、构成和特性，详细阐述城市公共交通价格及补贴的特征和原则，总结现行的定价及补贴方法，在此基础上，提出运用博弈论研究城市公共交通票价制定及补贴计算的合理性。

其次，运用博弈的方法分析不同公共交通方式间价格竞争，研究它们之间的定价策略对自身及其他局中人收益的影响，并建立相应的非合作定价博弈模型，最后以深圳市地铁和公共电汽车在相同起讫点的线路的定价博弈为例，给出相应的博弈模型，并求出均衡票价，验证模型实用性。

第三，针对城市公共交通系统中不同公共交通方式和不同公共交通企业，运用博弈理论分析它们的合作竞争定价策略，并且对非换乘合作建立定价模型并对实例进行博弈分析；对换乘合作，以票价优惠幅度为决策变量建立 Stackelberg 博弈模型，并进行实例分析。

第四，根据公共交通的特性分析对其进行财政补贴的重要性，并对出行者在公共交通和私人交通不同出行方式选择的问题上进行博弈分析，得出对中、低收入人群而言，出行者更关心的是公共交通票价；而对高收入人群而言，出行者更关心的是公共交通的服务水平（包括快捷、及时、准点、舒适等）的结论，进一步揭示财政补贴对于加快城市公共交通优先发展的必要性。针对城市公共交通补贴问题，分析乘客—政府—公共交通企业的双重委托—代理关系，并改进政府与公共交通企业之间的委托—代理博弈基本模型，提出一种新的博弈模型。

最后，根据改进的政府与公共交通企业之间的委托—代理基本博弈模型，分别建立在统包补贴、包干补贴、客运量补贴、服务及成本监督补贴这四种不同的补贴方式下具体的博弈模型，分析其补贴效果，得出包含有激励相容约束的按客运量补贴方式和在行动上建立激励合同的服务及成本监督的补贴方式效果较好的结论，并推导出合理的补贴额度以及奖惩力度系数。

目前，已有学者在城市公共交通票价与补贴方面进行了大量的研究工作(见本书第一章),但是研究方法尚不完善,而且多是注重从一个或两个方面考虑问题的情形,实用性也不强。城市公共交通的定价及补贴计算是典型的三方博弈的架构。但是截至目前,运用博弈理论分析、研究城市公共交通定价问题的非常少,而研究补贴的更是少之又少。鉴于此,本书以博弈论为工具,分析研究城市公共交通系统中各方之间的博弈关系,尝试建立城市公共交通定价、优惠定价及补贴的新的模型,并给出算例或实例分析进行论证。

由于城市公共交通研究涉及面广泛,其定价与补贴的方法各异,因此,其内容的取舍不易掌握,编写难度较大,加之著者能力和水平有限,缺点和错误在所难免,敬请读者批评和指正。

王　江　王　镜

2009 年 4 月 30 日
于深圳大学海山楼

目　录

第一章　国内外研究概述

第一节　理 论 研 究

一、城市公共交通定价

1. 国外研究

早在20世纪90年代，日本 Tabuchi M. 对公交票价制定所产生的影响进行了广泛研究，该研究分析了以地铁为代表的公共交通方式中普遍存在的规模经济现象，并以此为基础，重点分析以小汽车为代表的个体交通方式和以地铁为代表的公共交通方式形成的相互竞争的系统中，公共交通票价的制定及其对交通方式选择的影响。然而，Tabuchi 的研究忽视了小汽车与地铁两种运输方式之间的常态行驶差，没有考虑两者之间的服务质量和出行者属性的差异。

Bruno De Borger 和 Sandra Wouters 在考虑所有相关外部因素的前提下，研究了城市交通服务价格和供给的组合优化问题。通过利用价格和供给规律，给出了一个理论模型来标定不同情形下运输服务的边际成本，并以比利时某城市地区为例进行了实证研究。

Marvin Kraus 和 Yuichiro Yoshida 提出了包含用户出行用时的城市轨道交通的票价和服务优化模型。该模型与公路通行能力限制模型类似，将用户在车站的候车时间作为瓶颈处的排队时间，不同之处在于轨道运输能力的间歇性。结果表明乘客的增加导致更高的平均用户成本，服务频率和总载客量之间的关系不符合通常的平方根原则。

Paolo Ferrari 提出了一种计算道路通行费的方法，主要通过决定成本分担在汽车驾驶者及财政拨款之间的比率，从而达到社会福利最优化，该方法主要涉及到怎样求解一个带有平衡约束的优化问题。

Jiang Qian Ying 和 Hai Yang 以独立的小汽车道路网络和公交网络为对象，研究了交通系统的敏感性分析方法，同时，将敏感性分析的算法应用到联合网络的最优定价问题中，以研究交通规模和拥堵的经济特性。

2. 国内研究

高家驹的研究较早地涉及了各种运输方式运价的比价关系。他认为各种运输方式都提供一种产品，即货物或人员空间的位移，所以它们之间存在着一定程度的替代性。要制定合理的票价体系，必须要注意运价的可比性，要从竞争对手的在途时间、安全性、舒适性、方便性等等服务质量方面给予综合考虑。

杨海对出租车定价问题进行了专门研究，通过分析出租车的空驶行为和在给定路网下的出租车效用，构造了一个模型用于解释出租车的空驶率和占有率，从而描述了出租车的服务水平，研究结果表明平均出租车效用随着运营出租车数量和平均顾客等待时间增加而急剧下降。通过运用路网模型描述一定的费率结构和规模限制下的竞争或者垄断市场中的出租车服务的供给和需求平衡，从而测量出租车的利用率和服务水平。

陈启新将营运成本分为变动成本和相对固定成本两部分，通过对1967—1997年公交营运成本的统计对公交未来的营运成本进行了预测，为公共交通成本的计算提供了一种方法。

彭其渊等从经济学原理出发，考察运量(或者需求量)与票价的关系，根据价格弹性的定义导出价格弹性与票价的函数关系，从而确定公交最优票价。

王殿海、吴娟在典型公交线路财务分析的基础上，建立成本与运量关系模型；在交通调查的基础上，建立交通需求与票价的关系模型。考虑企业经济效益和公交的社会效益，确定票价的制定范围，并提出最大利润、盈亏平衡、最大社会效益三种定价方案。

仝允桓基于乘客时间价值模型和交通运量的价格弹性模型，考察运量与票价的关系，根据价格弹性的定义导出价格弹性与票价的函数关系，从而确定公交最优票价。

黄海军研究了运输价格形成机制以及弹性需求下两种交通方式的简单网络的方式选择行为，比较了3种定价方案：任意固定定价，系统首位最优定价以及次位最优定价，并利用一个算例说明了定价政策如何影响交通需求的实现、方式的选择以及整个交通系统的效率。

闫小勇等通过建立概率选择模型，分析了多种交通方式竞争条件下的客票收入、客流量、票价之间的关系。在此基础上提出了计算城市轨道交通最优票价的一种方法。

张明海通过对上海公交价格需求弹性的估计，得出上海的地面公交价格需求弹性低于欧美城市地面公交的价格需求弹性，并用从中国城市的经济发达程度，收入水平和可选择的交通工具几方面就此进行了解释，认为公交需求不会受价格变动的影响。

胡思红针对公交企业政策性亏损额度的难以确定性，对标准成本的核定和设计进行了深入的研究，并提出有关部门应对公交线路的成本一效益进行定期的动态监控，为公共交通的科学定价提供了准确的数据。

兰恒友建立城市快速交通线项目票价预测模型，采用历史趋势外推法预测运量，制定合理的票价，为乘客选择交通工具提供依据。

赵良杰等提出了用拉姆奇定价模型和“高峰负荷定价方法”确定界于边际成本和盈亏平衡点之间的最优票价，并运用计量经济学的方法对轻轨价格需求弹性系数和运营成本进行近似估算，确定了分段计程制的票价方案。

朱玲玲等在分析了铁路旅客票价和列车运行速度的经济效益的基础上，给出了一个双层规划模型来描述弹性需求下城市间多种交通运输方式竞争条件下旅客票价和线路提速策略的优化模型，同时给出了该模型的具体算法。这为合理制定铁路客票价格问题提供了一种方法。

戚宇杰等在具体分析城市轨道交通票价制定影响因素的基础上，运用系统动力学的原理和方法，构造了城市轨道交通票价制定的因果关系图及流程图，并给出了定价模型。

钟伟浩、宋家骅将常规公交与快速公交系统(BRT)的成本从资本成本(建设成本、维护成本)、运行成本和用户成本三方面进行对比，提出了成本比较分析的成本模型，为常规公交和 BRT 定价提供了可行的成本分析模型，也为 BRT 的可行性研究提供了依据。

王健和安实在拥挤定价的条件下，从交通行为科学的角度构建公交收费模型，将拥挤定价与公交收费的研究结合起来，扩展了拥挤定价理论在公交收费方面的应用。

汤薇等从便于乘客理解的角度，考虑乘客应该承担的成本及公平性问题，提出了基于生命周期客流分摊成本(Life Cycle Cost Apportioned in the entire passengers,LCCA)的城市轨道交通定价方法。该方法是在两部定价方法的基础上,将城市轨道交通项目生命周期的成本分摊到对应的客流上。

综上所述,城市公共交通的定价理论在国内外得到了广泛而深入的研究,相比而言,国内学者对公共交通定价的研究更多只是在理论层面,而实际操作运用相对较少,需要在实践中进一步论证。

二、城市公共交通补贴

1. 国外研究

近年来,世界城市公交因小汽车增加及劳动力费用高等因素,运营成本不断加大,亏损日益严重。在此背景下,自 20 世纪 70 年代以来,很多国家开始对公交补贴问题进行了广泛研究。1978 年英国 Stephen Glaister 和 Davis Lewis 建立了一个定量补贴测算模型,并结合伦敦市测算了公交补贴金额;随后 Peter Tisato 等人基于公交服务质量建立了补贴测算模型。

KARLAFTIS 和 Mc CARTHY 通过对实例的分析来研究财政补贴对公交系统的影响,结果表明,仅重新分配补贴资金而不增加补贴总额,不会对公交系统的效率产生影响。

DOUGLAS O. A. OSULA 开发了一个新程序用于估计发展中国家城市交通服务的补贴标准。程序的设计原理是通过将交通支出与收入的比率维持在一定范围之内,从而降低出行者的负担。因此,程序运行的前提是出行者的交通支出与其收入严格相关。

1997 年,比利时政府通过公共交通补贴首次引进了“免费巴士”,其后,Flemish 政府联合地方运输公司针对特定出行群体推行了所谓“第三方付款人系统”,并就这一措施的效果组织了调查和分析。

James Odeck 和 Abdulrahim Alkadi 利用数据包络分析(DEA)方法研究了挪威政府资助城乡巴士经营者的效果以及相关的影响因素。此外,还利用曼-惠特尼秩检验方法测试了所有权、运营区域和运营范围对公交运营效率和规模的影响。研究发现,虽然城乡公交在投入产出效率上并无显著差别,但是乡村公交运营者平均规模效应较低,且规模效应的方差较高。

Rainald Borck 和 Matthias Wrede 提出了一个两种交通方式的通勤补贴模型。其结果表明，不同的补贴方式产生不同的作用。例如，小汽车拥有者可能受累于公交补贴，而公交使用者却可能会受益于小汽车补贴。

John Pucher 和 Stefan Kurth 介绍了公共交通工具组织的 Verkehrsverbund 系统，该系统为欧洲和北美越来越多的地区一体化的公共交通服务提供了一种实用方法。通过研究汉堡、慕尼黑，Rhein-Ruhr 地区，维也纳和苏黎世的实例，重点探讨了如何在有限的补贴资金下避免服务恶化、车费增加以及乘客损失加剧。

Peter Nelson 为了解决人们对于运用有限的运输资金的质疑，利用区域运输模式与调整后的效用理论来推算地方公交系统给公交使用者带来的好处以及减少拥堵给小汽车使用者带来的好处。研究结果表明：轨道交通减少拥堵带来的效益超过对其的补贴，轨道交通和公交的联合效益远远高于当地总的交通补贴。

2. 国内研究

国内学者根据我国公共交通运营和收费改革的经验，对政府财政补贴的模式给予了大量关注并提出了许多有建设性的改革措施，但缺乏有说服力的补贴额度计算模型及补贴方式的合理架构。

姜国杰等分析造成我国城市公交亏损严重，服务质量不高的原因，借鉴国外的经验，重点强调“三职能分离”的原则，并针对行业机制改革和补贴方式提出具体的建议。

杨则海本书在对公共交通二重性分析基础上，将城市公共交通的亏损区分为政策性亏损与经营性亏损，并对政策性亏损的补贴机制进行了研究，通过借鉴国外政府对公共交通的补贴经验，着重对政府对公共交通补贴的两种主要形式即直接授权经营和招标授权经营进行了研究。

杨长溪介绍并分析台北市对公共交通的补贴、评价制度为中心内容，对城市补贴公共交通的合理方法、程序与其他相关措施进行探讨，以汲取有益成份用以促进我们的实际工作。

张敏、欧国立认为城市公共交通具有二重性并存在经营亏损是国内外普遍存在的事实，在分析我国现行补贴制度缺陷的基础上，提出如何保证公共交通企业在得到补贴的同时最大限度的提高生产效率，是补贴制度是否有效的关键。并从金钱和非金钱补贴两个方面具体设计了补贴制度的合理构架。

李瑞敏等在若干发达国家公交财政补贴政策分析的基础上，结合我国城市的特点，提出了我国城市公交财政补贴的改进建议。

叶海行等对现行的补贴机制进行了深入研究，并结合国外公交行业成功范例，提出了解决我国公交亏损问题的合理办法。

2005年，国家发改委价格司指出“城市公交是直接关系城市经济运行的重要公共基础设施，政府应当加大对公共交通的投资和支持力度，以价格政策鼓励居民出行首先选择乘坐公交车，缓解城市交通压力”。

王健、安实等采用交通行为科学的理论和方法，从系统科学的角度将财政补贴、拥挤定价和公交收费等问题结合起来，设计了基于财政补贴的拥挤定价下的公交收费策略，解释了如何通过拥挤定价和公交收费等手段实现缓解交通压力减少公交财政补贴的管理目标。

黎莹根据“福利经济学”的观点，为维护公共交通的社会公益性，城市公共交通的发展都在政府政策的监管之下，由此产生的政策性亏损，国家大都给予了适当财政补贴。就我国城市目前的情况，从维持公交社会公益性和促进公交企业发展的角度，对城市公共交通中的补贴问题加以讨论。

周春燕、王琼辉认为轨道交通产品的特性决定了政府必须对其给予补贴而信息不对称使政府很难对企业的成本和产品质量进行评价，因而造成公共财政资金的低效使用。对此，本书提出构建政府补贴的公众参与机制，促使轨道交通企业在降低成本的同时提高服务质量。

国内外研究成果表明：城市公共交通的补贴机制及相关政策等理论方面已取得突破性的进展，但有关公共交通补贴方式、补贴监督考核体系及补贴金额测算等方面还需要进一步深入的研究，以期探讨公交补贴的新思路、新形式。这对于实施公交优先战略、促进公交发展具有重大意义。

三、博弈论在公共交通定价与补贴中的应用

公共交通的参与者是多方面的，包括乘客、各个公共交通企业、政府等。当他们参与票价制定、补贴计算以及决策的时候，彼此之间会发生一些联系，也会产生一些利益冲突。如何理解这些利益冲突者的决策行为，

怎样为公共交通票价制定与补贴计算提供依据呢？本书引入博弈论，并认为公共交通定价与补贴，实质是这些利益冲突的主体之间所进行的博弈结果。

博弈论又称对策论，是使用严谨的数学模型研究冲突对抗条件下最优决策问题的理论。博弈论最先是由美国经济学家冯·诺依曼在1937年提出来的，他与经济学家奥斯卡·摩根斯特恩于1944年合著的《博弈论与经济行为》被公认为是博弈论诞生的标志，是关于纯粹竞争的理论。之后，纳什(Nash)证明了在这一类的竞争中，在很广泛的条件下是有稳定解存在的，只要是参与者的行为确定下来，竞争者就可以选择出最佳的策略。

博弈论以理性人假设为基础，是关于人类理性选择行为的实质性理论，强调决策者的风险中性，适合于社会、经济、管理等各个方面。个体利益与群体利益之间的冲突性、个体利益之间的冲突性、群体利益之间的冲突性是人类活动的基本表现。运用博弈论原理可以建立一个关于利益冲突的数学模型和分析框架，便于科学理解人们的决策行为，为管理决策提供依据。

1. 博弈论在交通相关领域中的应用

近年来，国内外一些经济学家将这一现代经济学的前沿分析工具——博弈论等融入到交通领域层面，取得了一些理论成果。

(1)博弈论与交通拥堵及其定价

David Levinson从车与车之间相互作用的微观基础上发展了拥堵理论和拥堵定价理论。在两方博弈论的使用中，拥堵的产生取决于双方对于早到、迟到和旅途延迟的相对评价，拥堵定价可以作为一项合作机制使得双方总成本最小。将分析延伸到三方博弈的情形时，拥堵就如参与者不主动合作而导致的负面外部效应。

黄绪明过博弈论来分析道路出行者对时间价值、道路拥挤收费的关系。讨论了垄断博弈、斯坦克尔伯格博弈、库罗特博弈来分析道路管理者、道路出行者之间的博弈行为，并且得出最佳的收费方案——斯坦克尔伯格博弈下的收费方案能更好的扩大社会收益，并且有效地减少了道路的交通流量。

黎明等利用道路交通的车速-车流量的函数关系，推导出交通个人成本与社会成本的计算公式。从博弈论纳什平衡理论得出：交通拥挤造成交通边际社会成本大于边际个人成本、用户得到了额外社会消费获利的结论。交通运管对策应根据不同道路拥挤情况征收不同的拥挤费。

曹霖针对我国城市交通拥堵问题严重的现状，通过建立类似于“公共地悲剧”的完全信息静态模型，对均衡条件进行讨论分析，在此基础上提出解决交通问题相关对策与建议，为政府实行公交优先政策提供依据。

(2)博弈论与公共交通

王成、郑树清运用博弈论的概念与方法，通过建立数学博弈模型，剖析了人们对公共道路和公交客源的利用，研究公交运营规模的相互影响，证明了对公交运营进行宏观协调的必要性和重要性。

贺国光等在只考虑公交和私家车两种出行方式的情况下，建立双层博弈模型。其中上层以社会收益最大化为目标，描述了交通管理者和出行者之间的博弈关系；下层反映了公交出行者与私家车出行者之间的博弈均衡。

周晶运用系统层次分析框架，将城市交通系统供需失衡划分为结构性失衡和耦合性失衡两类，并指出交通供需双方是一种有利益冲突和动态反应特性的博弈关系。通过这种博弈关系对城市交通供需平衡的影响分析，分别给出了调节城市交通供需平衡关系的两个层次的策略框架。

2. 博弈论在公共交通定价及补贴中的应用

虽然目前国内对博弈定价和公共交通收费理论的研究很多，但是运用博弈理论研究分析公共交通票价及补贴问题的还非常少。从经营者的角度，在市场竞争的条件下采用博弈论方法，以公共交通车费(票价)作为经营者的决策变量，将经营者的总收入作为效用函数，将经营者之间的竞争转化为经营者在路段上争夺客源的竞争，从而构造公共交通经营者之间的博弈模型。

(1)收费公路和公共交通的定价博弈

黄园高、周晶研究了收费公路和公共交通的定价博弈问题。运用博弈论的模型和方法，在自由竞争和充分合作的情况下分别建立了两者间的定价模型；探讨了在自由竞争的情况下公路收费和公共交通票价达到的均衡状态，以及在多种政府政策下均衡状态的变化，同时分析了运营者相互合作下的公路收费和公共交通票价。

(2)不同公共交通方式之间的定价博弈

陈宽民、罗小强运用 Logit 模型及经济学的博弈论，研究了城市快速轨道交通与常规公共交通之间的动态竞争过程，讨论了在此竞争背景下，城市快速轨道交通如何通过合理票价的制定，实现其客票收入的最大化；李树彬等(2006)认为各种交通方式要走向市场，运价改革是关键环节之一。通过对城市间多模式交通方式的经营博弈问题进行研究，以不同交通方式的票价作为决策变量，建立了经营者之间的广义均衡博弈模型，并表示为一个拟变分不等式问题。鉴于拟变分不等式求解比较困难，设计了基于混沌优化方法的启发式求解算法。

(3)公交企业与政府的博弈模型

李巧茹等从城市公交的特点出发，建立城市公交企业与政府的博弈模型，并对不同形式下的政府帮助政策——补贴进行分析，认为必须建立公正合理的政府对公交企业的约束激励机制，才能充分调动企业积极性，达到企业自身经济效益的优化，从而进一步实现减轻政府财政负担和整体社会效益最大化的目的。

第二节　国内外城市公共交通定价及补贴概况

一、城市公共交通定价概况

在城市公共交通定价实践中，存在两种基本观点。第一种是从宏观经济的角度出发所制定的“低票价”政策，认为公交收费的目的在于宏观效益最大化，应充分体现社会福利性，公交企业亏损可以通过政府补贴的方式弥补，这种观点在德国、法国、比利时等欧洲大陆国家和美国颇为流行；第二种公共交通收费基本观点是从微观经济出发采取“自负盈亏”政策，认为“低票价”引致的补贴政策会抑制企业的经营积极性，导致企业经营管理低效率和资源配置的扭曲，因此公交企业应同一般企业一样独立核算和自负盈亏，这种观点以英国、丹麦等国家为代表。

1. 国外概况

(1)新加坡

新加坡目前拥有世界一流的城市公共交通系统。新加坡的公共交通票制有两种：一票制和根据距离定价制。一票制主要用于短途接驳的支线公交上，干线和快速公共交通线路票价都是根据距离来进行计费。巴士票价按基价以及乘坐的阶梯数来确定，每个阶梯的距离约为 0.8 km，每条公交线路都详细绘制了各站点对应的票价图。巴士和巴士、巴士和地铁、地铁和轻轨之间实行换乘优惠，只要在下车后 45 min 内换乘其他公共交通方式，就可以在下次转乘中得到 0.25 元的折扣。规定最多换乘次数为 3 次，并且最后一次换乘的上车时间必须控制在距离第一次上车时的 2 h 内，否则就认为是第二次出行。

(2)法国

法国的公共交通票价总体上比较低廉，实行灵活多样的票制和一票换乘的系统。在法国大多数城市，约 75％的公共交通企业采用单一票制，20％的公共交通企业采用区域票制，5％的公共交通企业采用按距离分等级的票制。在法国，通常乘坐公共汽车、电车和轨道交通票价相同并通用，一票相互换乘，如巴黎和里昂有单程票、日票、周票、月票和年票等，并可在各种公共交通方式中使用。巴黎对于车票的定价原则是，在有吸引力的前提下尽可能使票价最大化，整个票价体系按照不同地域分为 8 个区，设置不同的票价标准，同区换乘免费，跨区域越多票价越贵。乘客购买的橘黄卡指定的有效小区及有效时间内，没有乘车次数限制，任意使用。周票：5～11 欧元，月票：17～38 欧元，年票：170～415 欧元。对于职工购买月票的，由企业支付其 50％补贴，并有法律规定的保障。就票价政策而言，巴黎政府认为应保证三个方面达到有机的平衡：①运营服务费用的收支平衡；②满足乘客和用户对公交的需求；③实现社会财富的重新合理分配。

与其他工业化国家一样，法国公共交通企业的票款营收尚不足以平衡运营的成本开支，更不用说满足公交扩建和新建的投资需求了。为了保障绝大多数人的交通出行权利，控制通货膨胀，法国一直执行低票价政策，因为基本票价是国家计算消费物价指数的组成部分之一。公共交通票价由地方政府管理部门每年审定一次，其上涨幅度控制在法国财政部和住宅装备交通部指导原则规定的限度以内。巴黎公共交通票价的年增长幅度则由法国政府决定，每年按物价浮动指数进行微调，通常高于省级水平。

(3)英国伦敦

伦敦地铁分区收费和采用交通旅行卡（travel cards）制度，对于促进人们出行方式选择，改善市区交通拥挤起了很大作用。伦敦市内分成六个收费区，按照地铁车站在各区的位置来区分票价；为了鼓励人们乘坐地铁，将交通旅行卡分为日卡、家庭卡、7日卡和周末卡，再按成人与未成年孩子(5～15岁)分类制定不同的收费标准(表1-1)。据统计，用此项政策收费，可使出行者减少1/3的交通费用，并有效提高了伦敦公共交通网络的服务水平。相对地铁票价而言，伦敦巴士票价更低，且短距离搭乘另有优惠票价。巴士路线亦分区段，为同心圆式四区，票价也依照涵盖区段多少而计算(表1-2)。单程票必须上车后购买，可向车长或司机询问票价。巴士亦有专用的长期票，期限从一周到一年不等。

表1-1　伦敦地铁收费标准(英镑)

	日卡		家庭卡	周末卡	7日卡
1～2区	高峰	非高峰	—	—	—
成人	5.30	4.10	2.70	6.10	19.30
儿童	2.60	2.00	0.80	3.00	7.90
1～6区	—	—	—	—	—
成人	10.50	5.00	3.60	7.50	36.90
儿童	5.20	2.00	0.80	3.00	15.70

表1-2　伦敦巴士票价标准(英镑)

出行分类		成人	儿童
伦敦中心区(1区)单程		1.00	0.40
伦敦中心区以外单程	日卡(1～4区)	2.00	1.00
	7日卡(1～4区)	8.50	4.00

(4)巴西圣保罗

巴西圣保罗市政府制定了相应的政策鼓励公众使用公共交通，并保证特殊乘客群体的乘车需求。1986年通过的联邦法律规定，每个职工自己支付的上下班交通费不应超过工资的6%。雇主在职工的工资中扣除6%以后，负担职工上下班的全部交通费，保证低收入的人都能使用公共交通。对于老人、学生和残疾人实行免费乘车，由政府对公共交通企业给予补贴，实际上是用纳税人的钱，由全社会对这些特定的乘客群体作出贡献。

例如，在库里蒂巴只要花 1.65 雷亚尔（约合人民币 5 元）就可以在整个公共交通网络中任意、方便地换乘，不需要另外支付车费，同时还对 65 岁以上老人和残疾人实行免费，对小学四年级以下学生减免收 50%票价。通过实施多样化票价和优惠政策，鼓励市民更多地使用公共交通。库里蒂巴市的公共交通行业由 10 家公司经营，由于采用一票联运的制度，因此各公司之间需要协调。为了平衡线路的分配，防止恶性循环，各公司的收入按行驶里程而不是按运客人数来计算进行分配。票价的制定以运营收支平衡为原则，而车辆购置则采取另外的办法。市政府向企业每月支付车价的 1%，10 年后车辆归还政府，由政府将退役的车辆改装成流动学校用车等各种用途。一般低收入市民的交通费支出约占其收入的 10%。

(5)加拿大多伦多

在多伦多，乘客只需支付一次费用，可以自由换乘使用地铁、公共汽车、市营电车、无轨电车中任何一种交通工具。地铁公共汽车月票为 36.5 加元，一次费用为 0.9 加元。

(6)韩国首尔

首尔采用公交统费制，其特质是换乘免费和按出行距离进行收费。若不同交通工具之间换乘但出行总距离在 10 km 以内，只收基本费用；若总距离超过 10 km，每 5 km 加收 100 韩元。

2. 国内概况

(1)北京

①公共汽(电)车。北京的公共(电)汽车票价形式有两种(不分空调车与非空调车)：单一票制和计程票制或分段累进票制。具体票价见表 1-3。

表 1-3　北京市现行的地面公交票价

线路类型	单一票制线路	计程票制线路
票价	1 元/乘次	12 km 内 1 元起价，以后每增 5 km 加价 0.5 元
优惠政策	1. 刷卡优惠：普通卡享受 4 折、学生卡 2 折优惠；刷卡乘坐有效分段计价原来使用月票的线路实行“打折封顶”，即普通卡每乘次 0.4 元、学生卡每乘次 0.2 元。持卡乘坐“9”字头线路在远郊区县运营，票价执行 8 折优惠； 2. 三种时间票(卡)：3 日卡票价 10 元，限 3 日内使用 18 次；7 日卡票价 20 元，限 7 日内使用 42 次；15 日卡票价 40 元，限 15 日内日使用 90 次，可乘坐除“9”字头以外的市区公交线路车辆；	

②轨道交通。北京地铁和城铁的票价实行单一票制，每人每次 2 元。

③出租车。北京的出租车票价分为起步价和累进价两部分，起步价 3 km 10 元，超过 3 km 每公里加收 2.0 元。

(2)上海

①公共汽(电)车。上海公共汽车多种票价并存。有单一票价 1 元、1.5 元的非空调车，单一票价 2 元的空调车，以及按里程多级票价。同一线路可能分空调车与非空调车而票价不同，详见表 1-4。

表 1-4　上海市巴士票价

	常规线路(公共电、汽车)		专线线路(大客车、双层客车)
	单一票制(市区)	累计票制(郊区)	实行累计票制
普通车	13 km 以内票价 1.00 元/人次；13 km 以上 1.5 元/人次	单一票价 2 元/人次	每公里按 0.12～0.15 元/人次计价，起价为 1 元，以 0.5 元进级
空调车	每公里按 0.12 元/人次计价，起价为 1 元，以 0.5 元进级	每公里按 0.24 元/人次计价，起价为 1 元，以 1 元进级	每公里 0.20～0.25 元/人次，起价市区线路 2 元，郊区线路 1 元，以 0.5 元进级

②轨道交通。上海地铁已开通了 5 条轨道交通线路：一号线(共富新村—上海火车站—莘庄)、二号线(中山公园—张江高科)、三号线(上海南站—江湾镇)、四号线(大木桥路—浦东蓝村路)、五号线(莘庄—闵行开发区)。票价 3 元起(五号线 2 元)，超过 6 km 4 元，以后每 10 km 加 1 元。

③出租车。上海出租车以桑塔纳为主，也有帕萨特等车型，价格和普通出租车相同。上海市出租车票价(表 1-5)。另外，上海市内全部隧道、桥梁、高架道路均不收过路费。

表 1-5　上海市出租车票价

营运时间	起步价	公里价	
	3 km 以内	3～10 km	10 km 以上
日间 (5:00～23:00)	11 元	2.1 元/km	2.1(1+50%)元/km
夜间 (23:00～次日 5:00)	13 元	2.6 元/km	2.6(1+50%)元/km

(3)广州

①公共汽(电)车。广州市长期以来对公共(电)汽车票价实行低票价政策,非空调车票价多为1元,空调车票价为2元,夜班车非空调1.5元,空调3元;少数的长线路实行分段收费。对于部分营运里程超过20 km的线路,非空调车为2元、空调车为4元。

②地铁。广州地铁1号线和2号现均实行分段计价,每相邻两站之间为一个区间,每三个区间为一段,起价为2元,每增加一段加收1元。地铁1号线票价分2元、3元、4元、5元、6元五种,地铁2号线增加两种:7元和8元。地铁车票分类:单程票分为普通单程票和老年人免费;储值票分为普通储值票、中小学生储值票和老年人储值票。对使用IC卡储值票一律按每次票价9.5折优惠,中小学生7折优惠,60～65岁老年人5折优惠,65岁以上老人免票。羊城通可以在地铁站的使用,需付押金30元/张,乘地铁可享受9.5折扣优惠。

③出租车。广州市出租车票价共分成三档:一档的定价为2.60元/km,每1元跳表里程385 m;二档的定价2.4元/km,每1元跳表里程417 m;三档的定价为2.2元/km,每1元跳表里程455 m。起租里程为2.3 km,起租价7元;当载客车辆行驶满期15 km后表内自动计收50%空驶费。

(4)深圳

①公交大巴。2007年12月1日,深圳市调整了公交票价。按28 km计算,现行的票价体系可分为一票制和分段收费。其具体票价标准见表1-6。

表1-6 深圳公交大巴票价

类型	一票制			累进制(28.1 km以上)	
	11 km以下	11.1～18 km	18.1～28 km	起 价	基 价
普巴	1元/人次	1.5元/人次	2元/人次	1元/8 km	0.5元/3.5 km
冷巴	2元/人次	2.5元/人次	3元/人次	2元/11 km	0.5元/2.5 km

另外,乘坐里程超过28.1 km的线路实行分段收费(5条),普巴起点票价1元,乘坐8 km后每乘坐3.5 km递增0.5元;冷巴起点票价2元,乘坐11 km后每乘坐2.5 km递增0.5元。同时,使用“深圳通”刷卡,乘客可享受不同幅度的票价及换乘优惠,并规定了票价上限为:非空调大巴

7 元人/次，空调大巴 10 元/人次。

②公共中小巴。普通车人公里基价 0.18 元，实行一票制的有 2.00 元/人次和 2.50 元/人次两种，实行分段收费的起点票价为 2 元；空调汽车人公里基价 0.25 元，一票制 3 元/人次，实行分段收费的起点票价为3 元。

③地铁。2004 年 12 月 28 日，地铁投入运营后，其票价实行分段收费：每相邻两站之间为 1 个区间，每 4 个区间为 1 个区段，运营初期起步价为 2 元，可乘坐 3 个区间，每进入下一区段加收 1 元，全程票价 5 元。

④出租车。深圳出租车分为红、黄、绿三种颜色：红的可以在关内外通行，黄的只能通关内，而档次最低的绿的限定在关外运营，其票价见表 1-7。

表 1-7　深圳市出租车现行票价

车辆颜色	起步价	公里价	候时费	夜间附加费	行驶区域
红	12.5(3 km)	2.4 元	0.8 元/分	30%	跨特区
黄	12.5(3 km)	2.4 元	0.8 元/分	30%	特区内
绿	7 元(2 km)	1.6 元	0.5 元/分	20%	特区外

(5)香港

香港九龙巴士(1933)有限公司(九巴)在九龙和新界区经营 342 条路线和 65 条过海路线。九龙市区各线巴士收费 2.4 元至 11.2 元不等，新界路线的巴士车费则由 1.6 元至 38 元不等。

城巴是港岛其中一家专营巴士公司，经营 113 条巴士路线，包括 65 条港岛路线、31 条过海路线及 17 条服务东涌/机场的路线。票价方面，港岛路线收费由 2.5 元至 11.9 元不等，接驳对外和机场路线的收费则由 3.5 元至 45 元不等。

新世界第一巴士服务有限公司(新巴)经营 54 条港岛路线、8 条九龙/将军澳路线及 33 条过海路线。票价方面，港岛路线的车费由 3.0 元至 11.6 元不等；九龙及将军澳路线的车费为 3.2 元至 7.5 元不等。

新大屿山巴士(1973)有限公司(屿巴)在大屿山经营 23 条路线，收费由 3 元至 40 元不等。

龙运巴士有限公司(龙运)经营北大屿山和位于赤鱲角的机场的专营巴士服务，经营 18 条路线，车费由 3.5 元至 28 元不等。

目前，香港地铁共有观塘线、荃湾线、港岛线、将军澳线、东涌线、迪斯尼线等六条线路。地铁的成人八达通车费比单程车费稍低，成人八达通车费由港币 3.8 至港币 23.1 不等，长者、学生及儿童享有八达通特惠价，优惠最多时比成人八达通车费少一半多。成人单程车费由港币 4 元至 26 元，长者、儿童及香港学生的单程特惠票价由港币 3 元至港币 13 元，视车程而定。

香港地铁实行多级票制，并可一票换乘：起步价（可乘 2 站）：普通票 4.0 元，八达通 3.8 元，八达通特惠价 2.3 元。以后至第 3、4 站票价为 5 元；至第 5、6 站票价为 6 元；第 7 站以后每增加 1 站加 0.5 元。注：①站间距离约 1 km 左右②跨海隧道需另行加价。

香港出租车的起步里程为 2 km，票价视区域不同而不同，相对新界和大屿山的票价，香港市区出租车的各项收费都较高，具体见表 1-8 所示。

表 1-8　香港出租车票价（单位：HK$）

项　　目	市区	新界	大屿山
首 2 km	15	12.5	12
以后每 0.2 km	1.4	1.2	1.2
每分钟等候时间	1.4	1.2	1.2

二、城市公共交通补贴概况

1. 国外概况

公共交通作为城市的基础设施，在经济建设和人民生活中均起着举足轻重的作用，其发展可带来一定的外部经济。因此，发展公共交通具有一定的特殊性。一方面，公共交通企业必须注重社会效益，不可能完全按照市场原则运转；另一方面，作为企业，公共交通企业也要盈利。公共交通企业具有二重性的特点。许多国家都制定相应的政策扶持公共交通企业的发展。

国际公共交通联合会，曾经对前苏联、美国、英国、德国、日本、澳大利亚、加拿大和丹麦等 24 个国家的 79 个城市公共交通企业进行了调查，其中有 76 个公共交通企业得到了政府不同渠道、不同方式、不同程度的补助，占被调查企业总数的96.2%。可见，大部分国家政府对城市公共交通企业都实行了优惠扶持的经营补贴政策，并且补贴占运营总费用的比例呈增长趋势。例如1970年至1982年间，美国由15%上升到63%，西德由23%上升到38%，瑞典由21%上升到60%，英国由8%上升到32%。补贴最显著的效果是：可使票价保持低水平，并能提高客运服务质量和服务水平，同时还可吸引更多层次的居民乘坐公共交通车辆。

(1)美国

从20世纪60年代开始，美国政府就出台了一系列的法律法规保证对公共交通的财政补贴，体现了对公共交通的扶持。1964年美国通过了《城市公共交通法》，目的是要维护已有的城市公共交通系统，并改善和扩大其服务。据此，美国各个城市的公共交通计划项目，只要属于地区交通规划的就可以获得联邦政府的拨款，并且政府拨款高达项目总费用的2/3。

1970年，美国又通过《城市公共交通扶持法》，明确规定了公共交通获得道路权、开辟公共汽车专用道路或优先通行道路。此后，联邦政府对公共交通的资助范围进一步扩大，并且将联邦公路基金的一部分用于公共交通项目。

1991年，美国《综合地面交通效率法》提出限制私人小汽车并鼓励发展公共交通的政策；1992年《国家能源政策法》规定，企业雇主可以向职工提供每月60美元的免税福利，用于支付公共交通的费用。1998年美国签署的《21世纪交通平衡法》在《综合地面交通效率法》的基础上，增加了许多有利于公共交通的内容。

为了鼓励和引导人们乘坐公共交通工具，美国州、市政府加收小汽车牌照税、驾驶执照税和停车费，每一加仑汽油多收0.18美元，其中的0.06美元作为公共交通建设基金，企业凡职工人数超过100人均需制定减少小汽车使用数量的计划，并要采用通勤班车的办法解决25%以上职工上下班交通或租用公共交通工具。洛杉矶市还专设了0.5%的零售税用于公共交通。

无论是纽约还是波特兰，政府财政支持对城市公共交通的发展都起着举足轻重的作用。在纽约市公共交通经营收入结构中，联邦和地方政府通过税收给予的补贴就达到公共交通开支的50%。政府从上世纪90年代中期至今共投资了500亿美元，用于公共交通设施的维护和建设。

在波特兰除了联邦政府的拨款支持外，工资税也是投入公共交通建设的经济支撑。由于工人雇用和公共交通有着密切的关系，政府要求每个雇主根据公司的雇员数目缴纳工资税，并将税收收入主要部分用于对公共交通的补贴，以保持城市公共交通的良性循环。纽约已规划了公共交通的八大建设项目，总投入达到270亿美元，准备在曼哈顿地区建一个火车站，并将所有的地铁线连起来，设置数个大型换乘中心，用5至10年时间新辟和延伸地铁、公交线路，进一步完善公共交通系统。

(2)英国

20世纪90年代，英国政府减少了对公交企业的财政补贴，使得公交成本更多地转嫁给乘客，导致公交票价大幅提高，公交客运总量下降了24.7%，票款营收少了4.1%。同时，私人汽车出行增加，造成交通拥挤加剧。经过几年实践，英国政府提出了新的票价政策：①三年之内冻结公交票价；②2002年定为单一票价(为0.7英镑)；③三年之内地铁票价涨幅不超过通货膨胀率；④推广使用新的智能卡，以实现一体化的票务系统；⑤争取国家对伦敦市公交提供更加合理的财政支持。

(3)法国

法国中央和地方政府一贯高度重视城市公共交通的发展，把城市公共交通的发展摆在优先发展的重要战略位置上并作为长期不变的目标用法律形式给以保证。依据法国公共交通法建立的公共交通税，规定9人以上企业需按工资总额提取1.2%～2%的交通税，从而保证公共交通发展有可靠的资金来源。巴黎市区交通税率为2.4%，交通税征收后，由巴黎交通管理委员会每月分配给公交总公司、国铁等交通企业。交通税是巴黎公交总公司弥补亏损的重要来源。除对企业征收公共交通税以外，法国政府还规定企业要支付员工公共交通黄票(类似于月票)成本票价的一半。由于以上政策，公交公司每年的实际亏损都得到政府的足额补贴。具体表现在：为了抑制票价上涨，国家补偿70%，地方补偿30%。因票价折扣导致的收入减少部分由巴黎运输组织、国家及地方自治运输组织实施全额补偿，为维持赤字线路经营的补助由地方自治体实施全额补助。

(4)德国

德国对公共交通企业的减免税收主要是减少公共交通销售税(增值税)的50%和完全免收公共交通的车辆税，另外还减收公共汽车的用油税。为了支持公共交通的建设，1971 年制定了《改善地区交通状况的财政资助法》。政府所得资金的一半用于发展公共交通。公共市郊客运企业在完成公共经济方面的运输任务时，客运收入不能弥补费用支出的，由政府对其进行经济补偿并可获得减轻税收的优惠；企业由于实行某些免费运送而产生的车费损失将得到补贴；无轨电车和公共汽车免收车辆税。另外，政府对重残人和陪同人实行免费乘坐公交车，车资由政府给予补偿。汉堡 HVV 的经常收支的赤字补偿是以运输收入筹措日常经费的 65％为目标，剩下的 35％由汉堡州实施补偿，伴随社会政策性降价（如学生票折扣等）的损失是由联邦政府等补偿赤字金额的 50％。

(5)巴西库里蒂巴

巴西库里蒂巴市是巴西东南部的一个大城市，其优先发展公交的做法为发展中国家树立了楷模。1994 年联合国环境发展大会推荐该市为“公共交通示范性城市”。该市参与公交运营的 10 家公交公司均为私营，各公交公司在政府指定线路运营，各公司收入不与票款收入挂钩。政府对公交经营活动进行管理，即负责线路规划、调整、公交基础设施建设和组织购买车辆，并委托“公交管理公司”严格按该市规定的公交条例分配各公司收入，政府予以财政支持。该市优先发展公交的措施使市民受益匪浅，该市 75％的市民上下班乘坐公交车，良好、富有效率的公交系统带动该市经济持续快速发展。

(6)澳大利亚

澳大利亚悉尼和墨尔本的城市公共交通以城市铁路为主体，简单、方便、快捷为特征。澳大利亚公共交通实行低票价政策，政府将公共交通企业视作社会公共福利事业，公共交通场站建设及车辆购置均由政府投资，甚至某些城市专设一条免费线路以显示其福利特征，对公共交通企业亏损予以补贴。

(7)加拿大多伦多

政府对日常收支的赤字补偿是以营业收入筹集总经费的 68％为目标，剩下的 32％由洲和大多伦多市各负担一半左右，伴随票价的社会政策性降价的损失补偿由大多伦多市补偿 50％或 100％。

(8)韩国首尔

首尔市政府针对IC卡折扣引起的收入损失，给予一定数量或全额补偿。由于换乘乘客的费用折扣引起的收入损失，市政府会给予全额补偿。

(9)其他国家

世界上许多国家都对公共交通进行不同程度的补贴，从统计的几个国家来看，荷兰对公交的补贴占运营成本的比例最高，达78%；美国对公交的补贴占到运营成本的60%左右；补贴最低的瑞士也占到了运营成本的28%。具体的各国公交补贴占运营成本的比例如图1-1所示。

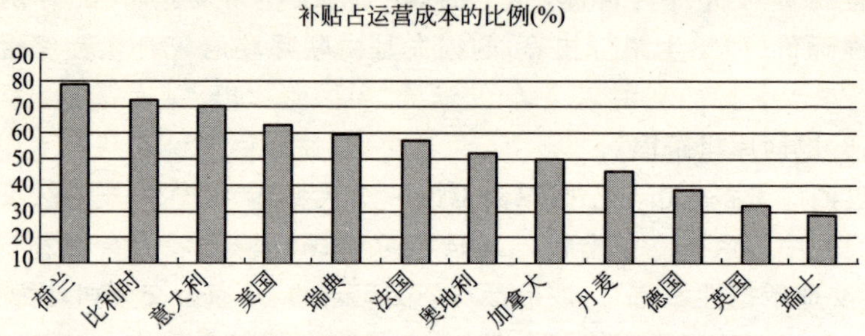

补贴占运营成本的比例(%)

90
80
70
60
50
40
30
20
10

荷兰 比利时 意大利 美国 瑞典 法国 奥地利 加拿大 丹麦 德国 英国 瑞士

图1-1　各国公交补贴占运营成本比例比较图

2. 国内概况

由于我国国营公交企业普遍亏损，政府补贴被理论界和实务界普遍认为是治理我国公交问题的有效措施，因此其成为我国公共交通收费问题研究的热点之一。建设部副部长仇保兴指出："凡是公益性功能造成的政策性亏损，应由政府全额予以补贴。这种补贴必须通过政策和法规来确定，而不是通过人际关系。世界上许多国家长期实施对公交企业给予稳定的、法定的公共财政补贴与价格政策。"

由于公共交通具有公益性的特征，决定了公共交通票价变动相对其他商品价格必须保持稳定性，公共交通的供给需求价格弹性相对其他商品较小。因公共交通企业公益性功能造成的政策性亏损客观上要求政府予以财政补贴，补贴制度是否有效的关键在于公共交通企业在得到补贴的同时是否能够最大限度地提高生产效率，需要设计补贴方式的合理架构。补贴架构由两部分组成：政府通过政策、规划等方式改善公共交通企业的经营环境的非金钱补贴方式；政府直接拨款给公共交通企业的金钱补贴方式。

中国公共交通企业的补贴经历了三个阶段，在改革开放以前，公共交通完全属于国有企业，基于公共交通的公益性，公交行业普遍亏损，亏损的部分完全依靠政府补贴，造成公交企业效率低下，服务质量得不到提高。

改革开放以后，各大城市开始将私人企业引入公共交通行业，将公共交通企业推向市场，并取消了政府补贴。在一段时期内，这种策略产生了一定的效应，确实使公共交通企业提高了效率和服务质量，政府也摆脱了巨大包袱。同时，也产生了一定的负面效应，公共交通行业内部恶性竞争，企业一味地追求利润最大化而使公共交通行业失去了原本的公益性。

近几年，私人小汽车增长速度过快，导致了一系列城市交通问题，尤其是小汽车的大量使用造成的交通拥堵问题、环境影响问题等等，为了提高城市公共资源的利用率，解决交通拥堵，国家提出了《优先发展城市公共交通》的战略，鼓励发展大容量公共交通，并利用低价策略最大限度地吸引客流，同时加大对公共交通行业政策性亏损的财政补贴力度。

(1)北京

从 2007 年 1 月 1 日起，北京市实行了大幅降低公交票价的优惠政策：取消使用多年的公交月票，公交集团的 115 条线路、5 000 辆车实行普通卡 4 折、学生卡 2 折的低廉收费优惠，并且对本市享受居民最低生活保障待遇人员及其家庭的学生购买月票卡时每卡每月还给予 10 元的补助。同时还一举打破了空调车与非空调车的票价界限，实现了统一票制，把公交车的票价优惠由过去仅对持月票者的“小众优惠”变为对所有乘客的“大众优惠”，由此产生的巨额亏损全由政府买单。北京的公共交通补贴中，2009 年的地面公交补贴将达到 104.2 亿元，比上年增长 13.9%；随着地铁线路不断增长，运营成本也越来越高，2009 年对地铁补贴将达到 15.2 亿元，比上年增长 92.4%。同时，为广大市民继续提供低票价的公共交通服务，在对廉价公交实施财政补贴方面，北京计划每年将支付 40 亿元，其中，仅公交 IC 卡刷卡打折优惠政策这一项，就会补贴 34 亿元。未来 5 年内，政府将向公共交通投入 715 亿元。

(2)广州

广州市现行补贴政策为：政府对公交企业定额财政补贴，若干年不变，亏损增加不追加，亏损减少不退缴，以鼓励企业减亏创收。自 1995 年以来，每年大约补贴 4 000 万元左右。不过这种补贴方式存在诸多问题：与现行的公交专营权制度相违背，抑制了公交企业公平竞争的积极性；掩盖了公交企业政策性亏损和经营性亏损的界限，由于现有多数公交企业都是公有制，不利于公交企业降低经营成本；补贴方式没有与公交企业的服务水平相挂钩，不利于其改善服务；补贴方式没有与经营线路相挂钩，不利于客源少的公交线路运营。

(3)武汉

武汉市 2000 年的补贴是 4 100 万元，每年减少 20%，到 2004 年取消。另从客票收入中提取 9 000 万元的城市公用附加费，用于企业亏损补贴，享受补贴及优惠的公交经营者数量占全部公交经营者的 1.3%，运营里程占 16.2%，旅客运输量占 71.2%。

(4)香港

我国香港政府不对公共交通企业进行直接的财政补贴，但是在税收方面给公共交通企业一定的优惠——免征燃油税和车辆进口税(或仅征收 5%)。同时香港政府提高私营小汽车税率，抑制私人小汽车的发展，以便扶持发展公共交通。

(5)深圳

从 2007 年底开始，深圳市民通过“深圳通”出行的费用最少降幅达到 20%，平均降幅达到 25%以上。公交降价方案包括优化票价结构和实施刷卡打折两大部分。其中公交大巴线路降低票价的基本思路是维持现行一票制票价政策不变，将降价的着力点放在分段票制线路票价上：①降低分段票制冷巴线路基价；②通过调整计价方式、缩短计费单位、优化票价结构，形成起步价加里程价的计价方式，使分段线路票价更趋公平、合理；③规定线路票价上限。在此基础上，再通过“深圳通”刷卡打折，进一步对一票制和分段票制线路实行优惠，同时实施换乘优惠。对因改革计价方式、降低人公里基价、缩短计费单位、优化票价结构等措施引起的深圳公交经营企业收入减少或亏损部分，政府将对相关公交企业将支付每年 5～10 亿元的财政补贴，以保证公交企业的基本利润，同时采取一定激励机制鼓励企业经营发展。对于刷卡优惠和换乘优惠实行全额财政补贴，因优化票价结构而对公交经营企业产生的影响因情况较为复杂，财政拟先予以定额补贴方式，降价方案运行两年内，对专营公司实行审计，根据审计结果确定补贴金额。

第二章　城市公共交通定价及补贴的基础理论

第一节　城市公共交通系统的范畴

一、定　　义

城市公共交通是城市中供公众使用的经济方便的各种客运交通方式的总称，具体是指在规定的路线上，按固定的时刻表，以公开的费率为城市公众提供短途客运服务的系统（Wolfgang，1982）。城市公共交通系统通过提供各种公共交通工具，为城市居民生产、工作、学习、生活等需要出行的活动提供服务，帮助乘客实现位移，满足人们的各种交通出行需求。城市公共交通系统是整个交通运输业非常重要的一个分支，它具有交通运输业的全部特性，也有其不同的特殊性，特殊性在于它的服务对象是人，是在城市中为了各自的出行目的而要出行的人们。因此，必须坚持“以人为本、可持续”的理念，统筹考虑资源与环境、大力发展绿色城市公共交通。

二、构　　成

以往传统的城市公共交通系统的定义中并没有考虑客流。城市公共交通客流是指城市居民为实现各类出行活动，借助各种公共交通工具，在城市范围内有目的的流动，包括数量、方向、距离、时间和地点等要素。因为，客流是城市公共交通的需求体现，是城市公共交通工作的出发点。无论是城市公共交通线路的开辟、站点的设置，还是客运工具的选配、行车频率的确定，乃至公共交通票价的制定，都离不开对客流的分布、需求层次的把握。

因此，城市公共交通系统应由三部分构成。第一子系统：城市的交通工具和交通设施，这是城市公共交通系统中的一个非常重要的子系统，我们常称之为“硬件系统”，它包括常规公共交通工具，如公共汽车、电车；快速轨道交通，如轻轨、地铁；公共交通场站和枢纽，如车站、调度中心、保养场、停车场等；第二子系统：城市公共交通法规、规划和运营管理系统，我们称之为“软件系统”，包括交通法律法规及相关政策体系、城市交通线路和站点的选择、公交票制、票价和票务管理、服务水平和服务质量标准、运营调度、车辆保养维护等；第三子系统：城市公共交通客流。如图 2-1 所示。

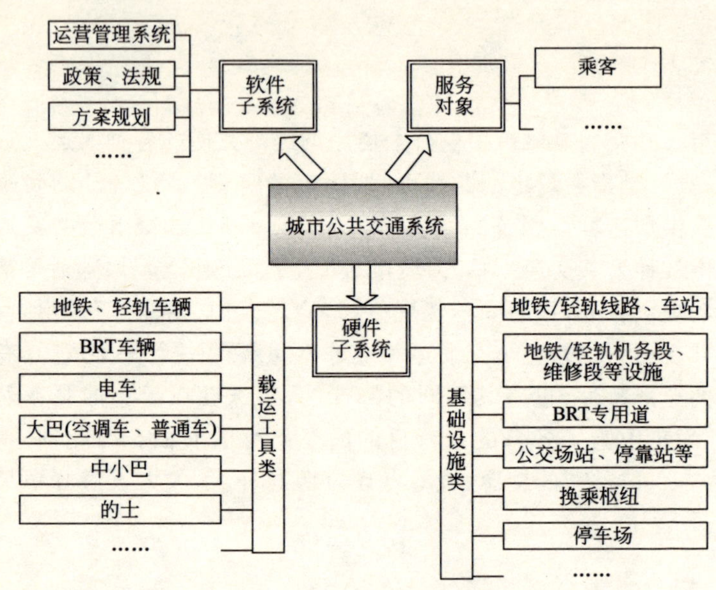

图 2-1　城市公共交通系统构成

这样定义的城市公共交通系统不仅涵盖了城市公共交通系统的承担者：政府与运营企业，也包括了对于系统会产生重要影响的乘客；不但考虑了系统的静态状况（设施与规章），同时考虑系统的动态特征（管理与客流）。这也为博弈理论在城市公共交通系统中的应用奠定了基础。

第二节　城市公共交通的特性分析

一、行业特性

按照国家统计局 2002 年修订的《国民经济行业分类》的定义，行业

(或产业)是指从事相同性质的经济活动的所有单位的集合。城市公共交通行业,是指在城市及其所辖范围内提供人空间位置移动服务的所有单位的集合,通常包括各种城市公共交通方式(如巴士、地铁、出租车、轮渡等)、城市公共交通的基础设施(如公共交通场站、票务清算系统等)和运营企业。

城市公共交通具有非常独特的行业特性,将其各种特性按照社会属性、经济属性和自然属性分类,其关系如图 2-2 所示。从图中可以看出,许多特性属性交错,较为复杂。认识清楚城市公共交通行业特性,对于正确制定相关政策和理论研究具有重要意义。本书从图示的几个方面予以详细分析。

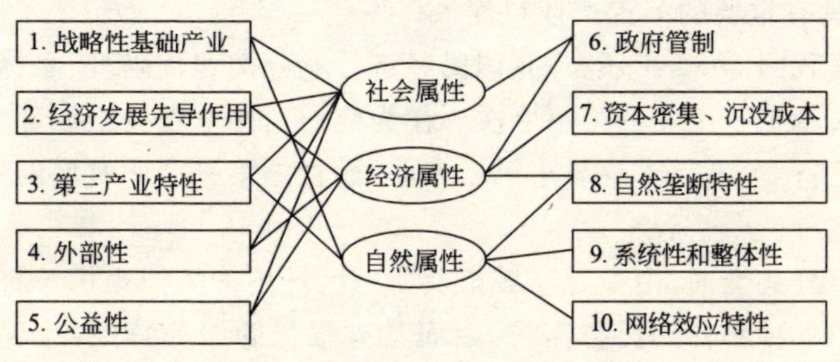

图 2-2　城市公共交通的产业特性

1. 具有战略性基础产业的特性

1994 年,世界银行在其《世界发展报告》中,对基础设施做出的定义是:“基础设施被称为一国经济的社会管理资本。它们都程度不同地存在着规模效益递增规律,存在着使用者与非使用者之间的利益的溢出性”。以道路、地铁或轻轨线路和换乘中心、公交场站等城市公共交通枢纽为主体的基础设施与公共交通载运工具一起构成的城市公共交通运输体系,是支撑城市经济的最主要的基础产业之一。同时,交通基础设施是国防力量的重要组成部分,城市道路以及枢纽场站是交通基础设施的重要组成部分,因而具有军事战略性。

因此,城市公共交通系统的规划与建设必须从城市发展和安全的战略高度出发,才能适应城市经济发展的需要,适应国防战备的需要,充分发挥战略性基础产业的作用。

2. 具有经济发展先导作用的特性

城市公共交通是城市社会生活和经济运行的大动脉。随着现代化和城市化进程的加速，任何城市中人们的活动都需要借助安全、高效的城市公共交通系统来实现。良好的城市公共交通系统在改善城市投资环境及经济发展方面会发挥巨大的带动作用。例如，地铁建设所到之处，那里的土地必定增值，经济和社会也得以发展和繁荣，这就是20世纪90年代的“新城市主义”理念“TOD”——以公共交通为导向的土地开发模式。北京地铁5号线的开工修建，沿线的商品房价格上升了约300元/m^2；上海地铁1号线开通后，闵行区的房价上升了30%左右。许多城市发展的经验已经证明：交通运输系统具有对当地经济发展的适当超前性规律，交通运输的基础设施建设是启动经济发展的龙头。

3. 具有重要的第三产业特性

根据我国1985年颁布的《国民经济行业分类和代码》国家标准，交通运输业属于第三产业的第一层次。作为交通运输业重要组成部分的城市公共交通行业，不仅本身属于第三产业，而且是第三产业发展的先行行业和重要基础。

城市公共交通，由于是在城市及所辖区域内为人们提供位移服务，以满足人们各种各样的出行需求，因而具有很强的服务特性，这种“服务过程”就是城市公共交通的“生产过程”，所生产的产品就是人们的位移，就是通过提供“交通服务”直接满足人们的某种（如上班、上学、购物、旅游等）“位移”需要。因此，城市公共交通行业产品的生产与消费是同始同终的，在服务过程中所创造的特殊使用价值和价值，也在消费过程中同时呈现出来。

任何经济活动都必须要有人的参与，只有具备了安全、高效的城市公共交通系统，才能把城市内各个部分有机、高效地连接起来，才能实现城市经济的快速发展。

4. 具有显著的外部效应特性

外部效应特性又称外部性、外部效应或溢出效应，是指“当一群人的活动（不管是消费者或生产者）影响了另外一群人的福利却没有给予任何报酬或补偿时，就产生了外部性”。

城市公共交通系统通过各种交通设施、交通工具，运用各种交通运营手段为实现乘客的位移提供服务，它扩展了人们在流动方面的规模、密度和广度，创造了更多的就业机会，为人们参加社会经济活动、享受各种娱乐提供了条件。城市公共交通为城市提供了相当大的经济和社会效益，它创造的巨额无形价值融于社会各生产企业和流通领域之中，这些社会效益无法完全计入公共交通服务的价格之中。

同时，城市公共交通行业自身的发展与消耗也会促进其他产业的繁荣：轨道交通、大型公交换乘枢纽或场站的建设，会导致沿线和附近土地的迅速增值，促进建筑材料业、建筑业和建筑装饰业的发展；地铁、轻轨以及各类交通机械对金属的需求是采矿和冶金工业迅速发展的重要动因；城市交通业巨大的能耗促进了煤炭和石油工业的发展；城市交通业的发展为新材料、新技术、新工艺等应用提供了广阔的市场。

因此，从我们的现实生活可知，城市公共交通具有非常显著的正的外部性，表现为城市公共交通对城市经济发展、土地价值、房地产价格、城市CBD区、城乡结合部、就业等的巨大的"正的"经济影响。当然，也具有明显的负的外部性，主要表现在轨道或场站、换乘枢纽的建设消耗不可再生资源、对城市生态环境的破坏，载运工具给城市带来的噪声和空气污染、视觉障碍等。

由于目前新技术、新产品的应用，城市公共交通所采用的运载工具将更加要求低污染、少能耗、少噪声；由于新技术、新设计的采用，城市公共交通系统将为人们提供更加安全、高效、舒适的运输服务，为城市带来美观、园林生态型的交通基础设施，由此可以大大减少城市公共交通所带来的负的外部性。

5. 具有广泛的公益特性

《罗马宣言》明确指出，交通系统的组织应满足最广泛的社会需要，并为大多数市民提供可持续的交通选择。城市公共交通的设施和服务是为城市及所辖区域内的所有成员共同使用，不能分割，因此，需要承担一定的社会公益义务，赋予其公益特性。

空间位移是现代社会的人们生产和生活的基础，城市公共交通为人们的各类生产、生活活动提供了一种必不可少的服务，尤其对于城市中广大的中、低收入人群，城市公共交通更是可以满足其日常工作和生活的最基本出行需要。因此，城市公共交通行业应具有普遍的公益特性，这也要求城市公共交通企业不能像其他企业一样，仅以获取最大盈利为企业经营的目标，城市公共交通行业的最基本职责是满足城市中、低收入人群的出行需求。城市公共交通的价格政策需要充分考虑居民在经济上和心理上的承受力，同时也可以通过价格吸引更多的客流，发挥公共交通经济、环保、少拥堵的特性。例如，我国北京、深圳等城市的公共交通票价在近一年来大幅度下降，就是主要考虑城市公共交通的公益性所采取的利民政策。

6. 具有网络效应特性

著名产业经济学家奥兹·谢伊曾经指出：运输业的特征体现为生产者生产技术上的网络经济性。这些生产网络是由大量的线路以及可替代线路构成。

城市公共交通网络是以城市为中心的客运枢纽、场站和各种公共交通线路共同布局连接构成。城市公共交通网络从组成来讲，可以分为三部分：①基础设施网络，由城市公共交通基础设施组成；②运营网络，由城市公共交通线路与载运工具等组成；③信息资源网络，由各种城市公共交通资源信息组成。

城市公共交通网络特性具体表现为：规模经济效应性、相容性和扩展性。规模经济效应性是指城市公共交通网络具有由于其规模的不断扩大，客运量及客运周转量的增加导致其平均成本不断下降的现象，即经营规模越大，平均单位成本越低，规模效益明显；相容性是指城市公共交通场站、公共交通停靠站、换乘枢纽与各条线路间必须具有较好的相容性，以保证网络整体功效的发挥。这种相容性应该在网络的规划、建设初期就予以考虑；扩展性是指由于城市公共交通的经济先导和正的外部性的作用，城市公共交通的发展会进一步推进城市化的进程，城市化进程的加速又会进一步聚集和吸引新的客流，推动城市公共交通的发展，城市公共交通网络的诸多特性都进一步要求其具有良好的可扩展性。

7. 具有资本密集、沉没成本的特性

相对于其他行业，城市公共交通是一个需要巨额投资的大型资本密集型行业。城市公共交通需要通过路网、公交场站来提供服务，而这些城市基础设施不但投资额巨大，而且具有很强的资产专用性、不可逆性，存在大量的“沉没成本”。城市公共交通基础设施的投资往往是城市固定资产投资总值最大的部分，这些投资，大都具有沉没成本的特性，即一旦投资后，一般很难移做他用，具有不可逆性。例如，地铁或者轻轨，线路、车站以及很多相关设施建成之后就难以变动，而且随城市客流的变化而变化的可能性很小。目前，国内地铁每公里的造价约在人民币 5 亿元至 8 亿元间，相当巨大。地铁站和轨道建好之后，改动的难度将更大，需要的资金也将更多，为不经济和不科学的行为。因此，城市公共交通基础设施的规划与建设一定要具有前瞻性。

8. 具有自然垄断属性

美国著名经济学家哈尔·R·范里安在分析企业的自然垄断特性时指出，当大量的固定成本和少量的边际成本并存的情况称之为自然垄断。城市公共交通所具有的三个特性：显著的规模经济特性、大量的沉没成本以及服务的社会公益性，使其拥有自然垄断特性。城市公共交通基础设施的建设需要投入大量的资本，而这些资本，收回需要相当长的时间；如果退出经营，是无法取回的。而且，这些设施具有很强的资产专用性，它只能用来提供某种服务，而不能移作他用；它只能服务于特定区域，而不能转移到其他区域。这些设施一旦建成，随着客流量和客运周转量的增加，平均成本降低，边际成本呈递减趋势，规模效益明显。规模经济使得城市公共交通中的部分行业一家或少数几家经营比多家企业同时经营更符合社会经济效率原则。垄断性城市公共交通企业的垄断能力大小，取决于沉没成本的大小和规模经济的大小。这些因素也决定了政府对相关行业应采取程度不同的管制政策。

经济学界对自然垄断的认识经历了不断深化的过程，并且由此影响了政府对具有自然垄断属性的行业（如城市公共交通、供水、供电、通信等）管制政策的变化。政府对具有自然垄断特性的行业需要进行两类管制：第一，准入规制。在自然垄断领域，市场竞争将导致低效率，甚至带来“毁灭性竞争”，损害公众利益和降低社会福利。因此，需要政府对具有自然垄断特征的行业在市场准入方面进行规制；第二，价格规制。根据经济学原理，只有当价格等于边际成本时才能使社会福利最大。可是，在自然垄断行业，当价格等于边际成本时，企业将亏损。这是因为自然垄断企业面对的是一条平均成本持续下降的曲线，边际成本曲线必定位于其下方。这样，总收入（价格与产量之差）将小于总成本（平均成本与产量之和），企业处于亏损状态。这便是自然垄断的矛盾，市场无法解决，必须由政府对价格进行管制，在社会福利和企业业绩之间保持平衡。

由于自然垄断的这些经济特性，自然垄断行业中的经营者往往缺乏足够的降低成本和推进技术进步的动力。因此，在城市公共交通行业中，如何引入竞争、提高效率、保证服务水平，成为一个重要的课题。从总体上看，城市公共交通属于自然垄断行业，但并不是其中所有的业务都具有自然垄断性。比如，城市公共交通的基础设施，如地铁线路、地铁车站及地铁的相关辅助设备，巴士公交场站，换乘枢纽中心，票务清算中心，公共交通信息平台等等，它们的高额固定成本投入、使用寿命长、沉没成本和规模经济形成了趋于垄断控制的倾向；而可移动部分，如大巴、中小巴和出租车车辆（地铁车辆因其专用性强、投资大而除外），则易于进入、灵活和缺少规模效应，倾向于刺激竞争。依据业务特点对其进行细致的分析，分别对待自然垄断业务和非自然垄断业务制定合理的价格政策，才是科学的态度与方法。

9. 具有系统性和整体性

城市公共交通行业的生产场所不固定在相对的空间中，它点多、线长、面广，是一个多工种、多环节、多功能的联合作业系统。而且，城市公共交通系统是一个开放式的系统，与外部环境即外部的社会经济活动有着密切的联系，城市公共交通系统与内、外部关系如图2-3所示。

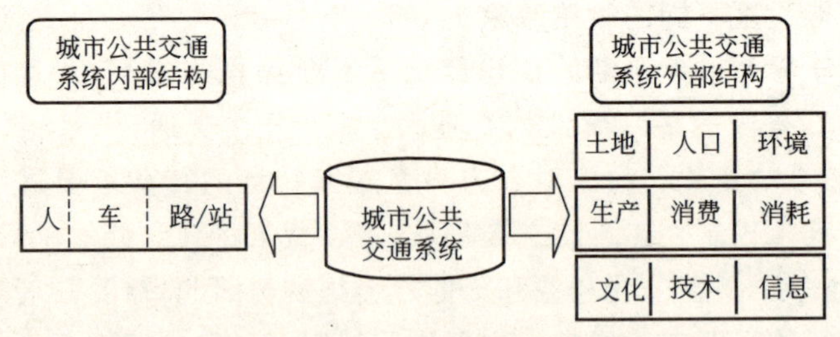

图 2-3　城市公共交通系统内、外部关系

从上图可以看出，城市公共交通与整个城市、整个社会息息相关。城市公共交通系统由各类城市公共交通基础设施、运载工具、运输组织、服务对象及相关的法律法规和制度等构成有机的联合体，这个联合体内的

各个元素互相依存又互相制约。为保证城市的正常运转,保证各类人群的出行需要,要求城市公共交通系统具备完整、顺畅的连接,使位移全过程实现各种交通方式的“无缝接驳”,即在运输的各个环节保持良好的衔接。因为,如果没有各种公共交通方式的共同努力,单靠一种公共交通方式是不可能满足现代城市居民各种各样的出行要求的。城市公共交通系统只有实现系统的整体功能,才能更好地发挥其网络的功效,获得更好的发展。

10. 具有公共管制特性

由于城市公共交通战略性基础产业和城市经济发展先导作用的地位,以及其社会公益性、自然垄断性和外部经济性的特征,城市公共交通一直受到所在城市的公共管制。这里的公共管制包括:政府管制、社会机构监管和公众监督。

(1)政府管制

城市公共交通行业固定资产投资庞大、沉没成本和规模经济特性,要求行业内企业通过资产重组或兼并等方式向垄断靠拢,但是垄断又会对经营效率及消费者利益产生不利影响,城市公共交通企业所具有的公益性、基础设施性和外部性使政府不得不采取措施,以确保消费者及其他社会大众的利益,并配合推行政府的各种政策目标。因此,政府基于保护企业、保护消费者及社会大众的需要,对城市公共交通企业应实施严格的管制。政府的监管其主要包括:市场准入监管、价格监管、质量监管和安全监管。如图 2-4 所示。

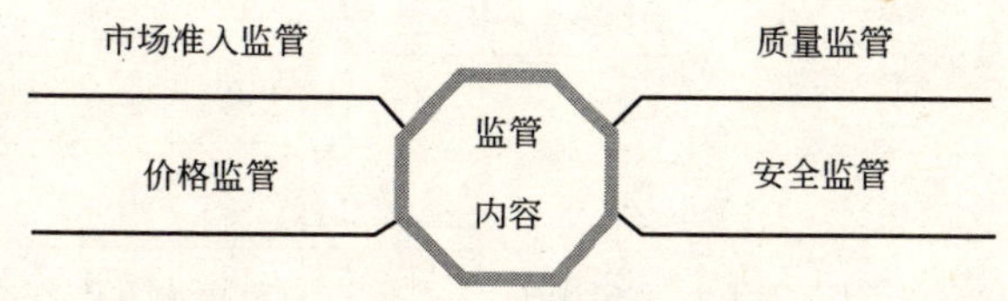

图 2-4 政府对公交行业监管内容

①市场准入监管。在理论上,政府对城市公交的市场准入监管具有两重性:一方面,由城市公交的技术经济特征所决定,需要对新企业的进入实行适度控制,以避免重复建设,过度竞争,导致行业内企业的不可维持性等问题;另一方面,市场准入监管并不等于排斥新的公交企业进入,

监管者应该适度开启新企业进入的“闸门”，通过直接或间接的途径，以发挥竞争机制的积极作用。②价格监管。一方面要有利于形成企业降低成本、增强效率的价格机制，保障公众利益，避免由于垄断经营而带来的高额利润；另一方面要考虑投资的合理回报，促进公交企业的可持续发展。③质量监管。通过建立公交服务质量标准，对公交企业的服务质量进行监管，有利于约束公交经营者行为，维护公交市场的稳定和公交乘客的利益。④安全监管。安全监管涉及许多方面的内容，例如，政府监管机构应根据公交行业的特点，制定相应的安全标准和保障制度，定期或不定期地对公交系统的硬件和软件进行监督检查，并要求公交企业必须建立和严格执行安全报告制度、应急保障制度等，尽可能消除各种安全隐患，提高对突发事件的应急反应能力，保障人们的生命财产安全。

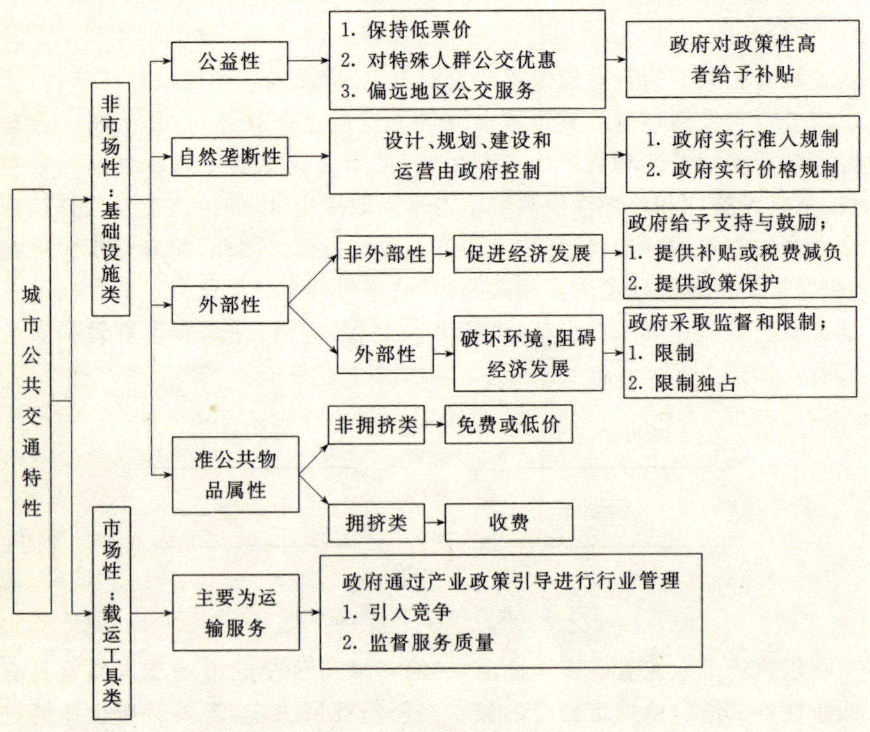

图 2-5　城市公共交通系统特性与政府管制措施分类图

对于不同情况，政府会采取不同的管制措施。根据前述对城市公共交通行业的特性分析，参考杨卫东、缪玉玲编著的《江苏省交通产业发展战略研究》整理得到如图 2-5 所示的城市公共交通系统特性与政府管制措施分类图。

从图 2-5 中可以看出，政府对于城市公共交通行业所采取的管制措施包括：实行准入规制、实行价格规制、制定产业引导政策、提供财政补贴、限制发展、制定车辆排放标准、强制性推行低污染汽车、实行拥挤收费等等。其中，价格规制和准入规制是最常用和最重要的政府管制方法。

(2)社会机构监管

社会机构监管是指独立于政府的组织机构依据相关法律、法规和条例对公共交通行业实行监管。此类社会机构具有准公共性、非强制性、独立性、专业性等特点，它可以接受交通部或交通监督委员会的委托对公共交通运营企业实施监管（如实施现场监督），还可以接受运营企业的委托，对本企业的运行情况进行评估并形成权威报告以向监管机构汇报。使其对城市公共交通行业的监管更具有效率性、公正性、适应性、可接受性，降低了城市公共交通行业的监管成本。

(3)公众监督

由于城市公共交通基础设施建设中的大部分资金来自于政府，城市公共交通中的部分项目需要政府进行补贴，如何用好这些来自于纳税人——市民的钱，对于城市居民来说，是关系到自己切身利益的大事，价格听证制度就是建立在此基础之上的。目前，我国所有城市都对城市公共交通票价进行规制，票价的制定与调整都必须经过严格的有市民及专家参与的价格听证。价格听证会实质上是一种公共选择机制，它为居民表达自己的偏好开辟了渠道，它的作用是保护生产者和消费者的共同利益。

另外，也有政府管制和公众监督联合进行的情况。例如，深圳地铁一期工程于 2004 年 12 月 28 日开通运营，2006 年 10 月，行业主管单位深圳市交通局向社会公开招标《深圳地铁一期工程运营情况评估》项目，招标书要求进行 2 000 份地铁乘客满意度调查问卷和 200 份地铁非乘客意见调查问卷。通过这次评估，深圳市交通局详细了解到地铁运营的安全与服务以及乘客对地铁服务情况反映的真实情况，对于改善政府和企业的管理，起到了很好的作用。

二、产品特点

根据前面分析的城市公共交通行业特性，可以得到作为城市公共交通产品的城市公共交通“位移”服务的特点。

1. 产品的非物质性和非实体性，生产、交换与消费同时进行

在一般行业的生产过程中，需要改变劳动对象的属性和形态方能生产出相应的产品。但是，城市公共交通只提供乘客的“空间位移”，这种产品是非物质和非实体的，不能改变乘客（即劳动对象）的属性和形态，乘客不属于城市公共交通产业所有，其生产过程具有不可控性；由于产品的非物质性和非实体性，产品不能够储存，城市公共交通实现乘客“空间位移”的过程，就是其生产、交换和消费的过程，也是创造价值和使用价值的过程；由于生产、交换和消费的同时进行，位移服务对于乘客来说，效用是一次性的，它不能像市场上的物质产品那样反复使用。效用的一次性使得乘客对城市公共交通的需求巨大并保持市场的相对稳定。对于服务对象是“人”的城市公共交通行业，需要具备与第二、三产业明显不同的服务要求；由于“人的位移”是城市公共交通仅有的直接效用，服务必须是“安全的、及时的、快捷的、方便的、经济的”，城市公共交通必须具备与其他第三产业不同的管理要求。

2. 具有强烈的准公共属性

城市公共交通服务的准公共属性是城市公共交通行业的核心属性。

现代公共经济学认为：一切社会产品可分为三类，即公共产品、私人产品和准公共产品。公共产品有两大基本特征：①消费的非竞争性。纯公共产品具有的非竞争性是指同一单位的公共产品可同时被许多人消费，它被一个人消费的同时并没有减少别人对它的消费，在经济上表现为增加一个人消费该种产品的边际社会成本或机会成本为零。②技术的非排他性。纯公共产品的非排他性表现为产品或服务一旦提供给某些人，要将另一些人排除在消费之外使其不能从中受益是不可能的，或者这样做要付出的成本极高。

私人产品具有与公共产品相反的性质，其拥有三个特性：①消费的竞争性；②技术的排他性；③消费的独立性。消费的独立性是指在消费的过程中对他人不会造成正面或负面影响，不会导致社会福利增加或减少，也

就没有所谓的“溢出效应”。

准公共产品的性质介于前述两种产品之间，既具有公共性，同时也具有不完全的竞争性和排他性。准公共产品的不完全竞争性主要表现为在消费者还没增加到一定值之前，每增加一个消费者所额外增加的成本为零，而在超过一定值后，每增加一个消费者的边际成本是正的，它会减少原有消费者的效用，从而也具有一定的排他性。

准公共物品还可以划分为两类：拥挤型准公共物品和俱乐部型准公共物品。将上述四个产品按四种属性分类可以得到矩阵组合见表2-1。

表2-1 产品的分类

分　　类	竞争性	非竞争性
排他性	私人物品	俱乐部型准公共物品
非排他性	拥挤型准公共物品	公共产品

公共交通服务可以通过票价等方式把非付费人排除在享用之外，因此其消费在技术上具有排他性。同时，公共交通还具有一定的非竞争性，在公共交通服务供给一定的情况下，少部分人对公共交通服务的消费并没有影响其他人对公共交通服务的消费；但是，随着越来越多乘客消费公共交通服务，受公共交通服务数量的限制，一部分乘客将得不到公共交通服务，而原有的乘客也会因为乘客剧增而导致自身利益减少（如舒适度减少，等车时间增加），就会产生“拥挤性”特征，表现为具有一定的“竞争性”。根据上面对社会产出进行的产品分类及对公共交通服务性质的分析，可以判定城市公共交通服务是准公共产品，并且是具有一定非竞争性（一定条件下表现为竞争性）和排他性的准公共产品，属于拥挤型的准公共物品。城市公共交通的准公共属性说明公共介入的必要性，否则将会影响服务的供给和质量。

3. 具有一定的可替代性和不可替代性并存的特性

从城市公共交通提供的产品——位移的角度来看，城市公共交通系统中不同的交通方式之间存在着可替代性，这种替代性导致城市公共交通行业内不同交通方式或同种交通方式不同公司间的竞争。因为，无论使用哪一种公共交通工具，选择哪一家客运公司，所提供的产品即服务均为乘客的位移，这种功能的同一性，导致各种不同交通方式、不同公司间的激烈竞争。由于不同交通方式的经济性、舒适性、快捷性、安全性、方便性等指标均不相同，乘客的收入水平和出行需求也不相同，因此，这种替代性表现为一定程度和一定条件上的替代性。

出行是现代社会人们最基本的需求。在城市中生活的居民在很大程度上依赖城市公共交通所提供的服务，这种需求弹性很小，是一种广泛性的需求。虽然私人交通与公共交通在一定程度上具有互补性，但一般情况下，在价格、品质、提供普遍服务等方面差距甚大，实际上的可替代性仍然较小。

但是，当城市公共交通在提供的产品和服务方面能够保持运输的五个基本特性指标（安全、快捷、方便、舒适、经济）较高水平的时候，公共交通在很多时候和很大程度上可以替代私人交通。香港和东京的经验已经证明，如果城市的公共交通网络非常发达和先进，公众大部分会选择公共交通。由于公共交通可以减少道路拥挤、环境污染、交通事故和公共资源的浪费，各国都大力发展公共交通，以期望减少私人交通。

4. 具有地域限制的特性

地方性公共物品也是准公共物品，它们的特点是其服务范围受空间限制，只给一定区域内的人们带来好处。分析地方性公共物品需求有所谓的“以脚投票”理论。该理论认为，纯公共物品的消费具有强制性，而地方性公共物品的强制性则小很多，因为人们如果不满意某一地方提供的公共物品，就可以选择迁移到其他地方去，一走了之，这就是“以脚投票”。一般人们会选择所提供的公共物品数量和税收最符合自己偏好和收入的社区居住。

显然，城市公共交通的供应只能在其线网范围内进行，产品和服务并不在其他区域或全国范围内自由流动。城市公共交通属于“服务范围受限制的地方性公共物品”，其运营服务容易受到该城市或者区域中各种因素的影响，比如：人口数量、人口密度、工作岗位的数量和分布、城市用地性质和形态以及社会经济状况和发展速度等。而且，它提供当地社会公众所需要的基本服务，从这方面也可以判断它具有准公共物品的属性。由于它们具有“以脚投票”的特性，如果不能满足城市中绝大多数人们的需求，将会带来相当多的投诉与抱怨。因此，政府应该非常重视类似城市公共交通这样的地方性准公共物品的建设和发展。

5. 具有时间的不均衡和“短板效应”特性

城市公共交通“位移服务”在时间上的不均衡是由城市居民的交通需求在时间上的不均衡引起的。比如，春节、五一、十一黄金周以及寒暑假，是一年中城市公共交通的繁忙季节；上下班、上下学是每个工作日城市公共交通的高峰时间。高峰时段客流量是城市公共交通运输管理的重要指标。

无论是城市道路，还是城市公共交通网络，都具有“短板效应”特性。所谓“短板”效应，是指道路或者交通运输网络的实际通行能力取决于通行能力最小的路段。一个运行良好的城市公共交通网络必须具备完整顺畅的连接，同时具有足够的通行能力。否则，会发生上下班客流高峰时段巴士和地铁严重拥堵的情况，严重影响城市公共交通网络效用的发挥。

实际上，城市公共交通服务中的“短板效应”是由于城市公共交通的运输需求在时间上的不均衡引起的。因为，“短板效应”大多只有在城市公共交通的高峰时段才会发生，并对网络造成影响。如果高峰时段客流量低于线路的设计通行能力，则“短板效应”就不会发生。因此，在城市公共交通的设计、规划和建设中，必须首先做好城市交通客流的预测工作，设计与其相适应的城市公共交通系统，防止“短板效应”的发生。

第三节　城市公共交通的定价及补贴原理

一、定价和补贴的必要性及影响因素

1. 定价的必要性及影响因素

城市公共交通属于典型的准公共产品，具有一定的竞争性。因此，为维护公交企业的正常运转、补偿生产耗费，必须收取一定的票价。票务收入是其运营最主要和最稳定的收入来源，票价则是公共交通运营政策中最重要的因素，票价与票务收入直接相关。定价作为城市交通项目中最敏感的因素，是发挥其社会效益、引导交通需求的重要经济杠杆，也是改善城市公共交通财政状况、发展多元化投资等多个方面的基本经济手段，并将为城市公共交通运营的成本效益分析及政府财政补贴提供理论依据。但在制定合理票价时，需考虑以下因素：

(1)居民收入水平

公共交通票价直接影响到居民对公共交通的使用。在居民收入水平一定的前提下,公共交通票价的上涨会降低居民对公共交通服务的支付能力,减少其使用公共交通出行;相反在一定的票价水平下,居民收入的提高会增强对公共交通服务的支付能力,使其更多地使用公共交通出行。居民收入水平与票价之间存在相互关联、相互影响的关系。因此,公共交通定价要充分考虑居民的承受能力,根据收入水平来制定合理的票价。

(2)企业经营成本

企业在制定价格时,必须全面了解两个领域的因素:企业内部因素和企业外部因素,根据它们的影响程度来制定合理的价格。对于公共交通企业来说,内部因素主要指成本和定价目标,外部因素主要指供求关系、竞争与公共交通价格政策等。成本是企业制定价格的最低经济界限,价格高于成本将产生利润,价格低于成本将带来亏损。受公共交通企业本身的性质和国家政策的限制,在公共交通票价制定过程中不能把追求利润最大化当作目标,但同时作为独立的经营性主体仍需充分考虑企业经营成本。

(3)政府财政支出

在《关于优先发展城市公共交通若干经济政策的意见》中,明确指出城市公共交通发展要纳入公共财政体系,建立健全的城市公共交通投入、补贴和补偿机制,统筹安排,重点扶持。而当前,低票价政策以及各种公益性服务已成为大部分公共交通企业政策性亏损的主要原因。为此,政府应当对公共交通企业的政策性亏损部分实施补贴,进一步健全和完善公共交通补贴机制,使公共交通企业能在低票价下运营,充分体现公共交通的公益性这一特征。

2. 补贴的必要性及影响因素

城市公共交通是城市基础设施的重要组成部分,属于公益性事业,公益性是其根本属性,它承担政府在城市客运中为社会服务的功能。作为企业,公共交通公司必须独立核算,补偿各项成本支出以维持企业的正常运转;作为城市基础设施建设,公共交通企业必须及时开辟线路、确定班次和运营时间,满足群众出行需要。但是票价的调整受政府控制,且对学生、老年人、残疾人等特殊群体实行优惠政策,不可以随意关闭、停开亏损严重的线路，这些都决定了公共交通的公益性特征。在市场经济条件下，公共交通企业无疑应以经济效益为中心，但又不能以盈利为唯一目标，必须体现社会效应，以低于或等于运输成本的车票定价向乘客提供客运服务。因此，由于公共交通公益性功能而造成的政策性亏损理应由政府进行财政补偿。2005年国务院办公厅转发了建设部第六部委《关于优先发展城市公共交通的意见》，明确提出政府要对公共交通给予必要的经济补贴政策。政府对公共交通亏损部分补贴时，需考虑以下几个方面：

(1)补贴对象

政府对城市公共交通的补贴对象是政策性亏损的部分，而经营性亏损则由企业自负。要做到这一点，首先要区分政策性亏损与经营性亏损：以社会效益最大化为目标，其票价不能按成本还原运作的公益性客运服务所造成的亏损称为政策性亏损；以盈利为目的，其票价能按成本还原运作并能自负盈亏的经营性客运服务所产生的亏损称为经营性亏损，如图2-6所示。其次，确定政策性补贴的范围主要考虑两方面的内容：一是票价能否补偿成本；二是是否为政府指令和要求开辟延伸的线路。但区分两者的难度大或是区分的成本高，导致补贴对象的模糊，无法保证有限的补贴发挥应有的功能，政府的补贴难以落到实处。因此，在制定票价时，需要加大对公共交通企业的监管力度，明确政策补贴的对象，真正做到有的放矢。

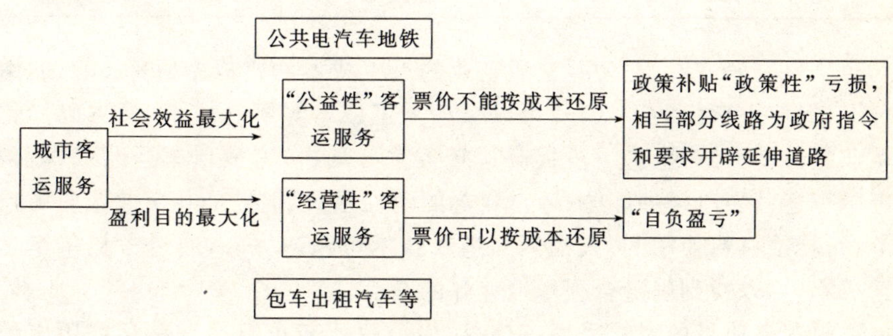

图2-6　按成本运作方式划分客运服务

(2)补贴资金来源

目前我国城市公共交通建设(包括耗资巨大的地铁建设)和政府补贴资金大部分来源于地方财政，较其他途径的基金来源或交通规费相对较少，资金来源比较单一。如在 2007 年底，北京市大幅度下调地铁和公交票价，对地铁和公交的财政补贴达 49.76 亿元，比上年新增 13.04 亿元，以弥补降价产生的“亏损”，其资金补贴几乎全部来自于北京市政府，给政府造成了严重的财政负担。若只靠政府来补贴十分困难，还应开拓其他途径争取足够的财力支持。

(3)补贴金额的测算方式

目前我国大多数城市尚未形成规范统一的公共交通补贴测算方式，对公共交通企业的补贴往往由政府与企业经过协商后确定补贴额，再以此为基点逐年减亏，导致政府对补贴额度难以确定，讨价还价，而企业亏损额不断增长，甚至成为“无底洞”，城市政府财政压力越来越大。合理规范的公共交通补贴测算方式已经成为政府实施补贴的基础。

(4)补贴考核指标体系

政策性补贴考核指标的内容应包括两方面：一是合理成本的考核；二是服务质量的考核。经过调查研究，对合理成本的考核可以采用“人车比”与“单车运营成本”作为考核指标的主框架。首先，人车比反映了一个城市公共交通企业的综合水平：竞争力、技术水平、管理效率等，见表 2-2。

表 2-2　国内外一些城市的人车比状况

城市	新加坡	香港	深圳	广州	天津	西安
人车比较(人/车)	2.8∶1	3.3∶1	4.3∶1	7∶1	6.5∶1	8∶1

从另一角度看，在公共交通企业的人工成本约占成本总额 50%的情况下，促使人车比的降低，既可以减少人工成本与管理成本，又可以优化企业的劳动力结构，进一步提高运转效率。其次，考核单车运营成本，确定单车运营中所需的能源、原材料等的消耗系数，促进公共交通企业厉行节约，杜绝材料使用的“大锅饭”，追求技术革新。另外，通过考核单车运营成本，可以找到确定合理亏损计算的基点。

对服务质量的考核采用车公里、人公里比较可行。一是存在历史记录易于监督；二是其直接与所提供的服务挂钩。通过上述“人”与“物”的结合，引导公共交通企业减亏增效，促进城市公共交通的健康发展。

以上这些指标的考核将直接反映政府补贴的效果。但实际调查却发现：某些企业运营效率不与经济挂钩，服务质量下降也与企业生存无关；

企业经营者考虑最多的往往不是运行成本和服务质量，而是争取更多的政府补贴。因此，城市公共交通政策性补贴考核指标体系是否明确健全将直接关系到补贴实施的效果。

二、定价及补贴特征

诺贝尔奖获得者、经济学家约瑟夫·E·斯蒂格利茨(Joseph. E. Stiglitz)在其著作《公共部门经济学》(Economics of the Public Sector)中指出：价格在市场经济中起核心作用。因为有价格体系，所以市场可以实现资源的有效配置。价格分配私人物品，愿意且能支付所要价格的消费者可以得到相应的产品。

为了保障城市公共交通的社会公益性，世界上大部分城市的公共交通都实行低票价政策。由于城市公共交通行业的自然垄断特性，为了充分发挥其对城市经济的促进作用，政府必须对采取低票价政策的城市公共交通企业给予财政补贴，以维持其正常的经营，帮助其生存发展。

根据以上分析的行业特性和产品特性，城市公共交通的价格及相应的特殊附加——政府公共交通价格补贴(以下简称“补贴”)具有以下特征。

1. 价格特征

城市公共交通行业的价格具有如下特征：

(1)具有私人产品的一般价格特性

城市公共交通服务虽然属于准公共产品，但它不同于纯粹公共物品那样效益完全不可分割，它具有一定的排他性和竞争性特点，可以确定直接责任人和受益对象，因而可以像私人产品一样，对产品和服务进行标价，通过某种适当的价格进行生产经营平衡供求，这种价格效应表明具有私人产品一般的价格特性，即具有价格的客观运动规律，价格不仅是收入的工具，而且影响资源的有效配置。

(2)只有销售价格一种形式

由于城市公共交通的生产、交换和消费同时进行，因而只有单一的销售价格一种形式，而不像其他工业商品有出产价、批发价和零售价等多种价格。

(3)具有稳定性、公益性、同一性

城市公共交通消费弹性小，与市民生活息息相关，是一种带有长期性与普遍性的公共服务，其价格的形成涉及到大多数居民的利益，不具有市场自主调节的价格机制，不能随行就市、完全按供求规律办事，要求价格具有一定的稳定性；由于城市公共交通所提供的服务是面向广大市民的，因其准公共产品的特性，要求价格尽可能满足中、低收入市民的需要，具备社会服务的公益性特征；同种交通方式和服务水平在同一地区不能执行不同的价格政策、实行价格歧视，要求价格具有同一性的特征。

(4)具有公共性和垄断性、需要实行政府管制

城市公共交通行业具有自然垄断性质，如果政府不对公共交通定价进行监管，公共交通企业为了追求利益最大化，很容易凭借其垄断地位制造垄断价格。如果政府不对该领域实施必要的干预，任其垄断经营，就会造成社会福利的净损失。

城市公共交通作为广大市民日常生产和生活活动实现的基础，是城市发展和人们生活必不可少的物质条件，关系着国计民生，存在着突出的公共性。城市公共交通服务的公共特性要求社会上所有的人都能平等地按同一价格得到公共交通服务，但实际上，公共交通服务在不同区域的经营成本是不一样的，收益也是不一样的。在一些偏僻的区域或公交线路上，经营企业无利可图，缺乏经营此类公交线路的积极性。这样，市场将无法自觉满足公共交通的公共特性的要求。

市场失灵是准公共行业在走向市场的过程中存在的关键问题，这对于城市公共交通行业来说也不例外。公共交通产品公共特性的价格要求与市场经济的价格要求之间的内在冲突，需要政府对公共交通价格实行严格的价格规制。

2. 补贴特征

城市公共交通行业的补贴具有如下特征：

(1)具有公益性

发展城市公共交通的主要目的就是为了满足广大市民日常出行的需要，这种特有的公共性要求企业在经营过程中必须贯彻公平优先的原则，为所有人服务，尤其要满足低收入人群的需要。因为，对于高收入人群，他们的选择性可以更广。对于一些经营无利润的线路，政府在定价时要综合考虑这些服务的公益性，通过财政手段或者其他手段，给予某种形式

的补贴，以满足普遍服务性要求。

(2)体现激励机制

财政补贴公共交通企业的目的是为了保证城市公共交通的经营者可以向居民提供一种相对廉价的、有一定服务质量的出行服务。政府通过价格补贴政策，建立了一种鼓励竞争的激励机制，刺激城市公共交通运营企业提高运营效率。因此，通过价格规制，不仅可以制定最高管制价格，以保护消费者利益，实现资源的合理分配，而且可以刺激运营企业充分利用规模经济，进行技术改造与管理创新，以便优化生产要素组合，不断提高运营效率。

(3)体现科学性和合理性

目前，我国对城市公共交通企业的政策性亏损补贴的主要方式是政府与企业共同划分政策性补贴的范围，补贴范围内的亏损以财政补贴为主。因此，对公共交通政策性亏损进行补贴，首先应将公共交通的公益性服务功能与经营性服务功能区分开来，这样，才能使政策性亏损补贴做到有的放矢。例如，作为政策性亏损的主要有：票价低于成本价，政府指令性要求开辟的冷僻线路，月票价低于运营成本，公交企业为学生、老年人及残疾人提供的优待服务及其他公益性服务等。另外，政策性补贴指标的确定应考虑合理的成本考核指标以及科学的服务质量考核体系。

三、定价及补贴的原则

由于城市公共交通在城市社会和经济发展中的重要作用，我国城市公共交通服务的价格基本上是政府定价，也有个别城市实行政府指导价。但是，无论如何，价格仍然是企业产品向货币转化的关键环节，是企业各个层次战略目标或管理标准最终实现其价值的关键。公共交通补贴是政府为保证城市公共交通运营企业能够为广大市民提供基本的出行服务而给予的财政支持，这笔属于市民的钱更应该管好用好。因此，城市公共交通定价与与其相联系的公共交通财政补贴必须遵循一定的原则。

1. 定价原则

由于城市公共交通的基础行业、自然垄断、公益性及外部性的特征，大部分城市公共交通服务的价格是受到政府管制的。考虑到城市公共交通票价的诸多影响因素，如运营成本、乘客需求、经营企业定价目标、竞争因素和政府价格规制等，为了保证定价的科学性和有效性，政府在制定公共交通票价的过程中需要遵循如下基本原则。

(1)公益性原则

即要求城市公共交通企业能够在一定的成本水平上，为乘客提供尽可能优质、充足的服务；或在满足乘客基本出行需要的基础上，尽量控制公共交通的经营成本，使整体福利水平得到最大满足。按照这一原则，公共交通企业应当千方百计改进管理方法，降低成本，提高运营效率，以优质的服务更好地服务于广大市民的出行。

(2)维持企业经营原则

保证经营企业能够补偿成本和投资者能够获得合理的回报。城市公共交通的公益性决定其不能以追求高额利润为经营目的，但是必须以经营成本为底限。如果城市公共交通服务的成本不能在价格中得到补偿，必然会造成企业为节约成本而降低服务质量甚至减少投资。而城市公共交通主要是为市民工作和生活提供服务，它的需求弹性很小，如果城市公共交通服务水平差、公交覆盖率低，势必会影响市民的工作和生活，进而影响整个城市的运行与秩序，带来严重的社会问题，不利于经济发展。

(3)提高效率原则

建立符合我国国情的城市公共交通综合体系，是我国资源供给条件、城市公共交通一体化和降低社会运输成本的客观要求。一方面，通过控制价格促进经营者节约成本提高生产率；另一方面，通过制定具有竞争力的公共交通票价水平来引导人们通过选择不同的交通方式改变出行方式，使用具有资源利用率高、能耗少、污染少等优点的公共交通方式出行，尽量减少私人交通，做好各种交通方式的相互衔接，发挥城市公共交通的组合优势，提高城市交通的整体效率。

(4)比价合理原则

城市公共交通比价关系主要包括同种交通方式内部的比价关系和不同交通方式之间的比价关系。前者主要是指空调车与非空调车、高档车与普通车之间的比价，它体现了交通工具服务质量之间的比较关系；后者则体现了公共交通工具与提供服务质量之间的比较关系。应根据城市规模和经济发展的需要，在不同时期确定城市公共交通的合理比价关系。在确定比价关系时，具体需考虑以下因素：①定价成本。即不同的公共交通方式、同种公共交通方式内不同的车型的定价成本以及乘客选择不同交通工具时其花费的成本；②居民收入水平。不同收入水平的乘客对于票价的价格弹性是不一样的，收入高的群体对于价格弹性反映小，而收入低的群体对于价格弹性反映大。有关数据表明，交通费用支出一般占家庭收入的6～10％，如果超过这一比例，就会选择其他代步工具。因此，在制定价格和安排比价时，要兼顾居民收入水平，保证居民出行的基本要求；③服务质量。不同的公共交通方式，不同的车型配置，所提供的服务档次存在差异；④经济政策取向。在不同的交通发展时期，政府应根据城市规模和经济发展的需要以及交通基础设施的完善状况，以此确定城市公共交通发展模式及制定相应的政策。

(5)乘客承受能力原则

城市公共交通需要充分满足社会各个阶层和每个公民的交通需求，尤其是要考虑工薪阶层和低收入阶层的利益，公共交通价格政策一定要充分考虑大众的承受能力。例如，法国在票价政策上“考虑低薪阶层、边远区域和交通不便地区国人的承受能力”，鼓励公众采取公共交通出行。

(6)社会福利最大化原则

城市公共交通定价要充分考虑低收入居民的承受能力，票价过高必然会影响客流量，并造成社会压力。在考虑社会综合效益的同时，注意票价对运营效率的影响。其价格的制定和调整应该与国民经济其他部门协调发展，使资源配置在全社会范围内达到最优。

(7)可持续发展原则

城市公共交通的运营是以社会和自然资源的耗用为基础的，这就要求城市公共交通票价的调整应考虑到环境保护、资源可持续利用的需要。在价格调整为社会各界所接受的同时，也应按照环境保护的要求对有关废物、废气或污水的处理费用加以考虑。同时，作为基础产业和先导产业，城市公共交通应做到社会目标、经济目标和环境目标的统一，实现安全、高效、资源节约和环境友好的可持续发展。

2. 补贴原则

城市公共交通价格补贴是政府为体现城市公共交通服务的公益性、为保证城市公共交通运营企业的正常经营和服务质量而采取的措施。由于补贴需要由政府财政支付，为了保证补贴的合理及到位，政府在制定和实施补贴计划时需要遵循如下基本原则：

(1)正确区分政策性亏损和经营性亏损

城市公共交通属公用事业，承担普遍服务的职能。政府对公共交通企业要加强管理和调控，由财政给予政策性支持。要正确区分城市公共交通企业的政策性亏损和经营性亏损，前者由财政补贴，后者由价格补偿。公共交通票价的政策取向也不应以减少乃至取消政府财政补贴为目的，而应通过企业体制改革增强企业活力，使政府财政补贴效益发挥到最佳状态，为社会提供更优质便捷的公共交通服务。要建立科学的财政补贴评估制度，制定补贴评估办法，使财政补贴真正补给政策性亏损。

(2)普遍性与特殊性相结合

综合考虑影响公共交通运营的因素，考虑公共交通线路等级、当地经济发展水平、区位、国家宏观战略等因素为亏损公共交通企业制定不同的补贴政策。

(3)以效率为导向，兼顾公平

兼顾“公平与效率”是国家制定财政政策的主要依据。制定公共交通运营专项补贴政策，一方面，要保证社会效益显著但受资金约束存在运营困境的公共交通企业能够维持运营，国家给予一定补贴以实现这些企业正的社会外部经济效益；另一方面，要限定补贴的范围，提高补贴效率，充分促进公共交通在发展中求生存，特别是促使国营公共交通企业冲破“等靠要”思想的束缚，提高自身运营效率。

四、定价方法与补贴的方式及测算

1. 定价方法

目前定价方法种类繁多，各类定价方法分类汇总整理见表 2-3。

现代营销理论认为，由产品的市场定位决定产品价格的方法已经取代了传统的以成本确定价格的“成本加成法”，成为产品定价的主流。虽然对绝大多数市场上销售的商品是如此，但是对于城市公共交通，由于其行业及产品特性，在以上各类定价方法中，最经常运用的仍然是成本加成定价。另外，边际成本定价、合理报酬率定价、拉姆齐定价及价格上限定价方法也在应用之中，以下分别予以简单介绍。

表 2-3　定价方法分类表

序号	名　称	定　义
成本导向定价法	1. 平均成本定价	将价格定于平均成本曲线与需求曲线的交汇处
	2. 盈亏平衡定价	通过求解盈亏平衡点获得总收入等于总成本时的价格
	3. 边际成本定价	将价格定于边际成本等于平均收益之处，此时社会福利最大，且社会资源得到有效利用，但企业可能亏损
	4. 成本加成定价	以单位成本加上一个固定百分率的行业标准的单位利润构成价格
	5. 完全成本定价	考虑了补偿所有成本(包括生产成本、使用者成本和外部成本)的定价
利润导向定价	6. 最大利润定价	以边际成本等于边际收益时的产量相对于需求曲线的价格定价，此时利润最大
	7. 合理报酬率定价	以资本额为计算基础，在给定一定回报率下求得相对应的价格
	8. 巴莫尔定价	按在获得一定利润的前提下，使产量最大的价格定价
需求导向定价	9. 拉姆齐定价	以求取社会福利最大为目标函数，以经营者获得正常利润为限制条件定价
	10. 认知价值定价	按照顾客对服务的非价格因素(质量、广告等)的认知价值定价
	11. 乘客对价格的承受能力定价	依据乘客的收入高低制定与其相适应的服务和票价水平
	12. 差异定价	根据顾客群的性质、时间和地点对同一服务采用不同的价格
竞争导向定价	13. 模仿定价	以竞争性产品的价格为基准定价
	14. 博弈定价	不仅考虑企业自身的定价策略，还考虑顾客、竞争对手的反应
政府管制定价	15. 上下限定价	政府对一些行业实行价格上限或下限管理，防止价格过高或过低，以实现经济效益和实现利益再分配
	16. 收益率管制定价	政府对于某些公用事业企业给予固定资本收益率的定价限制
	17. 高低峰定价	对于许多需求呈现季节性或高峰期、低峰期的公共资源采用高低峰定价以合理分配生产能力
其他定价方法	18. 二部定价	消费者需要支付一个固定的权力费用，然后再为每个单位产品支付一个价格
	19. 动态定价	在不确定情况下，为重复购买服务合理定价
	19(a). 不确定性的定价	利用预计的购买概率与边际成本期望值确定价格
	19(b). 生命周期定价	根据产品生命周期分析各阶段的需求特征及竞争态势，预测销售并确定价格

注：表中有些定价方法会交错，如收益率管制定价与投资报酬率定价，高低峰定价与差异定价等。

(1)成本加成定价方法

成本加成定价由于其计算简单明了，可以由此控制经营者的收入、支出与盈余，常被城市交通运输部门广泛使用。

成本加成定价方法又称为营运比例法，首先根据经营者的支出情况计算出单位产品或服务的平均成本，在单位平均成本之上再加上一定比例的单位利润，就构成市场价格。具体来说，城市公共交通所分担的平均成本包括基础设施所需的固定成本和人员费用、期间管理费用等可变成本。成本与客运量的关系如图 2-7 所示。

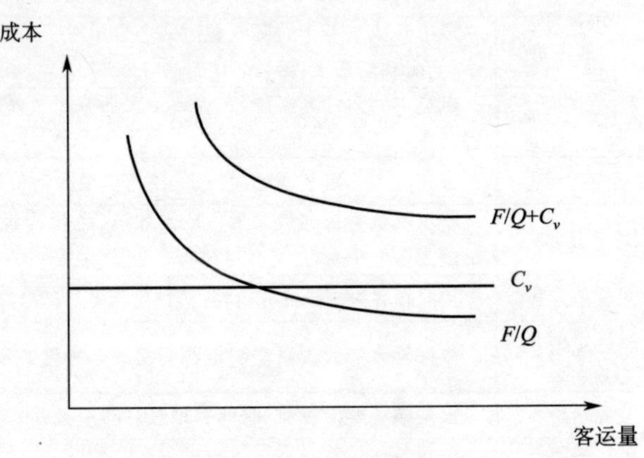

图 2-7 成本与客运量的关系

则对于成本加成法，有：

$$P=\frac{F}{Q}+C_v+r \tag{2-1}$$

式中 P——票价，元/次；

F——固定总成本，元，(包括固定资产折旧)；

Q——客运量，人；

C_v——单位可变成本，元/次；

r——利润加成比例，元/次。

成本加成定价方法的优缺点：

①优点

成本加成定价直接反映了公共交通企业的运营成本与收益关系，是公共交通企业持续运营的前提条件；可以免除固定资产评估的繁琐，计算方便、简单、明了，可以控制经营者收入、支出和盈余的关系，防止行业暴利，利于政府管制；体现了对乘客的公平，提高并能改善乘客的消费剩余。

②缺点

公共交通企业经营者为了获得高票价，以提高利润，可能会虚报成本。由于在价格中无法反映固定资产投资成本，会降低经营者的投资热情。同时，根据运输业的特点，对于运力过剩、客源不足的线路，平均成本很高，边际成本却很低，若按成本加成定价，一方面会抑制运输需求，制约了社会发展；另一方面运输设备闲置，将造成资源的浪费。

(2)边际成本定价方法

边际成本是指增加单位产量所引起的总成本增加量。边际成本定价方法是使价格定于边际成本等于平均收益之处，即如图 2-8 所示的 M 点，在这一点，边际成本曲线与平均收益曲线相交，$MC=AR$，此时的产量为 Q_{MC}，价格为 P_{MC}。社会福利(即生产者剩余和消费者剩余合计)最大，社会资源得到最有效的利用。

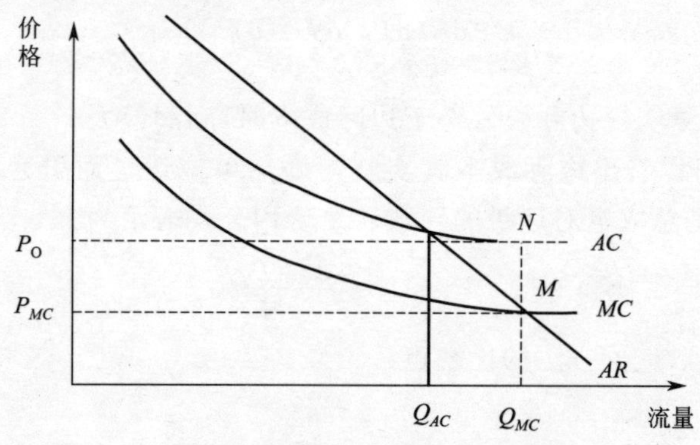

图 2-8　边际成本定价方法

公共交通具有自然垄断的性质，由于初始投资高，而初增一个乘客所增加的边际成本又微乎其微，边际成本和平均成本曲线均向右下倾斜，边际成本与需求曲线相交决定的 Q_{MC} 是最优的乘客量。由于 AC 高于 MC 曲线，为维持不亏损，就需要补贴，补贴量由 S 表示。如果没有补贴，交通系统为维持收支平衡，只能运载低于 Q_{AC} 的乘客量，所以适度的补贴有助于提高效率。

根据福利经济学的基本理论，只有当价格等于边际成本时社会总福利才是最大的，此时消费者将获得全部消费者剩余。在竞争市场上，边际成本定价是符合帕累托最优的，它一方面保证了经营者获得最大利益，另一方面又使消费者能够获得低价，因此考虑了公平及效率的社会福利原则，故又被称为最佳定价方法。

$$MC(\text{边际成本})=\frac{\mathrm{d}TC}{\mathrm{d}Q} \tag{2-2}$$

式中 MC——边际成本，元；

TC——运输成本，元；

Q——运输周转量，人公里。

设 π 表示利润，R 表示运输的收益，π、R 和 C 都是 q 的函数，则有

$$\pi(q)=R(q)-TC(q) \tag{2-3}$$

当利润最大时，π 对 q 的一阶导数等于零。于是：

$$\frac{\mathrm{d}\pi(q)}{\mathrm{d}q}=\frac{\mathrm{d}R(q)}{\mathrm{d}q}-\frac{\mathrm{d}TC(q)}{\mathrm{d}q}=0$$

则有：

$$\frac{\mathrm{d}R(q)}{\mathrm{d}q}=\frac{\mathrm{d}TC(q)}{\mathrm{d}q} \tag{2-4}$$

即当运量实现边际收入等于边际成本时，利润最大。

由式(2-4)可以看出边际成本其实就是增加单位运量而引起的总成本的增加量，它是总成本对运量的导数。票价用公式表示为：

$$P=MC=\frac{\mathrm{d}TC(q)}{\mathrm{d}q} \tag{2-5}$$

边际成本定价方法的优缺点：

①优点

一是兼顾了效率与公平，使社会资源得到最有效利用；二是由于票价相对较低，不仅可以增强乘客需求，实现社会福利最大化，还可以提高公共交通运输设备利用率，增加企业收益；三是边际成本定价不仅考虑了成本消耗，还考虑了运输市场供求关系的变化，同时，它还可以满足分线路票价、分区段票价制定的需要。

②缺点

对于城市公共交通行业，基础设施固定投资巨大并具有沉没成本的特性，而规模经济的特点使其变动成本相对很小，尤其在未发生拥挤前，

增加一个乘客的边际成本几乎为零。若采用边际成本定价，势必使得基础设施的建设费用无法回收，企业再生产能力减弱甚至发生亏损，使得其供给减少或者服务质量下降。另外，由于消耗材料及人工价格的变动使得边际成本也会经常发生变动，影响票价的稳定。

(3)广义成本定价方法

著名经济学家 Vickrey 提出了对公共交通定价应该考虑广义成本(Generalised Cost)和外部性效应 (Externalities)的新思路。在其思想的启发下，Mohring(1972)以及 Turvcy 和 Mohring(1975)率先建立了一个比较简单的基于广义成本的模型，从总资源价值消耗(VRC)最小化的角度对此做了开创性的研究。

在此基础上 Kraus(1991)，Jasson(1993)，Evans 和 Morrison(1997)，Jasson(2002)等对 Mohring 的模型做了一定程度的扩展。出于简化模型的需要，通常只考虑广义成本中几个主要因素，一般都设广义成本由票价、乘客乘车的时间价值以及乘客等车的时间价值三部分构成。则广义成本 R 用公式表示为：

$$R=p+P_{\mathrm{V}}T_{\mathrm{V}}+P_{\mathrm{W}}T_{\mathrm{W}} \tag{2-6}$$

式中 p——为票价；

P_{V}——乘客乘车的单位时间价值；

T_{V}——乘车时间；

P_{W}——乘客等车的单位时间价值；

T_{W}——等车时间。

广义成本定价方法优缺点：

①优点

一是该方法计算简单实用、价格比较稳定；二是便于实现，容易被公共交通企业和乘客所接受；三是着眼于抵偿运输企业实际支出的运营和投资成本，能保证盈亏平衡。

②缺点

若采用广义成本定价计算公共交通运营成本，由于乘客的个体差异，对等侯车的单位时间价值也不同，故难以精确估量 P_{V}和 P_{W}的值。

(4)合理报酬率定价方法

合理报酬率定价，又称为“公正报酬率定价”、“投资报酬率定价”或

“合理收益率定价”，主要适用于公用事业等自然垄断行业，基本思路是容许被管制企业的定价高于运营成本，保证经营企业获得一定的利润报酬，但不得高于政府管制部门公布的所容许的报酬率。对于具有一定垄断性的城市公共交通行业来说，为规范公共交通定价，保持企业的预算平衡，通常会给出定价的合理报酬约束。即政府管制者会将公共交通企业的真实投资报酬率限定在某一合理的水平。

合理报酬率价格管制模型：

$$R=C+\delta\times RB \tag{2-7}$$

式中 R——收入；

C——客运量为 Q 时的总成本(包括固定资产折旧、税收、工资及燃料及材料消耗等)；

δ——政府规定的投资报酬率；

RB——投资报酬率基数(Rate Base)。

在合理报酬率定价方法的应用中，按现行的财务会计制度，企业的成本费用都可以及时获得，难点在于确定投资汇报水平 δ 和投资报酬率基数 RB，前者是要找到一个合适的 δ 值，使企业能够得到合理的投资回报，以利于其生存和发展；后者是要确定合理的资本投资范围和计量方法，以使企业能够获得在一定 δ 值下的合理回报。

投资报酬率 δ 的确定，通常是通过被管制企业与政府管制部门的“讨价还价”得到。企业向管制者提供详细的财务资料，以证明按照现行的投资报酬率水平制定的价格太低，要鼓励企业投资就应该提高相应的投资报酬率水平。而政府管制部门则认为企业所要求的投资报酬率水平太高，价格不可能上升到企业所期望的水平。经过反复论证，政府管制部门最后确定他们认为合理的投资报酬率水平值。如果政府管制部门所确定的值高于现行价格水平，则在其他因素不变的情况下，企业就可以相应提高价格。

合理报酬率定价方法的优缺点：

①优点

投资报酬率明确，能够补偿企业的投资成本并获得合理的回报，可以增加企业的投资意愿，促进企业发展。

②缺点

由于按合理报酬率模式确定的价格要补偿包括投资在内的企业的完全成本，价格水平较一般为高，可能不利于消费；同时，投资报酬率 δ 值和 RB 值较难确定，还有可能产生 A-J 效应，即在合理报酬率定价模式下，如果企业的收益率大于总成本，企业将受到尽可能多投资其他产品或服务的激励，而不是以社会最低成本来运营，达不到规模经济，最终会降低效率或服务质量。

(5)拉姆齐(Ramsey)定价方法

以求取社会福利最大为目标函数，以经营者获得合理利润为限制条件所得到的定价方法为拉姆齐定价方法，也称为次优定价方法或差别价格模式。法兰克·拉姆齐于 1926 年提出的这种定价模式，主要思路是既要考虑企业的收支平衡，又要实现资源最优分配。

根据经济学原理，如果一个企业的固定投资不是很高，它的边际成本是递增的，那么按照边际成本定价是最优的；如果一个企业的固定投资非常高，边际成本递减，那么按照边际成本定价的话，企业无法收回成本，也不会愿意投资，因而社会福利的最大化就不可能实现。在这种情况下，企业只能接受略高于边际成本的价格，从而使盈亏至少相抵。若假设企业生产多种产品，在企业不亏损的限制条件下求解社会福利的最大化，得到一组称之为次优的价格。可以证明，某一市场上次优价格偏离边际成本价格的比率(也就是价格在边际成本之上的增加的比例，称为“加价比例”，等于价格减去边际成本再除以价格)，与该市场产品需求弹性的绝对值成反比，即需求弹性越小的产品，价格偏离边际成本的程度(加价比例)应越大。因此，拉姆齐定价方法实质上是在相同的生产条件下，对同一种质量的产品或服务，对于不同需求弹性的客户群采用不同的价格，也即是在企业面对多种用户时，采用差别的方式收费。拉姆齐差别价格是收支平衡条件下消费者剩余最大化时得出的价格。

令 MC_i 为第 i 类产品或服务的边际成本；MR_i 为第 i 类产品或服务的边际收益；$\varepsilon_i=\xi_i=\frac{\alpha q_i}{\alpha \rho_i}\times\frac{p_i}{q_i}$ 为第 i 类产品或服务的需求弹性；R 为拉姆齐指数，$R=(\lambda+1)/\lambda$；P_i 为第 i 类产品或服务制定的价格。

第 i 类消费者剩余为：$S_i=\int_0^{q_i} p_i(q_i)\mathrm{d}q_i - p_i(q_i)\times q_i$

求解最优问题：$\max W=\sum_{i=1}^{n} S_I \quad \text{s.t.} \sum_{i=1}^{n} p_i(q_i)\times q_i=\sum_{i=1}^{n} C_i(q_i)$

引入拉格朗日乘数 λ，最大化 W 的目标函数为：

$$\Pi=\int_0^{q_i} p_i(q_i)\mathrm{d}q_i - p_i(q_i)\times q_i-\lambda\Big(\sum_{i=1}^{n} p_i(q_i)-C_i(q_i)\Big) \quad (2\text{-}8)$$

由上式一阶条件，可得：

$$\frac{P_i-MC_i}{P_i}=\frac{(\lambda+1)}{\lambda}\times\frac{1}{\varepsilon_i}>0 \quad (2\text{-}9)$$

第 i 类客户的消费者剩余最大化价格为：

$$P_i=\frac{MC_i}{1-R/\varepsilon_i}=\frac{\varepsilon_i\times MR_i}{\varepsilon_i-1} \quad (2\text{-}10)$$

由式(2-9)可以得知：需求弹性越小，其定价越高。

拉姆齐差别价格是一种次优价格，其含义是：在保证生产者收支平衡的情况下，消费者剩余最大化的价格由各类产品或服务的边际收益和需求弹性决定。城市公共交通行业的基础设施建设成本(即固定成本)非常高，但随着客流量的增长，边际成本呈递减趋势，在未达到交通拥挤程度前，公共交通每增加一个乘客的边际成本几乎为零。因此，在这种情况下，公共交通票价如果按边际成本定价的话，企业将无法收回成本导致亏损，导致运营线路减少或者服务质量下降。采用拉姆齐定价方法，使公共交通票价按高于边际成本来定价，能使盈亏至少相抵，进而实现社会福利的最大化。

拉姆齐定价方法的优缺点：

①优点

该定价方法根据消费者的需求特点和实际支付能力定价，不仅能使企业回收全部成本，满足企业利润非负的财务可行性要求的价格，还能满足生产者和消费者剩余后最大的价格。由此兼顾了经营者的收益和消费者的福利，尽可能地调动经营者的生产积极性。

②缺点

拉姆齐定价方法运用在公共交通定价上，可能会有以下几个缺陷：一是对于需求缺乏弹性的公共交通出行方式会导致价格明显高于边际成本，而一定的价格区间内公共交通需求是缺乏弹性的，其定价与城市公共交通普遍服务的公益性目标背离；二是价格高于边际成本会改变公共交通供给弹性，从而使新的价格失灵；三是拉姆齐定价方法实质上是一种价格歧视，很难在消费者中实现真正的公平；四是在实际应用中不同用户、不同条件下的需求弹性较难获得，导致信息的不对称或是操作困难。

(6)价格上限定价法

价格上限定价法，又称为最高限价管制模式，是由英国伯明翰大学教授斯蒂芬·李特查尔德为英国政府解决价格管制问题而提出的，价格上限定价方法的目标同样是使社会福利最大化。由于信息不对称，政府价格管理部门很难知道需求曲线与企业的真实成本函数，但可以观察到过去产品或服务的价格和销售数量，并根据价格变化来估计边际收入与边际成本的数值。这样价格部门可以根据其所掌握的这些信息并结合零售价格指数制定价格的最高限价，产品或服务的价格在价格上限以内自由浮动。

价格上限模型一般采取 $RPI-X$ 模型。RPI 表示零售价格指数(Retail Price Index)，X 是由价格部门确定的在一定时期内生产效率增长的百分比。如果某年零售价格指数是 6%(即 $RPI=6\%$，X 固定为 4%，那么企业提价的最高幅度是 2%。这个模型意味着企业在任何一年中制定的名义价格取决于 RPI 和 X 的相对值。如果 $RPI-X$ 是一个负数，则企业必须降价，其幅度是 $RPI-X$ 的绝对值。，该模型不仅适用于单一产品或服务，也适用于多种产品或服务的价格管制，是一个“一揽子价格”管制模型。也就是说，这个模型的对象不是由特定企业所生产的某种特定产品的最高限价，而是企业所生产的各种被管制产品的综合最高限价。

令 P_{r-1} 为企业某种产品或服务本期的价格；P_r 为企业某种产品或服务下一期的价格。

则

$$P_T=P_{T-1}[1+(RPI-X)] \tag{2-11}$$

由式(2-11)可以知道，价格上限定价方法中关键的因素是模型中各项要素的合理确定：①基期成本的确定；②RPI 的确定；③X 值的确定。分析这三个指标可以明确，如果受管制企业希望获得更多的利润，只能努力降低成本，提高生产效率，使得企业实际的生产效率高于政府规定的 X 值。因此，斯蒂芬．李特查尔德将价格与企业的生产效率挂钩；是对于定价方法的创新。

价格上限定价方法的优缺点：

①优点

由于企业可以获得提高生产效率所带来的利润，有助于企业技术革新及努力降低成本。由于定价与企业成本没有直接关系，可以避免由于信息不对称所造成的成本虚报，减少政府的管理成本。同时，采用价格上限定价方法操作简便，它限制了企业的利润率，促使企业对生产要素实行优化组合，避免出现过度密集化的现象。

②缺点

从动态来看，一期票价执行期间生产效率的提高会降低下一期票价执行期间的价格上限，因此，企业可能会不惜浪费资源以获得初期更高的价格上限，将价格经常停留在上限水平，而不是在上限水平以下。同时，企业可能会为了节约成本而降低产品或服务的质量。另外，X 值和价格调整周期的合理确定也比较困难。

(7)供求关系定价方法

在市场经济条件下，票价作为一个交换范畴必然受市场供需关系的制约。运输市场上的供需关系，反映了运输供给和运输需求之间的矛盾运动。在运输供给与运输需求的矛盾运动中，要求两者保持合理的比例关系，这种比例关系既包括运输能力与运量，又包括运输结构、运输质量、运输时间等方面的内容，它是社会再生产正常进行的一个必要条件。

根据运输市场供需关系定价，存在着一个经济学假定，即票价随着运输供给的增加而下降，随着运输供给的减少而提高；同时，又随着运输需求的增加而上升，随着运输需求的减少而下降。供给曲线与需求曲线的交点就是供给与需求相等的均衡点，这个点意味着市场上运输供给与运输需求恰好平衡。如果将影响城市公共交通需求的各种因素作为自变量，把城市公共交通需求作为因变量，则可用需求函数来表示影响城市公共交通需求的因素与城市公共交通需求之间的关系。设 D 表示需求，$a, b, c, d, \cdots, n$ 表示影响需求的因素，

则需求函数为： $D=f(a,b,c,d,\cdots,n)$

在一定的人口、收入和其他社会经济特征条件下，其他因素可看作不变。乘客愿意支付的最高价格称为需求价格，则需求函数表示为：

$$D=\alpha-\beta P \quad (2\text{-}12)$$

式中 D——城市公共交通需求量；

α、β——城市公共交通需求常数；

P——需求价格。

而在一定的时间内，企业对一定量的运输能力所愿意出售的最低价格叫供给价格，则供给函数可表示为：

$$G=\delta+\gamma P_1 \tag{2-13}$$

式中 G——城市公共交通供给量；

δ和γ——城市公共交通供给常数；

P_1——供给价格。

完全竞争的市场机制决定的价格是市场供需平衡基础上的价格，即$D=G$时的价格。用供需关系确定价格，是市场经济条件下定价的一般方法，是价值规律运动的一般表现形式。票价与运输市场供求之间的关系，首先是运输价值决定着票价水平，票价机制调节着运输市场供求，而运输市场供求又反作用于票价。成为影响或决定票价与运输价值的一致（或偏离），因此，它们相互影响、相互制约。

①优点

从供求关系的角度来制定票价，使票价围绕着运输价值上下波动，有利于调节公共交通运输市场的平衡，实现资源的合理配置；合理的票价既反映运输价值，又反映运输市场供求状况。

②缺点

由于城市公共交通的“位移服务”存在时间的不均衡性，客流量会随季节和高低峰时段而不断变化；同时，决定价格的市场供求关系也在不断变化，供给和需求对票价的敏感性可能不一致，因此公共交通企业很难根据运输市场提供的信息来确定合理的公共交通票价；此外，城市公共交通行业具有一定自然垄断的特性，也不能简单地套用完全竞争市场机制决定的价格政策。

(8)盈亏平衡定价方法

在票价制定中，以公共交通运营成本为基础，通过成本确定票价是一种基本的定价方法。其核心是价格必须主要以成本为基础，再考虑一般企业以不同目的进行定价。不同的目的会导致不同的票价方式和票价。通常企业从自身利益的最大化考虑会造成票价过高，远远超出市民的承受能力。因此考虑到企业和普通市民两者的利益，可以通过公共交通运营的盈亏平衡作为制定票价模型的依据，从而构造相应的盈亏平衡的定价模型。

运量 Q 与票价 P 之间存在关系：

$$Q=\alpha P^{r} \tag{2-14}$$

式中 α——常数；

r——运量的需求弹性系数，$\gamma<0$。

运营收入：

$$B=P\times Q=\alpha P^{r+1} \tag{2-15}$$

运营成本 C 与运量 Q 之间存在如下关系：

$$C=bQ^{e} \tag{2-16}$$

式中 b,e——待定常数；

C——运营成本；

Q——客运量。

将式(2-14)代入式(2-16)得：

$$C=ba^{e}P^{re} \tag{2-17}$$

利润额 $L=B-C$，将式(2-15)和式(2-17)代入得：

$$\alpha P^{r+1}-ba^{e}P^{re} \tag{2-18}$$

当运营收入与成本达到盈亏平衡时，即：$L=\alpha P^{r+1}-ba^{e}P^{re}=0$

由此可以解得盈亏平衡时的平均票价。

盈亏平衡定价模型优缺点：

①优点

按盈亏平衡法定价，能使公共交通企业在保持合理的利润水平运营，有利于调节其运营的积极性。该定价方法简便、明了，政府通过对公共交通企业运营服务监管，能够明确公共交通企业的成本及经营状况，从而确定政策性亏损的补贴额度。

②缺点

在运用盈亏平衡分析法时，前提是假定运量不变、公共交通运营的固定成本和变动成本等均不发生变化的假设条件下找出盈亏平衡的价格。这脱离了不确定的运输市场环境。同时，对于运力过剩、客源不足的线路，其平均成本很高，边际成本却很低，若按盈亏平衡定价会抑制需求，最终将导致资源浪费。

2. 补贴的方式及测算

(1)补贴方式

目前,我国城市公共交通行业采用的财政补贴方式有以下几种:

①亏损全额补贴

这种补贴方式在计划经济体制下一直使用,政府根据城市公共交通企业申报的年度财务决算报告和经营计划确定补贴,企业亏损多少就补贴多少。因此,长期以来,由政府统包的国营公共交通企业没有增加收入、降低成本、设备技术更新改造和提高服务质量的动力,政府也无法确定补贴是否用于政策性亏损,在造成政府沉重财政负担的同时,城市公共交通的公益性得不到保障。

②亏损比例补贴

对于公共交通企业的运营亏损,政府也可以只补贴亏损额中的一部分,即按一定比例(如亏损额的80%)给予公共交通企业补贴,由公共交通企业通过其他渠道或方式解决其余部分,但政府的补贴应保证企业有足够的现金流,保持资产适当的流动性,以能够对外举债。这种方式虽然在一定程度上对公共交通企业形成激励,但在公共交通企业资源有限的情况下,会给公共交通企业带来较大的运营压力,一般不利于公共交通的持续发展。

③定额补贴

这种补贴方式在城市公共交通企业体制改革后使用,目前在很多城市存在,又称为"补贴包干"。运用这种补贴方式,政府给予城市公共交通企业每年固定的补贴额度,几年不变,多亏不补,少亏不退缴。这种方式能够在一定程度上调动企业的积极性、增收减支,同时减轻了政府的负担。但是,政府在确定补贴额度时,往往依据历史数据,每年的补贴额度可能会与企业当年的盈亏相差甚远,缺乏公平和合理性。

④按客运量补贴

又称"人公里补贴",是按照企业运营里程和客运量的综合水平确定补贴额度。运用这种补贴方式可以促使城市公共交通企业为获得更多补贴,调动企业的运营积极性,努力提高客运量而注重设备更新与服务质量,发挥补贴的积极作用,是对前两种补贴方式的改进。但是,企业可能由于偏远线路客运量很小而不愿意或者消极运营，损害了公益性。

⑤基于服务质量的补贴

首先需要建立一套完整、科学的包括运营服务情况、设备服务情况、人员服务情况、乘客满意度调查等在内的城市公共交通的服务质量评价指标体系。运用该指标体系对城市公共交通各运营企业进行服务质量评估，建立政府财政补贴金额与公共交通服务质量挂钩、实行服务质量评级的机制，根据服务质量评价的等级发放不同的补贴金额，给予相应的奖惩。该方式不仅能激发公共交通企业努力经营的动力，能高效率地使用财政补贴，实现较大的社会效益，还可以鼓励企业尽力提高服务质量。本研究建议政府采用此种补贴方式。

⑥按“合理报酬”补贴

政府在进行补贴时，充分考虑企业经营成本，并将企业利润作为总成本的一个必要组成部分，企业通过政府补贴可达到其“合理回报率”(即公共交通企业的利润水平主要依据企业资本回报率来确定)。合理回报率补贴方式对企业来说比较理想，不管运营的好坏，政府都将补贴至满足公共交通企业的资本回报率，但不利于调动经营者积极性，而且政府的补贴压力也很大。

⑦基于盈亏平衡的补贴

政府给予优惠措施、扶持政策，甚至给予财政补贴，使公共交通企业在运营亏损期间盈亏平衡。政府通过控制票价来确保社会效益的发挥，同时补贴票款收入与运营成本之间的差额。这种补贴方式对政府来说，补贴压力相对减小，但企业有时易产生惰性，不利于其发展。

(2)补贴模型及效果测算

公共交通票价既不能完全以公共交通企业的意志来制定，也不能完全按居民的意志来给出。在公共交通企业和居民之间，政府需要协调和平衡以维护各方利益：对用户，不能让公共交通票价过高而影响正常的生活需求；对公共交通企业，又不能让票价过低而限制了企业的运营和发展。一个基本方法就是对居民的公共交通出行进行价格补贴，一方面可以保证居民的正常出行和公共交通企业的利益，另一方面，通过放开一部分票价可以提高公共交通企业收入。

①补贴测算模型

参数说明:S 为公共交通财政支出(元);P_0 为公共交通企业按经营成本制定的票价(元/次);P 为政府财政补贴价格(元/次),$P\in(0,P_0)$;M 为居民月收入(元/月);Z 为使用者每月乘坐公共交通的次数,$Z\in[Z_0,\infty)$;Z_0 为每月最低乘车次数(次/月);μ 表示效应。

具体方法:每乘次给予价格补贴。在补贴政策下,居民效用函数如下:

$$\mu(Z,J)=(Z-Z_0)^{\alpha}J^{\beta} \tag{2-19}$$

其中,$\alpha<0$,$\beta<1$ 居民的预算约束为 $M-Z(P_0-P)=J$

根据 $K-T$ 条件,有 $\alpha\mu/\alpha J-\lambda=0$,$\alpha\mu/\alpha Z-\lambda(P_0-P)=0$,

则居民的反应函数为:

$$Z=Z_0\beta(\alpha+\beta)+\alpha M/[(\alpha+\beta)(P_0-P)] \tag{2-20}$$

记 $\gamma=\alpha/(\alpha+\beta)$,则有:

$$Z=\gamma M/(P_0-P)+(1-\gamma)Z_0 \tag{2-21}$$

企业收入:

$$ZP_0=\gamma MP_0/(P_0-P)+(1-\gamma)Z_0P_0 \tag{2-22}$$

政府财政补贴:

$$S=ZP=\gamma MP/(P_0-P)+(1-\gamma)Z_0P \tag{2-23}$$

居民乘车支出:

$$Z(P_0-P)=\gamma M+(1-\gamma)Z_0(P_0-P) \tag{2-24}$$

② 模型分析及补贴效果评价

根据上述模型,图 2-9 反应了政府补贴前后居民使用公共交通的弹

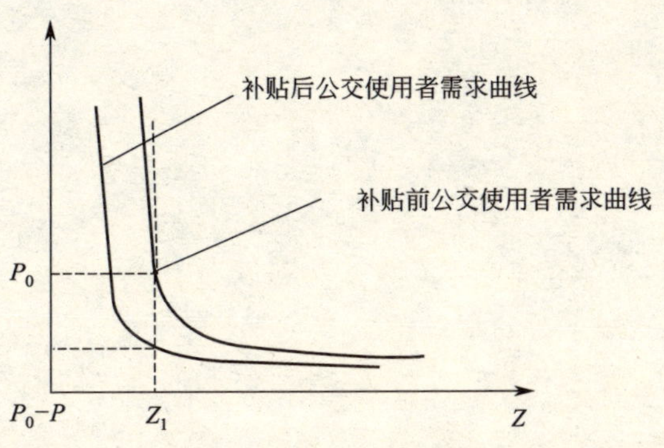

图 2-9　补贴前后公共交通使用者需求曲线

性变化。政府补贴后，公共交通需求曲线向左移动，说明补贴在保证居民最低出行次数的同时，可以增强居民通过调节公共交通使用次数来约束公共交通企业收入的能力，起到抑制公共交通票价上涨的作用。虽然补贴能增强居民通过调节公共交通使用次数来约束公共交通企业收入的能力，但式(2-23)表明由于受最低出行需求的限制，这种约束能力不强，公共交通企业仍能通过提高票价获得更多的收入。

式(2-23)表明，政府财政补贴随价格补贴的增加而增加，同时由式(2-21)可以得出，在满足 $P \geqslant P_0 - M/Z$ 的条件下，对于不同的 M，若采取不同的政府补贴价 P，将有利于减少政府财政支出。式(2-20)表明，在居民使用公共交通的观点 γ 不变的情况下，随着公共交通企业经营成本的增加以及居民收入水平的提高，只要保持 $M/(P_0 - P)$ 的值不变，适当调整实际公共交通票价 $(P_0 - P)$ 不会影响居民出行。补贴后居民使用公共交通的次数增加，从而降低了每乘次的成本 P。

第三章　基于博弈分析的城市公共交通定价与补贴研究

第一节　博弈论的发展历程

一、博弈论产生与发展过程概述

博弈论的产生来自于人类对古往今来社会中常见的斗智现象（小到象棋游戏、中到经济生活中的各种交易、大到国家之间战争）的观察和思考，并以严格的数学模型对这些现象进行规范描述，在统一框架下加以严密的数学方法论证。博弈论提供了一种研究人类理性行为的通用方法，人类通过它可以分析并解释各种社会经济力量冲突与合作的现象，使得博弈论能够迅速并广泛地应用在经济学、社会学、心理学和政治学等领域中。因此，博弈论至今仍然是一个新兴的发展中的学科。现在就博弈论的发展做一个简单的回顾。博弈论的产生和发展的重大贡献主要有以下几个大事记：1944 年，数学家约翰·冯·诺伊曼(Johnvon Neumann)和经济学家奥斯卡·摩根斯特恩(Oskar Morgenstern)合著了一本书《博弈论与经济行为》，从此开创了博弈论。1994 年度诺贝尔经济学奖授予了三位博弈论史上的重量级大师纳什(Nash)、豪尔绍尼(Harsanyi)和泽尔腾(Selten)。1996 年度诺贝尔经济学奖又授予了对博弈论应用作出了杰出贡献的莫里斯(Mirrlees)和维克瑞(Vickery)。2001 年度诺贝尔经济学奖授予了对于与博弈论密不可分的信息经济学作出突出贡献的阿克洛夫(Akerlof)、斯宾赛(Spence)和斯蒂格利茨(Stiglitz)。

博弈论的出现和发展是一个漫长的过程。早期的博弈论产生于学者们对社会经济理论和现实的一些思考，如瓦德格拉夫(Waldegrave)1713 年就提出了已知是最早的两人博弈极小化极大混合策略解，古诺(Cournot)在 1838 年对垄断竞争的数量分析称为了数理经济学研究的经典之作，而现代博弈论中最重要的概念—纳什均衡有时被称为古诺-纳什均衡。

20 世纪初是博弈论的萌芽阶段，其研究对象主要是从竞赛与游戏中引申出来的严格竞争博弈，即二人零和博弈（Two Person Zerosum Games）。这类博弈中不存在合作或者联合行为，对弈两方的利益严格对立，一方所得必定意味着另一方的等量损失。这一时期，关于二人零和博弈理论有着丰硕的研究成果，提出了博弈扩展型策略、混合策略等重要概念，以及泽梅罗订立（Zermelo，1913）与冯·诺伊曼最小最大定理（Von Neumann，1928）等重要定理，为日后研究内容的扩展与深化奠定了基础。

1944 年，美国数学家冯·诺伊曼与经济学家奥斯卡·摩根斯特恩所出版的《博弈论与经济行为》（Theory of Game and Economic Behavior）一书，是博弈论作为一门学科而确立的标志。该书汇集了当时所有的博弈论研究成果：①讨论了二人零和博弈；②研究合作博弈（Cooperative Game）为了解决合作博弈中所遇到的问题，提出了联盟博弈、稳定集、解概念、可转移效用、核心等重要概念与思想；③提出了博弈论在经济学上空前广泛的应用，认为经济行为者在决策时应考虑到经济学上的利益冲突。

20 世纪 50 年代，纳什为非合作博弈（Non-Cooperative Game）的一般理论奠定了基础，提出了博弈中最为重要的概念——纳什均衡（Nash Equilibrium），这种成就在经济学乃至整个社会科学领域内被认为是里程碑式的。期间，不但非合作博弈理论（如阿尔·塔克的囚徒困境、重复博弈概念等）发展起来，而且合作博弈理论（如 Shapley 的沙普利值概念、核概念等）也得到进一步发展。在二战结束后不久的美苏对立的背景下，博弈论在军事战术问题及冷战策略等领域得到了重要应用。经济学逐渐成为博弈论最重要的应用领域。

20 世纪 60 年代是博弈论的成熟期，不完全信息与非转移效用联盟博弈的提出，使博弈论变得更具有广泛应用性。博弈论与数理经济理论建立了牢固而持久的关系。豪尔绍尼提出了不完全信息理论，泽尔腾开始就其均衡选择问题的研究，这两人后来与纳什一起获得了 1994 年的诺贝尔经济学奖。

20 世纪 70～80 年代，博弈论开始对其他学科的研究产生强有力的影响，计算机技术的应用使得像随机策略这样的概念得到了重新解释；进化博弈论代表着博弈论的一个新的发展方向。博弈论方法在政治学、经济学、生物学、计算机科学和道德哲学模型上的应用得到了深入和研究。

1994 年诺贝尔奖被授予了三位数理经济学家，分别是美国普林斯顿大学的约翰·纳什，加利福尼亚大学伯克利分校的约翰·豪尔绍尼和德国波恩大学的赖因哈德·泽尔腾，以表彰他们在扩展和深化博弈论并卓有成效地将其应用于经济行为分析方法方面所做的贡献。

1. 纳什对博弈论的贡献

纳什是一位美国普林斯顿大学杰出的数学家和统计学家，他定义的纳什均衡概念为非合作博弈论的一般理论和合作博弈的谈判理论奠定了坚实的基础，为现代博弈论学科体系的建立做出了突出贡献。在非合作博弈论和合作博弈论整体体系分析经济问题时，纳什均衡始终处于核心的、重要的地位。克瑞普斯(D. Kreps)教授认为，如今在每一个经济学领域及与其相关的金融、会计、市场学甚至政治学等领域，运用纳什均衡概念对其进行重新理解和讨论是十分重要的。虽然这一思想最早可以追溯到古诺，但其目前的形式则是纳什独立完成的成果。

纳什在年轻的时候深受大数学家约翰·冯·诺依曼与经济学家奥斯卡·摩根斯特恩合著的《博弈论与经济行为》(1944)一书的影响。从 1950 年至 1954 年，年仅 22 岁的纳什连续发表了《N 人博弈的均衡点》、《讨价还价问题》和《非合作博弈》等几篇划时代的论文。其中，纳什提出的纳什均衡也成为分析商业竞争和贸易谈判格局的重要工具，这是博弈论发展的又一个里程碑。这一系列论文突破了“零和博弈”的框架，为非合作博弈论以及合作博弈的“讨价还价理论”奠定了坚实的基础。纳什在博弈论方面的贡献主要表现在以下几个方面：

(1)纳什是第一个区分合作和非合作博弈理论的人，他在《讨价还价问题》中提出，“有一种预测是尤为著名的，这就是讨价还价者之间的非合作预测”并在博士论文中明晰了合作与非合作之间的区别。纳什认为“以缺乏合作为基础，在其中假定每个参与者都各行其是，与其他人之间没有合作与沟通”，而以前的理论包含着某种被称为合作类型的 n 人博弈思想。另外，纳什指出了合作博弈论和非合作博弈的根本区别不在于被观察的局中人行为，而在于制度结构。其中，前者假设存在着一种对于局中人之间的任何协议都有约束力的制度；而在后者中则不存在这样的制度，唯一有意义的协议是自我实施的协议。纳什提出了重要的谈判与模型。假设有 n 个人参与博弈，在给定其他人策略的情况下，每个人选择自己的最优策略(个人最优策略可能依赖也可能不依赖于其他人的策略)，所有局中人选择的策略一起构成一个策略组合(Strategy Profile)。

(2)纳什定义了著名的“纳什均衡点”，并对它的存在进行了证明。纳什在 1950 年和 1951 年的两篇论文中定义了非合作博弈及其均衡解，提出了用纳什均衡对两人以上的非合作博弈进行分析，并证明了均衡解的存在，奠定了非合作博弈论的基础。纳什均衡一般是通过简单确定一个正常形式的有限局中人和行动的博弈来给出的。在纯策略中，纳什均衡是一种策略分布：假使其他局中人不变换其策略，则任何一个局中人都不能以单方面变换自己的策略来增加其效用。换个角度来理解纳什均衡，纳什均衡不但是自我实施协议的非合作博弈的解，而且能使协议具有自我约束的强制机制。假设博弈中的局中人实现达成一项协议，规定出每个人的行为规则，若在没有外在强制力的约束时，局中人是否会自觉地遵守这个协议？或者说，这个协议是否可以自动实施(Self-Enforcing)？如果局中人会自觉遵守这个协议，等于说这个协议构成了一个纳什均衡：给定别人遵守协议的条件下，没有人有积极性偏离协议所规定的自己的行为规则。反之，如果一个协议不构成纳什均衡，它就不可能自动实施，因为至少有一个局中人会违背这个协议。

“纳什均衡”这一概念非常重要，在非合作博弈论中起着核心作用，博弈论的许多论证和发展都是建立在对“纳什均衡”这一概念的修正和完善之上的。但是也存在着几个突出的问题：

①一局博弈可能有不止一个纳什均衡，事实上，有些博弈可能有无数个纳什均衡，而究竟哪个纳什均衡会实际发生并不能确定。

②有一些博弈则根本不存在纳什均衡。

③纳什均衡并不一定导致帕累托最优，它也会产生个人理性与集体理性的矛盾。“囚徒困境”结果是两个局中人为了各自的利益都会选择坦白交代，这似乎是明智的策略，也是一种纳什均衡策略，因为在其他策略组合下均有一方能因改变策略而获益。但并不是两人所期望最好的结局，由于两个人的不合作使得每个人都达不到可能的最大收益。纳什均衡刻画了人们理性选择的结果：利益冲突达到了最大化。

④纳什均衡是静态的,是基于“一个时代的模式”的理论,不合乎不断变化着的动态现实。人们利用策略均衡分析特定的经济模型时,发现扩展形式的每一步在给定一局中人信息的情况下被纳什忽视了“离开均衡路线”的偶然性特点。对此,泽尔腾发展了动态的适应于每个不同时期的博弈,促使对策略均衡的各种精细改进的定义的出现。

⑤纳什在纳什均衡中假定信息是完全的,即局中人都了解其对手要采取的策略和信息。纳什证明,在一个有限局中人和行动的博弈中,至少总存在一个纳什均衡是这样一种策略分布,其中包含着一个前提假定,即局中人对游戏结构有充分的了解,也就是说拥有完全信息,以便能够导出他们自己的预测。但这种假设在实际生活中是不大可能实现的。例如某些局中人在博弈前就拥有所有局中人的个人信息,如爱好、能力甚至博弈规则以及采取的所有策略等知识。泽尔腾和豪尔绍尼则建立了所谓不完全信息博弈,从而扩展了纳什分析的应用范围。

⑥纳什均衡中,局中人不考虑自己的选择如何影响对手的策略,把其他局中人的策略当做给定的,这个假设在研究静态博弈时可以成立,因为在静态博弈中,所有局中人同时一次性行动,不能及时了解其他局中人的行动;但对动态博弈而言,这个假设就不成立。当局中人按照先后顺序进行策略选择时,后行动者自然会根据先行动者的选择或先行动者显露出来的个人信息而调整自己的选择,先行动者也自然会理性地预期到这一点,所以不可能不考虑自己的选择对其对手选择的影响,会采取透漏出一些有利于自己的信息给后行动者。纳什均衡不允许不可置信威胁的存在。

2. 豪尔绍尼对博弈论的贡献

豪尔绍尼对博弈论最大的贡献是在不完全信息问题上取得的突出成就,其思想的新颖性为博弈论很多前沿热点问题探讨奠定了坚实的基础。豪尔绍尼极大地促进了博弈论的发展,其贡献如下:

(1)不完全信息理论

古典经济模型几乎都建立在完全信息假设的基础之上,即假设经济行为人(个人或厂商)的资源与偏好情况下不仅为自己而且为竞争对手所知。这显然不符合实际。为了解决这个问题,豪尔绍尼提出了以类型为基础的不完全信息博弈(1967～1968),定义了著名的“豪尔绍尼转换”方法和“贝叶斯纳什均衡”概念，为研究信息经济学奠定了理论基础。在不完全信息博弈中，豪尔绍尼成功地将不易建模的不完全信息转化为数学上处理的不完善信息：即把实际中千变万化的不完全信息都归结为局中人对他人类型的主观判断，即数学上的一种先验分布。这种方法能够克服将局中人的信息与偏好以及他对其他局中人信息与偏好的了解进行建模时所遇到的复杂性。不完全信息博弈的解是“贝叶斯纳什均衡点”这一思路极富创造性，使不完全信息博弈成为解决经济问题的一个有力工具。

(2)混合策略的解释

豪尔绍尼对混合策略均衡点进行了重新解释，并提出了变动收益博弈理论。混合策略概念的传统解释在理论上与实际上均不能让人满意：局中人应用一种随机方法来决定所选择的纯策略。豪尔绍尼提出了变动收益博弈，认为在每一真实的博弈局势中，总会受一些微小的随机波动因素的影响。这些影响以每个局中人的每一策略均对应一个微小的独立连续随机变量来体现。这些随机变量的具体取值仅为相关局中人所知，这种知识即成为私有信息；而联合分布则是博弈者的共有信息，这称为变动收益博弈。在适当的技术条件下，变动收益博弈所形成的纯策略组合与对应无随机影响的标准型博弈的混合策略组合恰好一致。豪尔绍尼还证明，当随机变量趋于零时，变动收益博弈的纯策略均衡点转化为对应无随机影响的标准型博弈的混合策略均衡点。

(3)合作博弈的通解

豪尔绍尼建立了 n 人合作博弈的通用议价模型(1959，1965)，直至现在，他的 n 人议价模型仍是合作博弈理论中最为重要的理论之一。不同于绝大多数合作解概念基于具有或不具有旁支付(Side Payment)的特征方程型博弈，豪尔绍尼的通用议价模型是第一个适用于标准型博弈问题的 n 人合作理论。豪尔绍尼认为如果在一个博弈中，义务-协议、承诺、威胁具有完全的约束力且能被强制执行，则称之为合作博弈，若义务不可强制执行，即使局中人在进行博弈前可以交往，此博弈也只能被称为非合作博弈。

3. 泽尔腾对博弈论的贡献

泽尔腾主要贡献是使纳什均衡概念进一步精致化与详细化，即通过附加条件以便排除不可信的纳什均衡点。他首次提出：“纳什均衡”的概念仅合适于分析一些静态的“非重复性博弈”，当用它来分析一些动态或重复性博弈时，所得结果往往过于含糊或笼统，因此，必须对“纳什均衡”的概念加以修正。泽尔腾提出了两个著名的新概念：“子博弈完美均衡点”（简称“子博弈完美点”）和“颤抖手完美均衡点”（简称“颤抖手完美点”），并剔除了那些缺乏说服力的纳什均衡点，并提出了“均衡选择”问题。泽尔腾的主要贡献有以下几点：

（1）泽尔腾在 1965 年提出了子博弈完美点。其基本思想是：在扩展型博弈（即博弈的局中人一步一步地往下推演）中的任一点，先行局中人利用其先行优势及后行局中人必然做出理性反应的事实，来进行选择以达到对其最有利的纳什均衡。对于有限完美信息博弈，相应的办法则是“倒推归纳法”。所谓倒推归纳法，就是由后至前找出后面子博弈的纳什均衡，再逐步向前推。当所有的局中人对已泄露的信息达成一致的看法时，那么剩下来的博弈就是子博弈完美纳什均衡。泽尔腾的子博弈完美点概念简单、直观、且与经济学中许多实际情况如寡头市场等相符合。但子博弈均衡点集合取决于扩展型博弈的细节，同时不能完全排除所有不直观不合理的纳什均衡点。

（2）泽尔腾在 1975 年提出了“颤抖手完美点”。泽尔腾在《国际博弈理论杂志》上发表了《关于扩展性博弈中均衡完美概念的再检验》一文，提出了颤抖手完美纳什均衡进行策略选择时，也会偶尔犯错误（形象地说，可能手会颤抖），以致偏离均衡策略。泽尔腾对纳什均衡进行了修正，认为并非所有纳什均衡点都是同样合理的，均衡解也存在着“空洞威胁”（Empty Threat），是无法实现的。局中人在策略选择时应考虑到自己有可能做出错误选择，从而会力图避免因自己的偶然错误而蒙受其他人改变相应策略给自己带来的损失。在颤抖手均衡点概念中，泽尔腾利用人类行为包含非理性因素（局中人会犯错）这一特点，形成对理性概念的一种新理解，这种方法无疑是博弈理论的一个重大突破。

（3）泽尔腾开辟了动态博弈研究的新领域，在具体经济博弈分析应用中做出了重大贡献，这些对博弈论的后续研究有着极大的启发和指导作用。泽尔腾在纳什均衡概念的扩展（非合作博弈中的联盟形成和议价模型）与深化及博弈论在各学科（实验研究和生物学）应用上都做出了突出贡献，推动了博弈论理论体系的丰富与完善。

4. 其他人的贡献

泽尔腾的颤抖手完美纳什均衡假设颤抖的概率在各个方向上是一致的，这与实际情况不符。为此，梅耶森在1978年发表了《对纳什均衡概念的精华》，指出了颤抖手完美性的假设的问题，并提出了合理的完美性来修正纳什均衡概念，建立了“适度均衡点”概念来进一步完善颤抖手完美点。克瑞普斯和威尔逊在1982年又提出了“序贯均衡”，即在一个博弈树(可以表示为序列的博弈形式)中，所有部分的行动从某些信条来看都是合理的，若展开博弈，这些信条将与局中人已确知的不会发生冲突。

二、博弈论在社会经济分析中的应用

博弈论分析方法对经济学家的思维方式产生了深远的影响。现代经济学的一系列突出成就和最新进展越来越集中地表现在对经济行为主体认识的深化中，而博弈论恰恰是研究经济主体行为规律、解释经济现象背后形成机制的有效工具。人类越来越意识到很多经济问题可以作为博弈过程来进行分析并得到满意的解释。1994年三位博弈论专家纳什、豪尔绍尼(Harsanyi)和泽尔腾(Selten)获得诺贝尔经济学奖象征着博弈论在经济学研究史上的里程碑意义；博弈论通过寡占理论的重塑和信息经济学的快速发展改写了微观经济学；博弈、合作与经济制度紧密相连，诺斯认为对经济制度的研究实际上就是对合作机制的研究。许多学者尝试运用博弈论研究微观和宏观经济理论问题，甚至想通过这条途径重新建构经济学的理论框架，这被克瑞普斯称为“在经济学领域内悄然发生的一场温和的革命”。

博弈论与经济学的关系尤为密切，其思想和建模方法现在已渗透到了几乎所有的经济分析领域，影响涉及市场理论、契约与合同、政府行为等诸多方面，并为研究各种经济现象开辟了全新的视野。用博弈论的思想和工具来解决经济问题，现已渐渐成为经济学者的一种习惯和新的规范。博弈论以其新颖的方式、强大的经济分析工具和完整严密的体系为经济学界注入新的血液，使一些传统经济理论得到更合理的重新解释而变得丰富深刻，也使经济学家通过博弈论的思维去探索和开发新领域。

博弈论与以往一般的经济学研究方法不同，它是专门研究理性个体之间相互冲突和合作的学科。前者研究方法是一般分析特定应用，即提供一套研究利益冲突解决的方法，将特定的经济问题转化为待研究的博弈局势来解析其影响因素。而后者研究方法是特定问题特定分析，根据研究内容的性质选择所用研究工具。从分析方法上来讲，一方面，博弈论更侧重于对多个利益主体的行为特征和规律的分析，因而更接近于经济系统的人为因素这一本质特征。另一方面，博弈论对现代经济分析方法和成果也表现出非常大的兼容性和同步性，并可以与其他经济分析方法结合来解决社会经济问题。例如：为经济问题构造一个博弈模型：消费者或厂商等行为主体是参与人，消费者的消费向量或厂商的价格、产量等充当策略变量，效用或利润作为支付，支付与策略变量的联系用效用函数或利润函数分析。与传统分析不同的是，这里的支付函数是所有参与人策略变量的函数。博弈论放宽了新古典的完全竞争和完全信息这两个基本假设条件，并针对处于各种信息结构中的相关个体间的互动关系来提供一套严格而完整的分析方法，从而获得了广泛的成功并改写微观经济学。

博弈论作为一种新颖有力的分析手段，在经济学中有着广泛的应用前景。博弈论的传统应用领域是产业组织或市场结构的研究以及对投票和公共物品供给的分析等领域。博弈论在传统领域中应用的成果有以下几点：①重复囚徒困境、交错出价的议价模型、时间选择博弈和先买权博弈，均在产业组织理论分析中得到应用；②豪尔绍尼的贝叶斯纳什均衡解（作为许多博弈推理分析的基石），则应用于“机制设计”问题，包括非线性价格歧视、最佳拍卖、对公共物品偏好的显示以及信息不完备的契约失效等；③完全贝叶斯均衡解（在对掠夺行为和就业市场信号的分析中所应用的一系列解的概念）则体现着经过扩展的不完全信息博弈中子博弈完美点的思想。现在，博弈论在对不同拍卖行为的分析、委托人-代理人的关系及激励机制问题，以及公共财政学等领域也发挥了其巨大作用。

博弈论的理论发展和实际应用具有很重要意义：博弈论扩宽了经济学的研究领域，加深了经济学的分析层次，重构了经济学大厦，分别重新定义了宏观经济学和微观经济学。

1. 突破了传统经济学的框架

从传统经济学的主流来看，微观经济学主要分析了完全竞争条件下的均衡行为。现代经济学是研究人的行为，因传统的新古典经济学（Neo-Classic Economics）主要是以价格制度作为自己的研究对象，并以完全竞争和信息对称为假设条件，但这两个假设在现实中一般是不满足的。这里有两个原因：一是在现实中，买卖双方的人数常常是有限的，市场在有限的人数下不可能是完全竞争的。而在不完全竞争市场中，人们之间的行为是可以直接影响到对方，所以一个人在决策时必须考虑对方的反应，这就是博弈论要研究的问题。二是在现实中市场信息和中间的信息一般是不对称的，任何一种有效的制度安排必须满足“激励相容”（Incentive Compatible）或“自选择”（Self-selection）条件，这是信息经济学研究的问题。因而，传统的新古典经济学在涉及个体的决策行动时就不考虑其他行为主体选择，仅考虑在给定的价格参数和收入条件下如何选择自己效用最大化的行动，而这种理想状态在实际经济情况下是根本无法满足的。

此时，研究行为主体之间对策行为的博弈论的出现，无疑是在研究方法上对传统经济理论的一次突破。当 20 世纪 70 年代经济学家开始将注意力由价格制度转向非价格制度，博弈论逐渐成为经济学的基石。20 世纪 80 年代以后，信息在博弈过程之后的作用越来越明显，微观机制的静态分析实现了动态化。从宏观经济学领域看，凯恩斯主张政府干预经济生活，政府与公众就构成了一个 n 人博弈，并且还是一个无限的过程。不完全信息博弈理论及序贯均衡博弈理论将会使理性预期宏观经济学（或新古典宏观经济学）更成熟，更接近实际。这种策略博弈理论的发展使理性预期的宏观经济学革命成为现实。20 世纪 90 年代至今，博弈论在研究拍卖行为以及经济机制设计理论（委托—代理关系和激励机制等问题）与长期困扰经济学家的“免费搭车”问题（公共财产学）等方面，都已取得了长足的进展。从博弈论的发展趋势来看，其所引起的经济学革命及对社会经济的推动，不亚于历史任何一次理论变革所引起的作用。

2. 改变了现代经济学的发展趋势

①经济学研究的对象越来越转向了个体，放弃了一些没有微观基础的假定，一切从个人效用函数及其约束条件开始，求解约束条件下的个人效用最大化问题而导出行为及均衡结果。这也是博弈论研究的模式，先给出个人的支付函数及战略空间，然后再看当每个人都选择其最优战略以最大化个人支付函数时将发生什么，这与经济学效用最大化的方式完全吻合；②经济学越来越转向了人与人行为关系的研究，特别是人与人之间行为的相互影响和作用，人们之间的利益冲突，竞争与合作的研究。这

一点与传统经济学形成明显对照。在传统经济学里，价格可以使个人理性和集体理性达到一致；③现代经济学开始解决个人理性和集体理性的矛盾与冲突，要解决这个问题，就不能否认个人理性，而是要设计一种机制，在满足个人理性前提下达到集体理性，而不是像传统经济学主张的那样通过政府干预来避免市场失效所导致的无效状态。如果一种制度安排下不能满足个人理性的话，就不可能实行下去。

博弈论研究突出了理性人在经济分析中的价值和地位，侧重于研究人类的行为过程，完善了经济学的分析方法。经济分析的前提条件是追求个人利益最大化。博弈论理论对理性人进行了大量地剖析与研究，例如：非合作博弈理论的基本概念-纳什均衡，即以最大最小定理为理论基础的；在颤抖手均衡、序贯均衡以及不完全信息博弈分析中，个人的理性也是讨论的主要基础；在 n 人合作博弈理论中，谈判与合作也是建立在个人理性之上的；而在重复博弈中，个人理性更是起着基本的作用。重复博弈理性人可能会从“囚徒困境”中吸取教训，当时间贴现值足够低，并且由于背信弃义而损害自己名誉所带来未来收益的减少足够时，人们将进行合作从而实现帕累托改进。正是因为考虑到参与人都是理性人，所以博弈分析各种现象才会更有意义。博弈论在社会经济分析中的应用及其对经济学的贡献，与本书内容相关的概括起来主要有以下两个方面：一是为经济学研究和社会经济分析提供了新的方法；二是促进了信息经济学的兴起。

第二节　博弈论相关基本原理

一、博弈的概念

博弈(Game)，是指一些相互依赖、相互影响的决策行为及其结果的组合。研究相互依赖、相互影响的决策主体的理性决策行为以及这些决策的均衡结果的理论称为博弈论(Game theory)，又称为“对策论”或“赛局理论”。它原是运筹学中的一个支系，用于严格地处理在战略博弈中参与者最理想的行为和决定结局的均衡，或是使具有理性的竞赛者找到他们应采用的最佳策略。在博弈中，每个参与者都在特定条件下争取其最大利益，由于利益之间存在相互关联，因此策略选择上也存在相互关联，每个人的最佳策略选择都要考虑其他人的策略选择行为，而博弈论研究的就是这种策略之间的相互影响。博弈的结果不仅取决于某个参与者的行动，而且还取决于其他参与者如何行动。在博弈论中一般假定参与决策的个体均为“理智的”，从而进行理性的逻辑思维与行动。

二、博弈的组成要素

博弈论的基本概念包括参与人、行动、信息、战略、支付(效用)、均衡和结果。其中，参与人、战略和支付是描述一个博弈所需要的最少的要素，而行动和信息是其“积木”。参与人、行动和结果统称为“博弈规则”(the Rules of the Game)。博弈分析的目的是使用博弈规则来预测均衡。下面给出本书主要应用到的博弈论基本概念及其内涵。

1. 参与人(Players，又称当事人、博弈方或局中人)。指的是博弈中选择行动以使自己效用最大化的决策主体，即在所定义的博弈中究竟有哪几个独立决策、独立承担结果的个人或组织，目的是通过选择行动(或战略)以最大化自己的支付(效用)水平。参与人可能是自然人，也可能是团体，如企业、国家、甚至是若干个国家组成的集团(如 OPEC、欧盟、北约等)。除一般意义上的参与人之外，在博弈论中，“自然”(Nature)作为“虚拟参与人”(Pseudo-Player)来处理。这里，“自然”是指决定外生的随机变量的概率分布的机制。与一般参与人不同的是，自然作为虚拟的参与人没有自己的支付和目标函数(即所有结果对它都是无差异的)。我们一般用 $i=1,\cdots,n$ 代表参与人，N 代表“自然”。记第 i 个参与人为 i，参与人集合 $I=\{1,2,\cdots,n\}$，即共有 n 个参与人。为了方便，我们将参与人 i 之外的其他参与人称为“i 的对手”，记为 $-i$。因为博弈中的战略具有依存性，故博弈中的参与人的多少非常重要。一般而言，有且只个两个参与人的博弈，称为双人博弈；参与人为 3 人及 3 人以上的博弈，称为多人博弈。多人博弈中，参与人之间的战略相互依存关系较双人博弈更为复杂，分析的难度也更大，博弈的结果也更难预测。

2. 行动(Actions or Moves)。行动是参与人在博弈的某个时点的决策变量。一般的，我们用 α_i 表示第 i 个参与人的一个特定行动，$A_i=\{a_i\}$ 表示可供 i 选择的所有行动的集合(Actionset)。参与人的行动可能是离散的，也可能是连续的。在 n 人博弈中，n 个参与人的行动的有序集 $a=$

$\{a_1, \cdots, a_i, \cdots, a_n\}$称为“行动组合”(Action Profile)，其中的第 i 个元素 a_i 是第 i 个参与人的行动。与行动相关的一个重要问题是行动的顺序(The Order of Play)。例如：非合作博弈基于行动顺序来分为静态博弈和动态博弈两大类。不同的行动顺序意味着不同的博弈：同一个集合的参与人，同一个行动集合，只因为行动的顺序细微不同而导致每个参与人的最优选择不同，博弈的结果就大相径庭。特别是在不完全信息博弈中，后行动者可以通过观察先行动者的行动来获得信息，以调整自己的策略达到最大效益，从而使得博弈分析成为预测人的行为的一个强有力的工具。而在博弈论中，一般假定参与人的行动空间和行动顺序是所有参与人的共同知识。

3. 信息(Information)。信息是参与人有关博弈的知识，如博弈的规则，参与人的理性，参与人的行动，参与人的战略，参与人的决策能力，特别是有关“自然”的选择、其他参与人的特征和行动的知识。信息在博弈中有着非常重要的作用，根据参与人有关博弈得益的知识，可将博弈划分为完全信息与不完全信息。信息集(Information Set)是博弈论中描述参与人信息特征的一个基本信息概念，即参与人在特定时刻有关变量的值的知识。一个参与人无法准确知道的变量的全体属于一个信息集。

“完美信息”(Perfect Information)和“完全信息”是两个不一样的概念。在动态博弈中，若参与人完全了解自己的行动之前的整个博弈过程，称此参与人具有完美信息(又称完美回忆)。若参与人不完全了解自己行动之前的整个博弈过程，则该参与人具有不完美信息。所有参与人都只有完美信息的博弈，称为完美信息博弈。至少有一个参与人具有不完美信息的博弈，称为不完美信息博弈。

“完全信息”(Complete Information)与完美信息的关系：①完全与不完全信息是按参与人有关得益的信息来划分的，这是指参与人对博弈有关信息事前是否有清楚的了解，而完美与不完美信息是按参与人有关博弈过程的信息来划分的，这是指参与人在博弈进程中对信息的了解程度，故在动态博弈中才进行这种划分。②“完美信息”是指一个参与人对其他参与人(包括虚拟参与人“自然”)的行动选择有准确了解的情况，即每一个信息集只包含一个值；“完全信息”是指自然不首先行动和自然地初始行动被所有参与人准确观察到的情况，即没有事前的不确定性，两者相互联系但并不统一。不完全信息意味着不完美信息(自然的选择不可观察),但逆定理不成立。

“共同知识”(Commom Knowledge)是与信息相关的一个重要概念。共同知识指的是“所有参与人知道,所有参与人知道所有参与人知道,所有参与人知道所有参与人知道所有参与人知道……”的知识。共同知识是博弈论中一个非常强的假定。在现实的许多博弈中,即使所有参与人“共同”享有某种知识,每个参与人也许并不知道其他参与人知道这些知识,或者并不知道其他人知道自己拥有这些知识。博弈论通常均设“参与人是理性的”“有关博弈的知识”对所有参与人是共同知识。

4. 策略(Strategies)。策略是指参与人在给定信息集的情况下选择行动的规则,即在博弈进程中,什么情况下选择什么行动的预先安排。因为信息集包含了一个参与人有关其他参与人之前行动的知识,策略告诉该参与人如何对其他参与人的行动作出反应,因而策略是参与人的“相机行动方案”(Contingent Action Plan)。策略集(Strategy Set)是参与人可选择的全部行为或策略的集合。记参与人 i 的策略为 $s_i \in S_i$,S_i 为参与人 i 所有可供选择的策略组成的策略集,又被称为参与人 i 的策略空间。n 个参与人各选择一个策略形成的向量 $s=(s_1, s_2, \cdots, s_n)$ 被称为策略组合(Strategy Profile),策略组合的集合为 $S=\{s_i\}$,常被称为该博弈的策略空间。为了讨论方便,我们把参与人 i 之外的其他参与人所采取的策略组合记为 $s_{-i} \in S_{-i}$,因而,策略组合 $s=(s_1, \cdots, s_{-i}, s_i, s_{i+1}, \cdots, s_n)$ 就可简记为 $s=(s_i, s_{-i})$。

策略与行动是两个不同的概念:①战略是行动的规则,而不是行动的本身;②作为参与人的行动规则,战略依赖于参与人获得的信息。在静态博弈中,所有参与人同时行动,没有任何人能获得他人行动的信息,策略就是行动;在动态博弈中,战略是行动的规则而不是行动本身。③战略必须是完备的,作为一种行动的规则,在制定战略时,必须给出参与人在每一种可能情况下的行动选择,即使参与人清楚这种情况实际上并不会发生。这一点对于动态博弈的均衡是非常重要的。

5. 收益(Payoff)。收益是参与人在博弈结束后从博弈中获得的效用水平,或者是指参与人得到的期望效用水平。收益是博弈中参与人追求的主要目标,也是行动和战略选择的依据。是每个参与人最关心的结果。

博弈的基本特征是一个参与人的支付不仅取决于自己的战略选择，而且取决于所有其他参与人的战略选择。也就是说，$u_i(s)$是所有参与人的战略选择的函数所以也被称为支付函数，记参与人 i 的支付函数为 $u_i(s)$。这是由于收益是策略组合的函数，对应于各参与人的每一组可能的决策选择，博弈都有一个结果表示各博弈方在该策略组合下的得失。收益常用数量来表示，可正，可负。按得益之和的不同情况，博弈可分为零和博弈、常和博弈、变和博弈。

(1)零和博弈是指一方的收益必为另一方的损失，其支付之和为零的博弈。零和博弈是整个博弈论发展的历史起点，是早期博弈论所研究的核心，主要研究对象为赌博、体育竞赛、打官司、政治竞选等。由于零和博弈参与方的利益总是相对抗的，具有你死我活的关系；即使重复若干次，也无法改变相互对抗的关系，一般不会产生合作博弈，且结果总是不能完全确定。最简单、最基本的零和博弈为二人零和博弈。在二人零和博弈中，不存在任何类型的合作或联合行动：一个局中人认为某一结局比另一结局好，则另一局中人的偏好必然是相反的，即一方的所得必定意味着另一方的等量损失。一般的，假定有 A、B 两局中人进行博弈，局中人 A 在博弈中可能采取的策略为$\{A_i\}$，局中人 B 可能采取的策略为$\{B_j\}$，$\{U_{ij}\}$和$\{V_{ij}\}$分别为局中人 A 和局中人 B 在 A 采取策略 A_i 和 B 采取策略 B_j 时的支付函数。若在该博弈中，对于所有的 i、j 来说，恒有：$U_{ij}+V_{ij}=0$，则称该博弈为二人零和博弈。又称“严格竞争博弈”(Strictly Competitive Games)。冯·诺依曼(Von Neumann，1928)证明，最大最小准则是二人零和博弈中局中人的保守稳健的策略原则。即双方都倾向于从最不利的情况出发，寻求最好的结果。所采取的策略要么是力求使自己的最小支付最大化，要么是力求使自己最大损失最小化，以此来寻求自身效用的极大化。

(2)常和博弈是指得益之和为一非零常数(或正或负)的博弈。参与人之间的基本关系仍然是对立的，但不一定会产生输家，利益的对抗性有时体现在利益的多少上(如遗产分配、奖金分配等)，可能产生妥协或合作；在重复博弈中，可能创造出许多新结果，如使总得益增加，达到双赢结果。

(3)变和博弈是指得益之和不为零，且不同战略组合下的得益之和也各不相同的博弈。这是最一般的博弈. 也是研究最多的博弈类型。囚徒困境就是变和博弈。

6. 均衡(Equilibrium)。博弈分析的目的就是预测博弈的均衡及均衡结果,均衡也就是博弈的解,即所有参与人的最优战略的组合,一般记为 $s^*=(s_{1_1}^*,\cdots,s_{i_i}^*,\cdots,s_{n_n}^*$。其中 $s_{i_i}^*$,是第 i 个参与人在均衡情况下的最优战略,它是 i 所有可能的战略中使 $u_i(s)$ 或 $E_{u_i(s)}$ 最大化的战略。因为一般来说,$u_i(s)$是所有参与人的战略组合的函数,i 的最优战略通常依赖于其他参与人的战略选择。为了把一个特定的参与人与其他参与人区别,我们将用 s_{-i}表示由除 i 人之外的所有参与人的战略组成的向量。那么,说 $s_{i_i}^*$ 是给定 s_{-i}情况下第 i 个参与人的最优战略意味着 $u_i(s_{i_i}^*,s_{-i})\geqslant u_i(s_i',s_{-i})\ \forall\ s_i'\neq s_{i_i}^*$,对所有的 $i=1,2,\cdots,n$,上式同时成立。博弈论中的均衡概念与一般均衡理论中讨论的均衡概念是不同的。在一般均衡理论里,均衡指的是由个人最优化行为导致的一组价格,而在博弈论里,这样一组价格只是均衡的结果而不是均衡本身:均衡是指所有个人的买卖规则(战略)的组合,均衡价格是这种战略组合产生的结果。均衡的不唯一性,正如许多数学题有多个解一样,一个博弈可能只有一个均衡存在,也可能有多个均衡存在。

7. 结果(Outcome)。结果是博弈分析者所感兴趣的所有东西,如均衡战略组合,均衡行动组合等。

以上几种基本要素就构成了策略型博弈,因此策略型博弈可记为 $G=\{S_1,S_2,\cdots,S_n,u_1,\cdots,u_n\}$。博弈论主要就是研究在不同信息结构下参与人的理性行为、参与人策略选择时的相互影响以及他们之间的利益冲突与协调关系,博弈试图将研究内容数学化、理论化、以便更确切地理解其中的逻辑关系,为清晰地描述与解决问题提供了理论工具。

三、博弈的分类

总的来说,博弈论可以划分为合作博弈和非合作博弈两大领域。这两种博弈领域的差别在于人们的行为相互作用时,当事人能否达成一个具有约束力的协议,如果能,就是合作博弈(Cooperative game),否则就是非合作博弈(Non-Cooperative game)。即所使用的一种基本假设的不同,也就是承诺的强制力不同,将造成两者研究方法和结论上的巨大差异。两者差别具体指非合作博弈理论的核心问题是策略选择,研究人们如何在利益相互影响的情况下做出最有利于自己的选择;合作博弈理论的核心问题是利益分配,研究人们已经达成合作之后如何分配利益。非合作博弈强调的是个人理性,个人最优决策,其结果有可能是有效率的,也有可能是无效率的;合作博弈强调的是团体理性,即效率、公正、公平。严格地讲,合作博弈是非合作博弈的一种特殊形式,是一种相对稳定和静止的选择,即短期内策略可能为合作,单从长远来看,合作博弈还是一种不稳定的动态发展的非合作博弈。按照豪尔绍尼的观点,合作博弈略去非合作个体之间建立合作关系的过程而着重研究合作的可能性与形式。比如,能否达成一项协议,就是非合作行为能否转变为合作行为;同样,一项合约、协议的破裂又是合作行为向不合作行为的转变。

1. 合作博弈

合作博弈即一些个人、队组或其他组织,面对一定的环境条件,在一定的规则下,同时或先后,一次或多次,从各自允许选择的行为或策略中进行选择并加以实施,各自取得相应结果的过程。合作博弈和非合作博弈的根本区别在于:非合作博弈是建立在“个体理性”(即以个体利益最大化为目标)基础之上的,而合作博弈则是建立在“集体理性”(即以集体利益最大化为目标)基础之上的。目前非合作博弈的成熟程度大大高于合作博弈,是博弈论的主流。但事实上,合作博弈同样是非常重要的博弈理论。因为,虽然从长期来看,合作是有条件的,但毕竟是普遍存在的一种经济活动行为;另外,从博弈的角度来看,当非合作博弈呈无效率或低效率时,就说明了合作的可能性和必要性。

合作博弈构成的两个最基本要素:联盟与分配。

(1)联盟

两个或两个以上独立的参与人为了各自利益的保证通过一定方式达成一致的协作(无论是有条约或合同或协议签订,还是口头的协定,必须具有约束力)所建立的组织的统称。用数学表达式描述如下:

设 $\zeta=\{1,2,\cdots,I\}$ 为参与人的集合,则其中任意一非空子集 $S\subset\zeta$ 为一个联盟。

其中:单个参与人是一个特殊的联盟,另外为了数学处理的方便,将空集 $\emptyset$ 也作为一个联盟。

(2)分配

当联盟成立后，如何将联盟所获得的收益在联盟各成员中分配，以使得联盟内的每个成员都能获得比不加入联盟时要多一些的收益。用数学表达式描述如下：

合作博弈的一个分配是指对 i 个参与人来说，存在一个向量 $x=(x_1, x_2, \cdots, x_I)$满足：① $\sum x_i=V(\zeta)$；② $x_i \geqslant V(i)$。其中，$V(\zeta)$表示 i 个参与人的总和收益，$V(i)$表示参与人 i 不与任何人结盟时的收益。

这两个条件的含义是：条件①是群体理性，说明个人分配的收益和正好是各种联盟形式总的最大利益；条件②是个体理性，说明联盟中个人分配到的利益不小于单独“经营”所得的收益，即分配必须使每个人都能得到更多的好处。如何保证有效实现和满足这些条件，是由合作博弈的本质特点所决定的，即联盟内部成员之间的信息是可以相互交换的，且所达成的协议必须是强制执行的。

2. 非合作博弈

在非合作博弈中，从行动的先后次序来分，可将非合作博弈分为静态博弈(Static Game)和动态博弈(Dynamic Game)。静态博弈指的是在博弈中，参与人同时选择行动或虽非同时但后行动者并不知道前行动者采取了什么具体行动；动态博弈指的是参与人的行动有先后顺序，且后行动者能够观察到先行动者所选择的行动。静态博弈和动态博弈的区别是前者中每个参与者的策略选择只进行一次，在选择时不知道其他人的选择，后者引入了决策的先后次序，参与者在进行选择时可以得到关于行动历史的一些信息。

从某一参与人对其他参与人的各种特征信息的获得差异来分，又可将非合作博弈分为完全信息博弈(Game of Complete Information)和不完全信息博弈(Game of In-complete Information)。完全信息指的是每一个参与人对所有其他参与人的特征、战略空间及支付函数(例如自然资源、人力资源、商业经验、决策能力)有准确的知识。不完全信息指一种博弈局势中参与人对其他参与人与该博弈局势有关的事前信息了解不充分，而不是博弈中产生的与局中人实际策略选择有关的信息。这里所谓的信息是指关于博弈实际开始之前局中人所处地位或者状态的信息，这与地位与状态对于博弈局势会产生影响。从技术上来说，豪尔绍尼认为博弈中的不完全信息表现为对博弈的基本数学结构的了解不充分，在策略型博弈中，也就是对三种组成成分，即局中人、策略和支付有着不完全了解。在理论上，各类不完全信息情形在博弈论分析中都可以转化为一种不完全信息情势；局中人对其他局中人的支付函数的不完全了解。完全信息博弈和不完全信息博弈的区别是前者参与人对于博弈结构有着充分的了解，唯一考虑的就是策略选择问题，后者对博弈结构中某些部分了解不充分。

将上述两个角度的划分结合起来，我们就得到四种不同类型的博弈：完全信息静态博弈、完全信息动态博弈、不完全信息静态博弈、不完全信息动态博弈。与上述四类博弈相对应的是四个均衡概念，即：纳什均衡(Nash Equilibrium)、子博弈精炼纳什均衡(Subgame Perfect Nash Equilibrium)、贝叶斯纳什均衡(Bayesian Nash Equilibrium)、及精炼贝叶斯纳什均衡(Perfect Bayesian Nash Equilibrium)。

四种非合作博弈及其对应的均衡、特点及举例见表3-1。

表3-1　非合作博弈的分类及其均衡

信息 行动顺序	完全信息	不完全信息
静态	名称：完全信息静态博弈 均衡状态：纳什均衡 特点：局中人对自己及其他方的策略空间、支付函数等充分了解，博弈在同时进行且只进行一次 举例：囚徒困境	名称：不完全信息静态博弈 均衡状态：贝叶斯－纳什均衡 特点：至少有一方局中人对自己及对方的策略空间、支付函数等不了解，博弈在同时进行且只进行一次 举例：市场进入博弈
动态	名称：完全信息动态博弈 均衡状态：子博弈完美纳什均衡 特点：局中人的行动有先后次序，局中人对自己及对方的策略空间、支付函数等充分了解 举例：房地产开发博弈	名称：不完全信息动态博弈 均衡状态：完美贝叶斯－纳什均衡 特点：局中人的行动有先后次序，且至少有一方局中人对自己及对方的策略空间、支付函数等不了解 举例：信号博弈

四、博弈均衡

利益均衡问题是经济学理论研究的核心内容，均衡分析的实质是研究经济利益的协调过程和分布状况。经济均衡分析是通过研究在给定的经济环境(社会制度、意识形态和价值标准等既定)中,各种经济要素在诸多利益主体(力源或利源)驱动下的平衡或均等的分布结果和流动特征,来达到分析和解释经济规律的目的。博弈均衡是从新角度研究利益均衡问题的一种很重要的手段和方法,正以当今主流经济学的姿态主导和预示着未来经济学的发展和实践。一般均衡分析和博弈分析主要在以下几个方面有重要区别:①人的主体地位的确立和归位。从经济理性人到博弈局中人,博弈论强调人在社会经济活动中的主体地位。一般均衡分析对微观主体所做的行为假定,是在个人收入预算约束的前提下寻求效用最大化作为行为基础,进而分析研究各类要素市场的均衡;博弈均衡对微观主体的观察,超越了马歇尔的单一属性行为主体的假定,用策略选择方式将微观主体的各类行为统一了起来,不但能考虑到不同行为主体之间的作用,而且使多种经济均衡同步实现。博弈均衡体系中对行为主体的认识和描述与一般均衡论有实质性的区别,这从根本上撼动了长期在经济学中占统治地位的人格物化、资本化的思想;②由结果论到过程论。一般均衡主要通过研究人对物质资源的配置,掩盖了人与人之间的利益关系,而博弈均衡通过更加直接有效地研究人的行为方式以及人与人之间的相互关系,从根本上解决利益均衡的实质问题。简单地说,前者注重资源配置结果不同,后者更加重视利益主体在资源配置过程中的行为(策略);③共同均衡。博弈均衡能够刻画共同收益的"双赢"局势,即均衡的实现只有在他人充分收益中才能使个体利益最大化;④非理性的行为主体。博弈论认为非理性的行为主体是不断学习的过程中逐步达到理性的,这一点修正了完全理性人的假定。⑤行为动机和理性。博弈论对利益主体行为动机的描述做了较大的修正和改进。博弈均衡强调策略相互作用下所实现的均衡,其蕴含这在个人利益与集体利益有机统一时才能真正地实现效用最大化和资源的最优配置,这使经济学对理性人的假定和研究从有限理性阶段进入到相互依赖理性阶段,有利于从微观机制入手研究宏观经济的运行和调控。

博弈均衡概念的创立、精炼和完善及博弈模型解的存在、性质与应用研究是现代博弈论的主要内容,如非合作博弈的纳什均衡,完全信息动态博弈的子博弈完美均衡,不完全信息博弈的贝叶斯均衡,合作博弈中的夏普利值等都是博弈论中重要的均衡解概念。从一般均衡到博弈均衡,从个体独立的完全理性到相互依赖的相关理性,是经济理论正在实践的根本性的、全面的变革。

博弈均衡发展了一般均衡理论,后者仅是前者的特例。从技术方法角度来看,一种均衡是一种场合博弈(本质上是零和博弈,在静态经济中利益增量为零,市场交换的结果只是利益谁多谁少的分配调整问题);其次,博弈均衡解对初始条件具有依赖性。经济系统中各类均衡模型的求解及性质研究必然与一定的经济环境相适应,不考虑相应的初始条件的一般均衡解实际上并不具有普遍意义,即有这样一条逻辑关系链:初始条件⇒行为特征⇒博弈均衡。综上所述,博弈论擅长和重点研究在相互影响的情况下的行为特征,从更深层次出发,并向更广范围扩展,只有当局部利益最大化与全局利益最大化的双重目标相一致时,博弈均衡才能与一般均衡同时实现。

1. 纳什均衡

博弈分析的目的是预测博弈的均衡结果,即给定每个参与人都是理性的,以获得每个参与人的最优策略。纳什均衡(Nash Equilibrium)的概念是博弈论中的核心内容和重要基础,许多理论研究和应用都是围绕着这一基本概念展开或与此密切相关的。它指明博弈的理性结局是这样一种策略组合,其中每个参与人选择的策略是对其他参与人所选策略的最佳反映,即博弈均衡体现了一种“双赢”或“多赢”的思想。纳什均衡最重要的性质是“自我强制性”,如果参与人就纳什均衡结局达成协议,那么不需要任何外力的帮助,它自身就蕴含着保障实现的力量。任何非纳什均衡的结局要称为协定都需要外在强制力量的帮助,否则有的参与人将会有动机背叛协定。

纳什均衡假设有 n 个人参与博弈,给定其他人策略的条件下,每个人选择自己的最优策略,所有参与人选择的策略一起构成一个策略组合。在这种策略组合中,由于每个参与人选择的都是自己的最优策略,也就是说给定别人策略不变的情况下,没有任何单个参与人有积极性选择其他策略,从而没有任何人有积极性打破这种均衡。用数学语言表达纳什均衡,则有定义:

如果对与每一个 i,s_i^* 是给定其他所有参与人选择 $s_{-i}^*=\{s_1^*,\cdots,$

$s_{i-1}^*, s_{i+1}^*, \cdots, s_n^*\}$的情况下第 i 个参与人的最优策略，则有 n 个参与人的策略式表达博弈 $G=\{S_1,\cdots,S_n;u_1,\cdots,u_n\}$，策略组合 $s^*=\{s_1^*,\cdots,s_i^*,\cdots,s_n^*\}$是一个纳什均衡。即：

$u_i(s_i^*, s_{-i}^*)\geqslant u_i(s_i^a, s_{-i}^*)$对任意 $s_i\in S_i$ 和任意的 i 都成立。

纳什均衡是关于博弈结局的一致性预测，如果所有参与人均预测一个特定的纳什均衡会出现，那么这种均衡就会出现。预测之间没有矛盾，不会因为某个参与人认为不符合自己的利益要求而失败。只有纳什均衡才能使每个参与人均认可这种结局，并且他们均知道其他参与人也认可这种结局。而非纳什均衡结局则不一致性预测，如果参与人预测会出现非纳什均衡，那么不是参与人的预测相互不统一，就是参与人在估计别人的策略选择或者极大化本人的支付时犯了错误。

纳什均衡的定义可以扩展到混合策略(Mixed Strategy)。所谓混合策略，是指 n 人在博弈 $G=\{S_1,S_2,\cdots,S_n,u_1,\cdots,u_n\}$中，参与人不是在策略空间 $S_i=(s_{i1},s_{i2},\cdots,s_{ij})$上选用一个纯策略，而是以概率分布 $p_i=(p_{i1},p_{i2},\cdots,p_{ij})$选取一个不同纯策略的随机组合，其中，$0\leqslant p_{ij}$，$\sum p_{ij}=1$。用这种方式进行的博弈，称为混合博弈。

当我们把参与人的策略从纯策略扩展到混合策略，把策略空间从纯策略空间扩展到混合策略空间时，纳什均衡的概念仍然成立，其本质规定性也相同。即每个参与人的策略都是相对其他参与人策略的最佳策略组时，他们的策略就是一个纳什均衡。由严格意义上的混合策略组合构成的纳什均衡，称为混合策略纳什均衡。混合策略的出现使纳什均衡的基础扩大了。很多没有纯策略纳什均衡的博弈，却存在混合策略纳什均衡。纳什证明，任何一个有限博弈，至少存在一个纯策略或混合策略纳什均衡。

2. 子博弈精炼纳什均衡

泽尔腾(Selten)引入“子博弈精炼纳什均衡”(Subgame Perfect Nash Equilibrium)概念的目的是将那些包含不可置信威胁战略的纳什均衡从均衡中剔除，从而给出动态博弈结果的一个合理预测。简单地说，子博弈精炼纳什均衡要求均衡战略的行为规则在每一个信息集上都是最优的。所谓子博弈，是指在一个动态博弈中，由第一阶段以外的某阶段开始的后续博弈阶段构成的，有初始信息集和进行博弈所需要的全部信息，能够组成一个原博弈的一部分。如果在一个完美信息的动态博弈中，各局中人的某个策略组合在整个动态博弈及它的所有子博弈中都构成纳什均衡，那么该策略组合就构成该动态博弈的一个子博弈完美纳什均衡或子博弈完美点。泽尔腾认为，在参与人中选择相机计划(Contingent Plans)的博弈中，某些均衡解要求参与人具有尝试空洞威胁的能力，即采用尝试无法实施的应变计划，这类均衡解无实际意义，而子博弈完美点的概念可以排除直观不合理的、依赖于这类威胁的纳什均衡点。子博弈完美点的基本思想是：先行参与人利用其先行优势及后行参与人必然做出理性反应的事实，来达到对其最有利的纳什均衡点。子博弈完美点隐含着一个参与人作选择时向前看，并假定自己和其他参与人以后所作的选择是理性的、处于均衡之中的。正是这种简单、直观、与现实较吻合且具有超前性的序贯理性最适合在经济学应用。

子博弈是原博弈的一部分，它本身可以作为一个独立的博弈进行分析。其定义如下：一个扩展式标书博弈的子博弈 G 由一个决策者 x 和所有该决策结的后续结 $T(x)$（包括终结点）组成，它满足下列条件：①x 是一个单结信息集，即 $h(x)=(x)$；②对于所有的 $x'\in T(x)$，如果 $x''\in h(x')$，那么 $x''\in h(x')$。条件①表示一个子博弈必须从一个单结信息集开始，这一点意味着当只有决策者在原博弈中确切地知道博弈进入一个特定的决策结时，该决策才能作为一个子博弈的初始结；如果一个信息集包含两个以上决策结，没有任何一个决策结可以作为子博弈的初始结。显然，一个完美信息博弈的每一个决策结都开始一个子博弈（即每一个决策结和它的后续结构成一个子博弈）；条件②表示子博弈的信息集和支付向量都必须直接继承自原博弈。即当只当 x'' 和 x'' 在原博弈中属于同一信息集时，它们在子博弈中才属于同一信息集；子博弈的支付函数只是原博弈支付函数留存在子博弈上的部分。特别地，条件②和①意味着子博弈不能切割原博弈的信息集。为了说明这一点，考虑图 3-1 所示的博弈。在这个博弈中，参与人 2 的两个信息集都是单结的，因为参与人 3 的一个信息集包含三个决策结（另一个信息集是单结的），参与人 2 的信息集不能开始一个子博弈，否则，参与人 3 的信息集将被分割。

要求子博弈满足上述两个条件的目的是保证子博弈对应于原博弈中

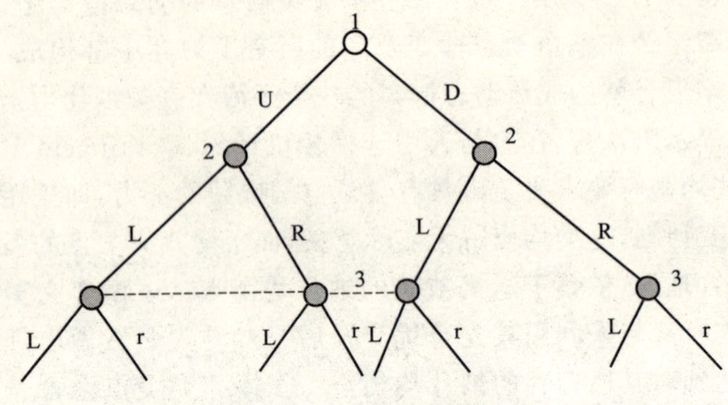

图 3-1 子博弈扩展树

可能出现的情况。如果不满足这两个条件，参与人在原博弈中不知道的信息在子博弈中就变成知道的信息。从子博弈中得出的结论对原博弈就没有意义。比如说，在图 3-1 中，如果从参与人 2 左边的信息集开始一个子博弈，参与人 3 的信息集就由原来的三个决策结变成两个决策结，他在子博弈中的选择就不同于在原博弈中的选择。有了上述两个条件，当原博弈进入子博弈时，支付函数有着很好的定义，我们可以检查一个特定的纳什均衡是否在子博弈上也构成一个纳什均衡，从而检查这个纳什均衡是否是一个合理的结果。

"在每一个子博弈上给出纳什均衡"意味着，构成子博弈精炼纳什均衡的战略不仅在均衡路径的决策结上是最优的，而且在非均衡路径的决策结上也是最优的。这是纳什均衡与子博弈纳什均衡的实质区别所在。这里的要义是，战略是参与人行动规则的完备描述，它要告诉参与人在每一种可预见的情况下(即每一个决策结上)选择什么行动，即使这种情况实际上并没有发生(甚至参与人并不预期它会发生)，因此，只有当一个战略规定的行动规则在所有可能的情况下都是最优时，它才是一个合理的、可置信的战略。子博弈精炼纳什均衡就是剔除掉那些只在特定情况下是合理的，而在其他情况下并不合理的行动规则。博弈论专家常常使用"序贯理性(Sequential Rationality)"指不论过去发生了什么，参与人应该在博弈的每一个时点上最优化自己的决策。子博弈精炼纳什均衡要求的正是参与人应该是序贯理性的。

(1)动态博弈和序列均衡

纳什均衡是针对于静态博弈而提出的，但现实中许多博弈活动往往是各参与人依次进行决策而不是同时进行决策，而且后行动者能够看到先行动者的选择。这种依次选择的博弈，称为动态博弈。在动态博弈中，各参与人的决策行为有先后次序，不仅后行动者可以通过观察先行动者的行动以获得有关先行动者的偏好、策略空间等方面的信息，来修正自己的判断，而且先行者可以利用自己先采取行动的优势来影响后行者的期望和行为，从而使得事态的发展及最后的结果朝向有利于先行者的方向发展。此外，博弈次数的多少，博弈的次序不同，都会影响参与人的行为、博弈均衡的条件及最后的博弈结果。通常，把每个参与人的一次选择行为称为一个阶段(Stage)，一个动态博弈至少有两个阶段，因此，动态博弈有时也称为多阶段博弈(Multistage Game)。此外，因动态博弈具有次序特征，故有时也称之为“序列博弈”(Sequential Game)。又由于动态博弈常用扩展形表示，因此它有时也被称为“扩展形博弈”(Extensive Form Game)。由于动态博弈中纳什均衡不能排除不可信的行动选择，不是整整具有稳定性的均衡概念，以满足动态博弈分析的需要，这就是所谓的均衡选择的问题。

扩展式博弈的战略组合 $s^*=(s_1^*,\cdots,s_2^*,\cdots,s_n^*)$ 是一个子博弈精炼纳什均衡，如果：①它是原博弈的纳什均衡；②它在每一个子博弈上给出纳什均衡。混合战略(行为战略)子博弈精炼纳什均衡可以类似地定义。简单地说，一个战略组合是子博弈精炼纳什均衡，当只当它在每一个子博弈(包含原博弈)上都构成一个纳什均衡。如果整个博弈是唯一的子博弈，纳什均衡与子博弈精炼纳什均衡是相同的；如果有其他子博弈存在，有些纳什均衡可能不构成子博弈精炼纳什均衡。

(2)子博弈完美纳什均衡的逆推归纳法

对于有限完美信息博弈，逆推归纳法是求解子博弈精炼纳什均衡的最简便方法。求解子博弈完美纳什均衡的核心方法是逆推归纳法，也有人称为反演法。其逻辑基础是：动态博弈中，先行动的参与人在前一阶段选择行动时必然会先考虑最后一个阶段进行选择、不再有后续阶段牵制的参与人，才能直接按纳什均衡原则做出明确选择。而后一阶段参与人的选择确定以后，则前一阶段参与人的选择也就可以确定了。也就是说，参与人需要在正确预料到后面将发生的各种情况下选定自己最优的策略。因此，逆推归纳法是从动态博弈的最后一个阶段开始、依次向前递推进行分析，每一次确定所分析阶段参与人的选择和路径，然后再确定前一阶段参与人的选择和路径。这种方法实际上是把多阶段动态博弈转化为一系列的单人博弈，通过一系列单人博弈的分析，确定参与人在各阶段的选择，最终对动态博弈结果（包括博弈的路径和各参与人中的支付等）作出总的归纳判断。由于逆推归纳法所确定的各参与人在每一阶段的选择，都是建立在他们后续阶段的理性选择的基础之上的，因此自然排除了包含不可信威胁或不可信承诺的可能性，最终所确定的各参与人的策略组合是最稳定的策略均衡。

用逆推归纳法求解子博弈精炼纳什均衡的过程，实质是重复剔除劣战略过程在扩展式博弈上的扩展；从最后一个决策结开始依次剔除掉每个子博弈的劣战略，最后生存下来的战略构成精炼纳什均衡。这个方法得到的结论要倒推。逆推归纳法是动态博弈（尤其是完全且完美信息动态博弈）分析中使用的最普遍的方法，比笼统的纳什均衡分析所得出的结论更加准确可靠。此外，逆推归纳法既适用于完美信息博弈，又可以适用于非完美信息博弈来求解。

(3)重复博弈和无名氏定理

动态博弈中，同样结构的子博弈只出现一次。换种说法，即参与人在前一个阶段的行动选择决定随后的子博弈的结构，导致从后一个决策结开始的子博弈不同于从前一个决策结开始的子博弈。重复博弈有 3 项基本特征：①阶段博弈之间没有“物质上(No Physical Links)”的联系，也就是说，前一阶段的博弈不改变后一阶段博弈的结构（对比之下，序贯博弈涉及到物质上的联系）；②所有参与人都观测到博弈过去的历史（如在每一个新的阶段博弈；③参与人的总支付是所有阶段博弈支付的贴现值之和或加权平均值。注意，在每个阶段博弈，参与人可能同时行动（如囚徒困境），也可能不同时行动。在后一种情况下，每个阶段博弈本身就是一个动态博弈，比如，房地产开发博弈重复多次，因此，重复博弈可能是不完美信息博弈，也可能是完美信息博弈，尽管当博弈论专家谈到重复博弈时一般指的是前一种情况。

影响重复博弈均衡结果的主要因素是重复博弈的次数和信息的完备性(Completeness)，重复次数的重要性来自于参与人在短期利益和长远利益之间的权衡。当博弈只进行一次时，每个参与人只关心一次性的支付；但如果博弈重复多次，参与人可能会为了长远利益而牺牲眼前利益从而选择不同的均衡战略。它为现实中观观测到的许多合作行为和社会规范提供了解释。除博弈次数外，影响均衡结果的另一个重要因素是信息的完备性。简单地说，当一个参与人的支付函数（特征）不为其他参与人所知时，该参与人可能有积极性建立一个“好”声誉（Reputation）以换取长远利益。

(4)斯坦克尔伯格（Stackelberg）寡头竞争模型

斯坦克尔伯格模型可以看做是泽尔腾的子博弈完美纳什均衡的最早版本，此模型揭示的是完全信息动态条件下的博弈均衡问题。与在古诺模型中一样，厂商的行动也是选择产量。不同的是，在斯坦克尔伯格模型中，厂商 1 是领头厂商，首先选择产量 $q_1 \geqslant 0$；厂商 2 是尾随厂商，观测到 q_1 后，选择自己的产量 $q_2 \geqslant 0$，因此，这是一个完美信息动态博弈。因为厂商 2 在选择 q_2 前就观测到了 q_1，它可以根据 q_1 来选择 q_2；而厂商 1 首先行动，它不可能根据 q_2 来选择 q_1。因此，厂商 2 的策略应该是从 Q_1 到 Q_2 的一个函数，即 $s_2: Q_1 \to Q_2$（这里 $Q_1=[0,+\infty]$是厂商 1 的产量空间，$Q_2=[0,+\infty]$是厂商 2 的产量空间）；而厂商 1 的策略就是简单地选择 q_1。纯策略均衡结果是产出向量$(q_1, s_2, (q_1))$，支付函数为 $u_i(q_1, s_2(q_1))$。

假定逆需求函数为 $P(Q)=a-(q_1+q_2)$，两个厂商有相同的不变单位成本 $c \geqslant 0$，那么，支付（利润）函数为 $\pi_i(q_1, q_2)=q_i(P(Q)-c)$，$i=1,2$。

我们用逆推归纳法求解这个博弈的子博弈完美纳什均衡。首先考虑给定 q 的情况下，厂商 2 的最优选择，厂商 2 的问题是：$\max\limits_{q_2 \geqslant 0} \pi_2(q_1, q_2)=q(a-q_1-q_2-c)$

由最优化的一阶条件得：$s_2(q_1)=\dfrac{1}{2}(a-q_1-c)$

假定 $q_1<a-c$，这实际上是古诺模型中厂商 2 的反应函数，不同的是：这里，$s_2(q_1)$是当厂商 1 选择 q_1 时厂商 2 的实际选择，而在古诺模型中，$R_2(q_1)$是厂商 2 对于假设的 q_1 的最优反应。

因为厂商预测到厂商 2 将根据 $s_2(q_1)$选择，厂商 1 在第一阶段的问题是：$\max\limits_{q_1 \geqslant 0} \pi_1(q_1, s_2(q_1)) = q_1(a - q_1 - s_2(q_1)) - c)$

第一阶段条件得：$q_1^* = \frac{1}{2}(a-c)$

将 $q_1^* = \frac{1}{2}(a-c)$代入 $s_2(q_1)$得：$q_2^* = s_2(q_1^*) = \frac{1}{4}(a-c)$

这就是子博弈完美纳什均衡的结果，一般被称为斯坦克尔伯格均衡结果。注意：$q_1^* = \frac{1}{2}(a-c)$和 $q_2^* = \frac{1}{4}(a-c)$是均衡结果，而不是均衡本身。因为 $q_2^* = \frac{1}{4}(a-c)$并不是对于任何给定的 q_1 的最优选择(即不是第二阶段所有子博弈的纳什均衡)。子博弈完美纳什均衡是$(q_1^*, s_2(q_1))$。

前文中，古诺模型得到的结果是 $q_1^* = q_2^* = \frac{1}{3}(a-c)$。比较两个结果，我们发现，斯坦克尔伯格均衡产量均衡的总产量$\frac{3}{4}(a-c)$大于古诺均衡的总产量$\frac{2}{3}(a-c)$。但是，厂商 1 的斯坦克尔伯格均衡产量大于古均衡产量，而厂商 2 的斯坦克尔伯格均衡产量小于古诺均衡产量。因为厂商 1 本来可以选择古诺均衡产量，但它没有选择，说明厂商 1 在斯坦克尔伯格博弈中的利润大于古诺博弈中利润，而总产量上升意味着总利润的下降，从而厂商 2 的利润在斯坦克尔伯格博弈中一定比古诺博弈中下降了(读者可以直接计算两种情况下的利润函数来验证这一点)。这就是所谓的“先动优势”。

此例也说明，在博弈中，拥有信息优势可能使局中人处于劣势，而这在单人决策中是不可能的。厂商 2 在斯坦克尔伯格博弈中的利润之所以低于古诺博弈中的利润，是因为它在决策之前就知道了厂商 1 的产量。即使厂商 1 先行动，但如果厂商 2 在决策之前不能观测到厂商 1 的产量，我们就回到了古诺均衡，因为此时，厂商 1 并不存在先动优势。

逆推归纳法对求解有限完美信息动态博弈最为有效。不过，有些非完美信息的博弈也可以使用逆推归纳法的逻辑进行求解。而在无限博弈中，逆推归纳法就会失效，而需要从子博弈完美纳什均衡的定义出发来求解，如图 3-2 所示。

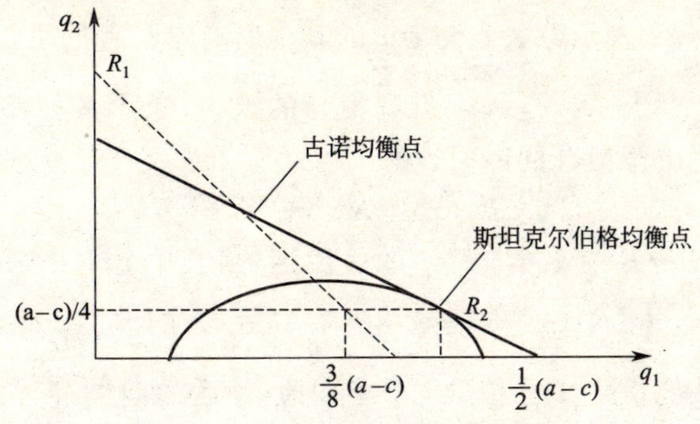

图 3-2　斯坦克尔伯格模型

3. 贝叶斯纳什均衡

贝叶斯纳什均衡(Bayesian Nash Equilibrium)是完全信息静态博弈纳什概念在不完全信息静态博弈上的扩展。不完全信息静态又称为静态贝叶斯博弈(The Static Bayesian Games)。换言之，完全信息静态博弈可以了解为不完全信息静态的一个特例。具体定义如下：n 人不完全信息博弈 $G=\{A_1,\cdots,A_n;\theta_1,\cdots,\theta_n;P_1,\cdots,P_n;U_1,\cdots,U_n\}$ 的纯策略贝叶斯纳什均衡是一个类型依存策略组合 $\{a_i^*(\theta_i)\}_{i-1}^n$，其中每个局中人 i 在给定自己的类型 θ_i 与其他局中人类型依存策略 $a_{-i}^*(\theta_{-i})$ 的情况下最大化自己的期望效用函数 U_i。其等价于策略组合 $a^*=(a_1^*(\theta_1),\cdots,a_n^*(\theta_n))$ 是一个贝叶斯纳什均衡。如果对于所有 i，$a_i\in A_i(\theta_i)$，有：

$$a_i^*(\theta_i)\in \operatorname{argmax}_{a_i}\sum P_i(\theta_{-i}/\theta_i)U_i(a_i,a_{-i}^*(\theta_{-i});\theta_i,\theta_{-i})$$

4. 广义纳什均衡博弈

广义纳什均衡博弈(Generalized Nash Equilibria Game)是指参与人的决策不仅影响其他参与人的效用函数，而且影响到其他参与人的可行决策集合。在有些文献中，这类博弈又被称为社会均衡博弈(Social Equilibria Game)，伪 Nash 均衡博弈(Pseudo-Nash Equilibria Game)。广义均衡纳什博弈可作如下定义：令 N 表示 n 个参与人；$X^i\subseteq\Omega$ 是参与者 i 的可行性决策集合，是 m 维欧式空间 Ω 中的子集；$X=\prod_{j\in N}X^j\subseteq\Omega$ 表示所有参与者的可行性决策集合的卡氏积，即为该博弈的可行策略空间。$N^{N\setminus i}=\prod_{j\subseteq N,j\neq i}X^j$ 表示除去参与者 i 的其他所有参与者的可行决策集合的卡氏积；$K^i:X^{N\setminus i}\rightarrow X^i$ 是一个点到集合的映射，表示其他参与者影响参与者 i 的可行决策集合的能力。有

$$K^i(x)\subseteq X^i,x\in X^{N\setminus i} \tag{3-1}$$

$U^i:grK^i\rightarrow R$ 表示参与者 i 的效用函数，其中 grK^i 表示映射 K^i 的值域；$K(x)=\prod_{i\in N}K^i(x^{N\setminus i})$ 表示由所有映射 K^i 的卡氏积组成的映射，其中 $x^{N\setminus i}$ 表示从向量 x 中去掉第 i 个子向量 x^i 后的向量；广义纳什均衡模型可由三元素 $\{X^i,K^i,U^i\}(i\in N)$ 来表述。当存在一个点 $x^*=(X^{*1},X^{*2},\cdots,X^{*n})\in X$ 使得下列条件成立：

$$x^{*i}\in K^i(x^{*N\setminus i}),\forall i\in N \tag{3-2}$$

$$U^i(x^*)\geqslant U^i(y^i,x^{*N\setminus i}),y^i\in K^i(x^{*N\setminus i}),\forall i\in N \tag{3-3}$$

则 x^* 是一个广义纳什均衡点。广义纳什均衡点中每一个参与者的决策必须落在其他参与者的策略所影响的区域内，这正是区别于标准的纳什均衡博弈的特点。

广义纳什均衡博弈问题的求解。Ichiishi 证明了在效用函数 $u^i(x^i,x^{N\setminus i})$是拟凹的以及 $K^i(x^{N\setminus i})$是连续的情况下，广义纳什均衡博弈问题存在一个广义的纳什均衡解。另一方面，正如标准的纳什均衡博弈问题可用变分不等式(Variational Inequality，VI)来表述一样。广义纳什均衡博弈问题可用相应的拟变分不等式(Quasi-Variational Inequality，QVI)来描述。所谓拟变分不等式是指如下的问题。

对Ⅰ维欧氏空间的一个点到集合的映射 $\Theta:R^I\rightarrow R^I$，以及映射 $F:\Theta\rightarrow R^I$，寻找一个 $x^*\in\Theta(x^*)$，使得

$$F(x^*)T(y-x^*)\geqslant 0,\forall y\in\Theta(x^*) \tag{3-4}$$

假定效用函数 $u^i(x^i,x^{N\setminus i})$在 X^i 中是凹的，且一阶连续可微，X^i 是 R^m 中闭的凸子集，则参与者 i 的效用极大问题：

$$\max_{x^i\in K^i(x^{N\setminus i})} u^i(x^i,x^{N\setminus i}) \tag{3-5}$$

其一阶最优性条件可表述为

$$-\nabla_{x^i}u^i(x^{*i},x^{N\setminus i})^T(x^i-x^{*i})\geqslant 0,\forall x^i\in K^i(x^{N\setminus i}) \tag{3-6}$$

其中 $-\nabla_{x^i}u^i(x^{*i},x^{N\setminus i})^T$ 是效用函数 u^i 关于参与者 i 的决策向量的

负梯度，x^{*i}是问题(3-5)在给定其他参与者的决策向量 $x^{N\setminus i}$时的最优解。则广义纳什均衡博弈问题的等价拟变分不等式(QVI)问题可表示为：寻找

$$\sum_{i\in N} -\nabla_{x^i}u^i(x^{*i},x^{*N\setminus i})^T(x^i-x^{*i})\geqslant 0,\forall x\in K(x^*) \quad (3\text{-}7)$$

定义 $F_i(x^*)=\nabla_{x^i}u^i(x^{*i},x^{*N\setminus i})^T(x^i-x^{*i})$ (3-8)

$$F(x^*)=(F_1(x^*),F_2(x^*),\Lambda,F_n(x^*)) \quad (3\text{-}9)$$

则不等式(3-7)可表示为：

$$F(x^*)T(x-x^*)\geqslant 0,x\in K(x^*)$$

关于 QVI 问题的求解有如下定理。

定理：设 F 和 Θ 分别表示一个在 R^I 中 2 个点到点和点到集的映射，假设存在一个非空的紧致凸集 Γ，使得：

(1)$\Theta(x)\Gamma,x\in\Gamma$；

(2)$x\in\Theta(x),x\in\Gamma$；

则由集合 Γ 上的函数 F 定义的变分不等式(VI)问题的任何一个解，都是拟变分不等式(QVI)的解，但是其逆命题不成立。此定理说明了在一定的条件下，QVI 问题的求解可转化为对一个 VI 问题的求解，这就简化了 QVI 问题的求解。

五、信息经济学

信息经济学是非对称信息博弈论在经济学上的应用。这里，非对称信息指的是某些参与人拥有但另一些参与人不拥有的信息。委托—代理理论是非对称信息博弈论在经济学上的一个重要应用，主要研究在某些参与人拥有但另一些参与人不拥有的信息(即非对称信息，Asymmetric Information)的情况下，参与人(委托人和代理人)的博弈行为。经济学中的委托—代理关系泛指任何一种涉及非对称信息的交易，即在交易过程中，拥有信息优势的一方被称为代理人(Agent)，而另一方则称为委托人(Principal)。这个定义背后隐含的假设是，知情者的私人信息(包括行动和知识)会影响不知情者的利益，或者说，不知情者不得不为知情者的行为承担风险。在非对称信息环境中，要保证委托-代理关系(契约)成立，要求委托人对代理人的支付不小于后者参与这个契约的机会成本，这称为委托人面对的参与约束(Participation Constraints)；由于个体是理性

的，代理人是否吐露他掌握的实情则依于与他这样做是否比隐瞒信息得到更高的收益，或者简单地说，这依赖于博弈规则。所以，委托人要实现最大效用，他对代理人的支付结构应当使代理人发现并吐露实情同时也是自己的最优选择，这也是委托人面临的另一约束-激励相容约束（Incentive Compatibility Constraints）。因此，在委托—代理关系中，委托人与代理人的目标通常是不一致的，代理人通常会选择能够实现自己利益最大化的行为，但这种行为并不一定使委托人的利益最大化。实际上代理人的理性行为选择甚至是不惜以损害委托人利益为代价的，这就使得委托人要设定激励机制，约束、诱使代理人的选择行为有利于委托人。可以说，委托—代理关系的核心问题是“保险”（Insurance）和“激励”（Incentive）的交替（Irade-off）问题。进而，在对称信息下和非对称信息下如何进一步订立最优或效用最大的契约，让代理人能根据自己的最大利益活动，并保证委托人的利益最大化。信息经济学下的各种问题都可以一般地表示为以参与约束和激励相容约束下的委托人效用最大化问题，而贝叶斯纳什均衡是最基本的解。

基于委托—代理理论的博弈模型试图描述如下一些问题：当委托人想使代理人按照自己的利益选择行动，但委托人不能直接观测到代理人选择了什么行动，他通过观察能了解到的只是另一些变量来推断出代理人的私人信息，如对方一些公开的行为，或者通过挖掘某种间接的信息传送渠道。在缺乏直接或间接的信息传递渠道的情形下，委托人还可以通过改变博弈规则来构造信息成本最低的合约。这些信息由代理人的行动和其他外生的随机因素决定，因而充其量只是获得代理人行动的不完全信息的时候，委托人如何根据这些观测到的信息来奖惩代理人，以激励代理人选择对委托人最有利的行动。

第三节　基于博弈论的城市公共交通定价与补贴研究

一、博弈论在公共交通定价与补贴中的应用及合理性

博弈论是研究决策主体在给定经济信息结构的条件下如何决策以实现自己效用最大化，以及不同决策主体之间决策的均衡问题的理论。按照经济学中的博弈理论，城市道路交通拥堵问题可以归结为“公共地问

题”。“公共地悲剧”又称“哈丁悲剧”，大意指人们可以在一块公共的草地上自由放牧，每位牧羊者都试图放养更多的羊以获取最大收益，这是个体在利益驱动下合理而且合法的选择。然而当过度放牧超越草地的承受极限时，牧草资源便趋于枯竭死亡，最终连一只羊都养不活。“毫无疑问，在这件事情上，每个牧民只是考虑自己的最大利益，而他们的整体作用却使全体牧民破产”。哈丁认为，在没有制度的约束下，公共物品的自由给所有人带来了毁灭，有限公共资源与无限个人欲望之间必然会发生资源的滥用、破坏甚至枯竭。道路设施在未发生拥挤之前具有非独占性和非排他性的“准公共物品”特性，使得交通个体自由选择交通方式模式时，理性个体偏好从个人利益的出发消费道路资源的获利远远低于整体最优的获利。这种交通个体盲目追求自己最大效益而忽视整体交通效益的行为导致了城市交通体系混乱而难以持续发展。

城市公共交通定价行为和财政补贴是这种有着“公共地悲剧”问题的城市公共交通优先发展定价系统中不可或缺的一部分，两者之间有着很密切的联系，不可分割。政府通过制定合理的符合公众条件的公共交通票价并同时对公共交通企业进行补贴，这也是公共交通优先发展的一项重要的措施。由于城市公共交通行业的准公共性、自然垄断性及公益性，政府必须对其定价行为进行管制，规定其价格范围，保证其低价优惠性，吸引市民选择乘坐公共交通的出行方式，以实现公共交通的公益性和福利性。但是，过低的票价会对公共交通企业造成巨大的压力，导致其亏本经营，进而降低公共交通服务水平和管理水平以减少成本，这样反而会导致又一部分公共交通客运量的流失。为了鼓励公共交通企业继续高质量服务，政府通过增加对公共交通的补贴措施，降低公共交通成本、提高公共交通服务质量，以提高公共交通对私人小汽车的竞争力，既可以促进城市交通系统的良性发展，又能够增强公共交通的公益性。但是过高的补贴又会给政府带来过重的负担，过低的票价给运营企业带来经营压力，如何制定科学合理的票价和补贴是一项重大的交通课题。

著名学者张维迎曾经指出，价格制度是人类为达到合作和解决冲突所发明的最重要的制度之一。首先，在现实中，买卖双方的人数常常是有限的，在有限人数下，市场不可能是完全竞争的。在不完全竞争市场中，人们之间的行为是直接影响的，所以一个人在决策时必须考虑对方的反应，这就是博弈论要研究的问题。其次，现实中市场参与者之间的信息一般是不对称的，当参与人之间存在信息不对称时，任何一种有效的制度安排必须满足“激励相容”(incentive compatible)或“自我选择”(self-selection)条件，这是信息经济学研究的问题。不完全信息使得价格制度常常不是实现合作和解决冲突的最有效安排，诸如学校、企业、家庭、政府等等这样一些非价格制度，也许更为有效。而非价格制度的最显著特征是参与人之间行为的相互作用。因此，毫不奇怪，当本世纪 70 年代经济学家开始将注意力由价格制度转移到非价格制度时，博弈论逐渐成为经济学的基石。

现在，博弈论已经发展成为一门博大精深的经济学理论，广泛应用于政治、经济、军事、外交、法律、计算机科学、生物进化领域的研究。博弈论不但在经济理论上具有极其重要的地位，其的理念和模型在现代企业经营中也发挥着越来越重要的作用。《财富》杂志表明，世界五百强企业中，有 40%的大公司都认为它们的成功归功于博弈论在其公司经营管理中的巧妙运用。在城市公共交通的定价与补贴中，乘客、运营企业和政府是参与者，票价或补贴是参与各方衡量自身效益或效用的决策变量，博弈的结果就是要获得一个均衡价格，使得各个参与者的效益或效用最大。因此，只有运用博弈论来研究城市公共交通定价与补贴，才能够全面、综合、系统地考虑各个参与方的利益，考虑某一方决策对其他方的影响，并获得整个大系统综合的最佳票价或补贴。

事实上，目前国内外已经有一些学者开始研究博弈论在城市公共交通票价制定或补贴计算中的应用。周晶、徐晏对公交网络系统的经营博弈问题进行了研究分析，以公交车票价作为经营者的决策变量，建立了经营者之间广义 Nash 均衡博弈模型。黄高圆、周晶研究了收费公路和公共交通之间的定价博弈问题，运用博弈论的模型和方法，在自由竞争和充分合作的情况下分别建立了两者间的定价模型；探讨了在自由竞争的情况下公路收费和公交票价达到的均衡状态，以及在多种政府政策下均衡状态的变化，同时分析了运营者相互合作下的公路收费和公交票价。陈宽民、罗小强运用 Logit 模型及经济学的博弈论，研究了城市快速轨道交通与常规公共交通之间的动态竞争过程，讨论了在此竞争背景下，城市快速轨道交通如何通过合理票价的制定，实现其客票收入的最大化。张学海用博弈论方法对铁路票价制定和消费者购买行为进行经济学分析，提出铁路票价制定有其利益趋向依据。李树彬、陈峰通过对城市间多模式交通方式的经营博弈问题进行研究，以不同交通方式的票价作为决策变量，建立了经营者之间的广义均衡博弈模型，并表示为一个拟变分不等式问题。李巧茹、马寿峰、魏连雨从城市公交的特点出发，建立城市公交企业与政府的博弈模型，并对不同形式下的政府帮助政策——补贴进行分析并给出相应模型。

在以上学者的研究中，虽然有运用博弈论研究公共交通经营者之间的竞争博弈，公共交通与私人交通之间、轨道交通与常规交通之间的定价博弈以及模型分析，公共交通经营者与政府之间的补贴博弈分析。但是，尚没有考虑涉及乘客、公共交通经营者与政府三方面的定价与补贴博弈，以及不同的城市公共交通方式间的合作之定价博弈。本书尝试在这几个方面进行研究。

二、城市公共交通定价与补贴的参与主体

城市公共交通票价的制定与补贴的计算涉及很多方面，但具体分析，主要参与主体包括三类：

(1)乘客。从乘客的角度出发：①委托政府和运营企业提供可以满足其出行需求的位移服务；②这种服务的成本(即乘客出行成本)应该最小，其中票价水平是大多数市民可以接受的；③由于补贴是使用纳税人的税款，市民需要监督政府对运营企业的补贴是否合理，交通的公益性服务是否得到体现。

(2)运营企业。从运营企业的角度出发：①接受政府的委托为市民提供可以满足其出行需要的服务；②票价的制定可以实现利润的最大化；③接受政府的价格管制与财政补贴。

(3)政府。①政府的首要目的是实现社会福利最大化；②政府接受市民的委托对城市公共交通运营企业进行准入与价格管制；③监督运营企业为市民提供满足其出行需要的服务，并保证财政补贴的合理及有效使用。

因此，在城市公共交通价格制定与补贴计算的过程中，涉及乘客、运营企业与政府三个方面。具体如图 3-3 所示。

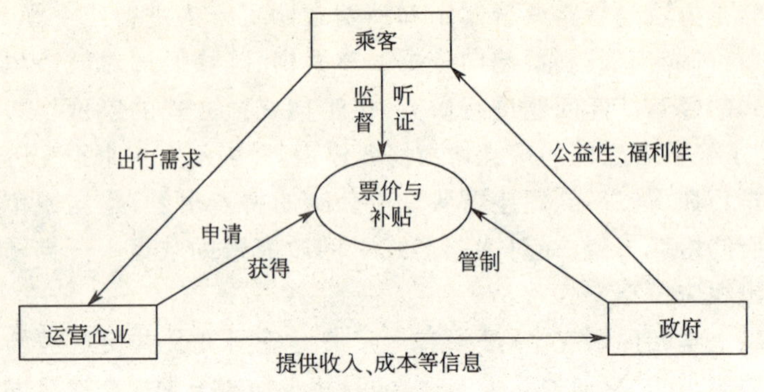

图 3-3　定价与补贴的三方参与者

在图 3-3 中，乘客、运营企业与政府在城市公共交通服务的价格制定与补贴计算的过程中是相互影响，相互制约的。从图 3-3 明显可以看出，对于乘客来说，希望的是出行费用最小；对于运营企业来说，希望的是利润最大；对于政府来说，希望的是社会福利最大。而前面所介绍的各类常用的定价方法和补贴方式基本上都是仅仅考虑了以上一个或者两个方面，很难兼顾三个方面，他们的目标各不相同，存在着利益冲突。同时，他们之间还有着相互联系、相互影响和相互作用的关系。政府、运营企业、乘客三者之间紧密联系，不可分割，并存在很深的利益冲突。如何理解这些利益冲突者的决策行为，为科学的交通管理决策提供依据呢？经详细论证，三者之间的博弈有如下关系：政府制定公共交通的低票价政策，势必降低运营企业经营的积极性；运营企业为保证收益正常采取降低公共交通服务水平以减少经营成本；这样又会造成刚吸引来的大量公共交通乘客的流失，反而失去了公共交通优先发展的本意。但是政府如果对运营企业进行适当的补贴以保证其以高质量正常经营，这种补救措施又可以保证大量乘客继续忠实地选择公共交通出行方式。是否采取合理的低票价和补贴政策在一定程度上能引导未来的交通出行方式向公共交通方式趋势发展，进而发挥出公共交通巨大的公益性和福利性，避免城市交通系统出现经常性的紊乱。这样存在着多个目标互不相同的参与人，在大部分情况下，信息并非对称，他们的目标均与票价或补贴相关，均希望达到自身效用最大的情况，引入 20 世纪经济学界最伟大的发现——博弈论来分析城市公共交通的定价与补贴是再合适不过的了。

三、城市公共交通定价与补贴与交通需求的弹性分析

近年来，国内一些大中城市的交通拥堵问题日益突出，国家有关部门在优先发展城市公共交通政策中对调整公共交通票价和补贴提出了明确意见，以达到公共交通管理的目的。城市公共交通票价和补贴政策作为灵活的经济调控手段，具体实现形式是采取差别运价政策，实质是通过价格杠杆来影响乘客、政府以及公共交通运营企业的决策行为，力求在现有资源供给条件下出行效率及社会环境的效益达到最优，从而使城市交通系统效益趋向最大化。

从某种程度上来说，城市公共交通票价和补贴也是一种运用博弈手段去调节政府、企业和消费者行为决策并使其整体效益达到最大化。例如，城市公共交通低票价策略是公共交通运营企业在一定时间内，通过适当地降低票价或制定新线路票价低于可比线路票价的方法，取得更大经济效益和社会效益的一种博弈经营策略。这种低票价策略诱导个体交通转换为公共交通以提高公共交通分担率，通过降价能够最大限度地吸引具有弹性需求的乘客。

公共交通票价调整是贯彻“公共交通优先”政策最有效的经济措施，公共交通票价政策能在调节交通出行需求方面起到一定的作用，影响交通出行者出行方式的选择，并逐渐成为对交通需求进行经济调控管理的一种博弈手段。目前影响公共交通票价的因素很多，其中交通需求对公共交通票价的作用是影响城市公共交通系统供需关系的一个重要因素，体现了交通资源利用率，引导出行者使用公共交通出行进而提高公共交通分担率，使出行需求在交通方式和时空范围等方面达到平衡。公共交通的需求与票价来源于社会经济活动，贯穿于人民生活和社会生产的各个领域。分析两者供需关系可以为制定合理的运价、促进城市交通供需平衡以及为交通出行方式选择提供依据。

乘客根据自己对公共交通服务的需求以及票价高低来选择自己的出行方式，具体要考虑时间快捷性，票价大众性，旅途安全性，转乘或站点方便性以及环境舒适性等若干个交通方式的服务质量因素。乘客的交通出行需求表现为时间、空间分布上的不均衡性和出行方式上的不均衡性，包括出行目的地、出行时间、出行路线、乘坐时间、运输服务要求等与交通出

行方式的特性有很大关系的相关方面。如:公汽(电)能提供一个安全、便利、费用较低的交通服务;出租车能为出行者提供“门到门”式的交通服务,但费用较高;轨道交通能够提供大容量、准时、快捷的交通服务;而私家车能让驾驶者“随心所欲”,但出行成本较高。

从交通需求角度考虑,公共交通票价与交通需求有以下关系:

1. 公共交通票价变化,导致交通需求变化

公共交通需求的价格弹性是反映公共交通票价和公共交通需求关系的一个重要指标。一般地,如果出行需求的价格弹性较大,则出行者改变出行行为的可能性较大,票价上升则交通需求减少,反之则增加。对出行者来说,当票价在较高区间或较低的区间时,出行者对票价的敏感度不同:在低价区间,乘客对票价敏感性较小。因为公共交通是最大众化最低廉的出行方式,票价在低价内区间变化时对多数乘客来说还是最经济的出行方式,仍选用之,因此乘客对票价变化不是太敏感;在高价区间,乘客对票价敏感性较大。因为当公共交通票价上升到一定程度,从多种因素(时间、费用等)综合考虑,对部分人来说,乘坐公共交通已经不是最经济的出行方式,从而改选出租车、自行车等出行方式。所以,相对来说,乘客在高价区对票价变化是较敏感的。而其他交通方式对公共交通的影响取决于该出行方式是公共交通的替代品还是互补品,例如:当公共交通票价上涨时,其替代的交通方式(如出租车)的需求就会增长,同时其互补的交通方式的需求就可能减少。

2. 公共交通票价不变,交通需求发生变化

城市公共交通属于公益性、服务性的社会公共事业行业,主要为城市的中、低收入者提供安全、舒适、方便的交通服务。随着社会的发展,交通需求也发生了变化:①随着出行者收入的提高,消费者对运输质量和服务水平的要求也相应地提高,所以公共交通这种服务质量较低的出行工具在低价政策中得到乘客的同时也失去了部分消费层次较高的乘客。换句话说,随着收入的提高,部分短途交通出行者由步行/自行车方式向公共交通方式转移,之前乘坐公共交通出行的乘客出行方式又会向其他交通方式(如私家车)转移;②由于出行目的不同,出行者的需求弹性都不一样。例如,当其他出行方式与公共交通之间具有较强竞争性时,对于通勤、上学等出行较固定的乘客来说,由于交通费用已成为其生活消费中不

可忽略的一部分，数目也较大，票价变化对他们来说影响较大，因此对票价的敏感度较大。而对于偶尔乘公共交通出行购物、旅行、看病等的乘客来说，由于乘车次数较少，月交通费占月消费比例很小，对票价的变化不是很关心，对票价的敏感度较小，即弹性较小；③出行者的时间价格弹性。出行者本身的时间价格（比如平均每小时的价格）影响着出行需求者的选择行为。

在经济、人口等相对稳定且交通系统基础设施较为发达时，提高公共交通票价使价值规律发生作用，则会出现第一种变化情况。这时，票价是公共交通运输系统变化的主要原因。在票价相对稳定的情况下，则会发生第二种需求变动情况，如我国以前的公汽发展情况，票价水平长期保持不变，经济、人口、公共交通基础设施建设是交通需求变化的主要原因。

为了分析城市公共交通定价及补贴和交通需求弹性的关系，针对出现的问题，本章列举以下三个城市关于定价及补贴政策实施效果及出现问题的案例，并提出相应的措施和对策。

(1)北京

北京市把城市公共交通定位为：作为社会公益性事业必须进行优先财税扶持。2006 年 12 月 8 日，北京市交通委等部门对外发布《关于优先发展公共交通的意见》，提出今后市财政每年将投入 40 个亿用于公共交通各项建设和低票价补偿。2007 年 1 月 1 日，北京市取消了已使用 50 多年的公交月票，实行更为普遍的低票价政策，对公交刷卡乘客实行大幅度的折价优惠：普通卡 4 折，学生卡 2 折。自 2007 年 10 月 7 日起，公共交通低票价政策进一步覆盖到北京地铁，北京地铁票价全网实行 2 元制的单一低票价制度。2009 年的北京地面公交补贴将达到 104.2 亿元，比 2008 年增长 14%；随着地铁线路不断增长，运营成本也越来越高，对地铁补贴达到 15.2 亿元，比 2008 年增长 91%，为广大市民继续提供低票价的公共交通服务。

北京市政府对公共交通的乘车价格进行大幅度降价的主要目的是解决北京高峰时期交通拥堵问题，即以最大能力将开车上班的人群分流到乘坐公共汽(电)车、轨道交通上来。但是，政策实施半月后，北京市城市道路拥堵并没有解决，小汽车出行者不但没有转移到公共交通出行方式上，而骑自行车和步行者却被吸引到公共交通上来，导致乘坐公共交通的市民因乘坐环境过于拥挤而怨声载道。分析公共交通票价和交通需求的关系得知，北京市日均有 1 100 万人次乘坐公交车，乘客增加了约 75 万人次。按原先平均票价 1 元和现在的平均票价 0.4 元计算，公共交通的需求弹性为 $-0.041>-1$，属缺乏弹性，交通出行量百分比变化量小于价格百分比变化量，可见公共交通的需求对价格变化是不敏感的，即表现为缺乏弹性的需求。这样说来，一定的价格降幅也不会明显带动需求。当 e_p＝交通需求弹性时，有 e_p＝需求变化的百分比/价格变化的百分比＝$(\Delta Q/Q)/(\Delta P/P)$。分析北京降低公共交通票价政策实施后效果的反差原因，可以得知公共交通票价调整政策原是一种影响政府、公共交通运营企业、乘客三者决策行为并且起着价格杠杆作用的博弈手段。在票价调整政策实施前，出行人群大致可以分为三类：①小汽车使用者，这一类分为有车族和乘坐出租车者两大类；②公共交通出行者，这一类又分为乘坐空调车和购买月票、只乘坐非空调车者；③自行车者和步行者。公共交通票价调整后，因乘客的价格弹性、时间弹性和出行目的不同而导致出行行为不同。出行者一般根据自己对交通的需求以及票价高低来选择自己的出行方式。分析此次政策实施效果得知，因乘坐公共交通出行的成本降低而骤增的公共交通出行者主要包括：政策调整前的骑自行车和步行者，以及之前乘坐非空调车的流动到空调车上来，直接导致公共交通的负担骤增，乘坐环境拥挤不堪。而政策调整的目的是吸引小汽车出行者转移到公共交通上来，减少小汽车上路，但却不小心吸引了大批的搭顺风车的自行车和步行者乘坐公共交通。

小汽车出行者不乘坐公共交通是因为公共交通的乘客骤增，导致舒适度和乘车环境差；骑自行车和步行者的出行者乘坐公共交通是因为公共交通价格太优惠，在挤上公共交通的同时也挤走了一部分之前乘坐公共交通的乘客。这样政策实施的后果是直接让一部分骑自行车出行者和步行者搭了顺风车，而部分原来公共交通乘客的利益受到损害转而自驾开车出行，小汽车出行者更是不愿来乘坐公共交通，完全违背了政策的初衷。

(2)深圳

在北京实行公共交通降价之后，全国部分城市也加大了公共交通低价的政策力度，越来越多的城市加入到通过价格杠杆推动公共交通优先发展的进程中。2007年12月1日，深圳市公共交通降价方案正式实施，深圳市市民通过公交卡出行的费用平均降幅达到25%以上，深圳市政府将为此每年支付5亿～10亿元财政补贴。

深圳市公共交通票价调整前，主要存在以下几个问题：

①价格过高。相比较其他城市，深圳的票价不仅高于武汉、杭州等国内大城市，更高于上海、广州、北京等发达城市。从票价整体水平来看，与国内外其他城市相比，深圳公交平均票价占居民一天收入的比例明显偏高（是新加坡和香港的3倍左右，超过上海的1.5倍），见表3-2。

表3-2　深圳公交票价水平和其他城市的对比

城　市		巴士平均票价占家庭一天收入的比例	
		普通巴士(%)	空调巴士(%)
深圳	特区内	0.94	1.58
	特区外	1.3	2.18
	全市	1.13	1.89
上海		0.68	1.37
香港		0.41	0.53
新加坡		0.36	0.4
伦敦		0.55	—

②多次换乘费用高。深圳是一座狭长的城市，特区外土地面积较大，公交接驳线路的安排以及城市规划上的缺陷，使换乘系统在地区布局上存在不合理的问题。

③票价比价不合理。国际上比较通用的比价结构是：中小巴的定价比大巴高30%，而出租车价格应该是大巴的5倍～10倍才比较合适。以6 km出行距离为计算标准，深圳普通大巴、小巴和出租车的比价关系是1.0∶1.4∶14.7，这样的比价关系说明中小巴和出租车的价格相对大巴偏高。

④政府投入过少。票价调整前深圳市政府对公交企业的直接经济补偿每年约为1亿元。深圳对公交企业采取的措施是政策的优惠加部分经济补偿，包括减免养路费、客运附加费等。其中，经济补偿并非每个企业都能享受到，而且享受到的企业将其中一部分补贴用于老人、学生的优惠

票价上。

深圳票价调整政策本着兼顾市民承受力、企业可持续发展和政府公共财政适当补贴的原则，并在现有的油价补贴和公益性补贴基础上制定相应的票价补贴机制。深圳公共交通票价调整方案包括两部分：即降低票价和换乘优惠共同实施。目前，票价执行情况良好，但也存在高峰期间公交线路拥堵、车内舒适度降低、出现“走不了、走不好”的现象。

(3)桂林

2002 年 4 月，桂林市为提高其作为国际旅游城市的品位，首推城区 8 条公交线路免费，此举对促进桂林商业的繁荣以及旅游业的发展是极其有限的，其作用大多仅仅是对旅游城市的一个广告效应。但是实施效果却不大理想，因能够乘坐免费公交车，吸引了大量的乘客，导致乘车环境拥挤不堪，乘坐公交车的效用大大降低，部分乘客宁愿多花些钱买座位或者乘坐较为舒适的交通工具。分析其原因，表面上看似免费的公交，实则由政府提供财政支出，旨在吸引游客，扩大桂林的旅游市场，通过这种公交免费的政策间接提高旅游税来补贴因提供免费公交而造成的亏损。对于政府来说，其收益能否达到最大取决于实施免费公交后，对桂林的旅游业究竟有多大的促进作用。对于乘客来说，其最大收益在于公交的服务质量和旅游需求。由于在桂林旅游的游客支出比例中，公交车票的支出占其总支出的比例很小，所以游客对乘坐公交的需求价格弹性比较小，不会影响其是否去购物场所购物或者旅游景点游览。而是将公交的舒适性或目的地是否有物可购以及有景可游作为交通需求首先考虑的因素。作为运营公交总公司，企业必须独立核算维护企业正常运转、补偿生产耗费。在追求利润的过程中，其产品产出量(包括服务)取决于成本和收益的对比。从其收益来看，一个班次公交运营的收益由载客量所获得的票价收入来决定。因此，公交线路是否盈利，完全取决于线路客流量的大小。

综上所述，政府对公共交通运营企业进行有效的财政补贴无疑是降低票价最为有效的保障措施。政府负责公共交通基础设施(包括轨道、公交场站、客运枢纽等)建设的筹资，而设备成本(车辆、设备购买与保养)和营运成本(燃油、工资等)由企业负责资金筹集；公共交通企业承担社会福利(包括老年人、残疾人、学生、伤残军人等实行免费或优惠乘车)和完成政府指令性任务增加的支出部分，应由政府给予经济补偿。

城市公共交通票价政策具体需要考虑以下三个方面：

①建立合理的比价结构，引导个体交通向公共交通转移。根据不同出行需求的价格弹性的大小，合理地确定票价总体水平和票价结构，以增强出行者对不同交通工具之间替代的敏感性。

②建立完善的公共交通定价制度，将运营企业的绩效和服务水平联系起来，有效平衡公众承受能力、企业运营成本、政府导向要求的目标。政府对公共交通票价的调整政策中，政府只需负责制定宏观经济政策目标，设置市场准入标准，将公共交通服务质量、线路可达性、乘客的满意度等作为公共交通运营企业的主要考核指标，票价也应当根据公共交通的舒适性和通达性，分成不同等级，来适应不同客源的需要。换句话说，公共交通票价要主动通过价格手段防止公共交通资源的浪费使用，而不是越低越好。只要公共交通能够为乘客提供满意的服务，又在出行者的经济承载力范围之内，出行者还是愿意选择公共交通方式。同时，道路时空资源利用效率不应该用'车'来衡量，而是用'人'来衡量，只有这样，才能真正客观反映道路时空资源利用效率。

③发展配套的公共交通基础设施建设和政府给予一定的政策扶持。独立施行的公共交通票价和补贴政策往往对交通需求起不到良好的价格杠杆调控作用，必须有配套交通基础设施建设和公共交通扶持政策加以辅助，如政策方面采取提倡错峰出行、公共交通线网优化、"一卡通"等组织管理手段；设施建设方面加强路网建设、增加公共交通发行的车次、提高公共交通车辆本身的硬件质量、提高车辆的准点率、科学设置站点、设立公交车专用车道，以及尽可能多地使用 BRT 公交车、延长公共交通的运营时间、提高公共交通运行系统的电子智能服务功能等，使价格手段与各种策略协同、互补、互适，实现票价政策同时在时间和空间、组织和地域等方面的整合，以充分发挥其调控交通需求和优化运输资源配置的杠杆作用。另一方面，对小汽车进行拥挤收费政策：取消养路费，提高燃油附加税，使得车一动，成本就增加，车不动成本自然大幅下降。同时还要建立大型的停车场、转乘站，大幅提高城市内停车收费。通过这些措施，逐渐将小汽车出行者转移到公共交通出行方式上来，从本质上达到治理交通拥堵的目的。

四、基于博弈论的公共交通定价和补贴模型的建立

博弈论以理性人假设为基础，基本活动表现为个体利益与群体利益之间的冲突、个体利益之间的冲突、群体利益之间的冲突，是关于人类理性选择行为的实质性理论，适合于社会、经济、管理、军事等各个方面。运用博弈论原理可以建立一个关于利益冲突的数学模型和分析框架，通过分析个体与群体的决策行为来论证棘手的问题。城市公共交通定价机制主要从科学的博弈论证、政策优先、价格运行等多方面加以体现，作为一项社会系统工程共同实施。本章通过对政府是否对城市公共交通进行票价与补贴措施进行博弈分析，建立交通管理方采取定价和补贴措施的博弈模型，剖析了政府进行票价和补贴措施效果并论证票价与补贴的关系，探寻合理的解决利益冲突方法。

本章节为了建模方便，假设乘客得到公共交通票价实惠可量化为政府的公益性，则政府的收益为政府的直接收益（经济效益）和间接收益（社会收益）之和，将政府和乘客作为具有共同利益的一方，另一方为公共交通运营企业，各方都是从自身的利益角度出发来选择交通行为。一方面，政府和乘客希望补贴尽量少些，减少政府财政负担，票价也越低越好，使乘客能享受到高质量的公共交通服务水平；另一方面，运营企业希望降价幅度越小越好，补贴越高越好，这样企业最终收益并可以保证。以上观点说明两者利益相互牵制冲突的博弈是一个纳什均衡。通过建立基于完全信息条件下的博弈模型，从经济学的角度指出合理制定公共交通定价和补贴政策是配置“公共交通资源”问题的重要措施，避免公共资源悲剧的发生；并利用定价的经济性和政策性优势来吸引乘客选择公共交通出行方式，为政府实行公共交通定价和补贴机制提供有力的依据，同时对促进我国城市公共交通体系的可持续发展具有实际意义。

对城市公共交通定价补贴政策的博弈分析先以完全信息静态模型为基础，建立分析模型。完全信息静态博弈即各博弈方同时决策，且所有参与人对各方得益都了解的博弈。完全信息静态博弈模型的前提条件是决策者的完全理性，完全理性包括（追求最大利益的）理性意识、分析推理能力、识别判断能力、记忆能力和准确行为能力等多方面的完美性要求，其中任何一方面不完美就属于有限理性。考虑到政府（包含乘客受惠的社

会公益性）和公共交通运营企业（以下简称运营企业）两者的利益冲突，组建完全信息博弈模型，其假设条件如下：①完全理性人假设；②政府对运营企业制定票价降低和补贴政策。双方都是理性的决策主体，各有自己的策略选择空间，这样可构建一个政府（包含社会公益性）和运营企业之间的完全信息静态博弈模型。对在政府参与下的公共交通定价和补贴博弈进行了转化分析，并经过战略组合和收益分析得到博弈收益矩阵见表3-3。

表 3-3　战略组合和收益分析矩阵

		政府收益（包含乘客受惠的社会公益性）	
		政府不补贴	政府补贴
运营企业收益	企业票价不变	(R_1, C_1)	(R_1+F_1, C_1-F_1)
	企业票价降低	(R_2, C_2)	(R_2+F_2, C_3-F_2)

政府（含公益性）和运营企业的利益博弈冲突存在 4 个战略组合，分析如下为：①政府不补贴，企业不降价的策略组合下企业的收益为 R_1，政府收益（假定政府实施对运营企业管理所达到的效益，包括社会效益等）为 C_1；②政府不补贴，运营企业票价降低策略组合下的企业收益为 R_2，政府收益为 C_2；③政府补贴，企业票价不变时的策略组合下的企业收益为 R_1+F_1，政府的收益为 C_1-F_1；④政府补贴，企业票价降低时的策略组合下的企业收益为 R_2+F_2，政府的收益为 C_3-F_2。

通过对定价和补贴的关系分析，为了使个体利益达到最大，调节票价制定和补贴幅度可以使得博弈方为了群体利益而适当让度自己的利益，只要在政策中个人分配的利益大于没有政策时的利益分配时，个体利益和集体利益之间的矛盾就可以被克服，从而使博弈方按照集体理性决策和行为成为可能。简单地说，即个人利益达到最优的情况下才能顺利的实现集体利益，从而减少个人利益和集体利益的冲突，缓和了两者之间的矛盾。而实际上允许博弈中存在一种“有约束力的协议”，使得在交通体系里，能够提供这种有广泛“约束力协议”的是政府，本节中政府起到的是制定定价和补贴政策，以达到公共交通运营企业和政府、乘客三者利益最大化的作用。

根据表 3-3 的博弈分析，当运营企业票价不变的时候，政府采取的最佳策略为不补贴，当运营企业的票价降低的时候，政府为了激励企业行为采取补贴政策。与此同时，在满足企业的正常收入并保证公共交通服务水平不变的情况下补贴政策的公益性也达到最大。同理，当政府不补贴时，运营企业的策略是最好不降价，因为降价会导致利润降低而亏本经营，若强行贯彻降价政策时企业又会采取降低服务水平以减少成本的手段，从而赶走了一部分潜在的乘客。但是当政府补贴时，运营企业考虑到得到的补贴可以弥补在降价后的经营损失，也会愿意降价并保证正常的服务水平的。

城市交通问题可以看作是一个典型的“公共地博弈”。在共享道路这种“公共物品”的交通体系里，每个人都追求各自利益的最大化是造成定价矛盾的根源。为了保证正常的经营收入，运营企业希望政府补贴越多越好，当 $R_2+F_2>R_1+F_1 \Rightarrow F_2-F_1>R_1-R_2$ 时，运营企业才愿意接受政府补贴并降低票价；而政府希望运营企业票价能够降低以满足社会公益需求，但是又担心企业采取降低服务水平的手段。因此，科学合理的补贴要综合考虑多因素，补贴太多将给政府造成巨大的财政压力和资源浪费，太少起不到激励运营企业的作用，只要保证 $C_3-F_2>C_1-F_1$，且同时满足 $C_3-F_2>C_2$，$C_3-F_2>C_1$ 的条件就可以了。

为了分析方便，再补充假设一些条件：

A：低票价政策导致的运营企业收入有所降低的损失。

B_1：政府不补贴时，运营企业实行低票价后采取低服务水平方式而导致政府的社会公益性间接性降低，换种说法：乘客因公共交通服务水平降低而遭受损失（拥堵时间成本、公交换乘时间成本和公交内拥挤的不舒适成本），低服务水平造成一部分客运量流失）。

B_2：政府补贴时，运营企业进行低票价后采取高服务水平方式过程中而导致政府的社会公益性稍微间接性降低，换种说法：乘客遭受损失（拥堵时间成本、公交换乘时间成本和公交内拥挤的不舒适成本），提高服务水平过程中由于建设占地或施工而造成一部分客运量流失）。

C：政府收益，即政府实施对运营企业管理所达到的效益，包括社会效益等）。

D：运营企业降价后给社会直接带来的福利性，其社会公益性表现为吸引了大量的潜在公共交通乘客。

F_1:运营企业不降价时,政府对运营企业的补贴。

F_2:运营企业降价时,政府对运营企业的补贴。

其中:$R_1=R,B_1>B_2,C_1=C,R_2=R-A,C_2=C+D-B_1,C_3=C+D-B_2$。

这样整理之后的收益分析得到博弈收益矩阵见表 3-4。

表 3-4 战略组合和收益分析矩阵

		政府收益(包含乘客受惠公益性)	
		政府不补贴	政府补贴
运营企业收益	企业票价不变	(R,C)	$(R+F_1,C-F_1)$
	企业的票价降低	$(R-A,C+D-B_1)$	$(R-A+F_2,C+D-F_2-B_2)$

政府(含社会公益性)和企业均为理性的交通参与者,双方都会追求自己的效用最大化。将各个参数代入不等式,整理得到以下结论:

$R-A+F_2>R+F_1\Rightarrow F_2-F_1>A$,此条件说明在政府的补贴下,运营企业的最佳策略是降低票价,这样才能达到企业的收益最大;$C+D-F_2-B_2>C-F_1\Rightarrow F_2-F_1<D-B_2$,说明在政府的补贴下,当企业票价降低时,政府给予企业适当的补贴时政府收益最大;$C+D-F_2-B_2>C+D-B_1\Rightarrow F_2<B_1-B_2$,此条件说明在企业票价降低时,政府补贴企业比不补贴企业时的政府收益大。因此,政府的最佳策略是补贴,企业的最佳策略是降价。利用划线法,可以得到最佳策略组合(企业票价降低,政府补贴),即博弈惟一的纳什均衡解,其得益组合为$(R-A+F_2,C+D-F_2-B_2)$。其中,$B_1>B_2,R_2<R_1,F_2>F_1$(若政府不补贴,企业在票价下降后收益小于票价不变时的收益;政府对运营企业实行一种鼓励机制,鼓励降价后才能多拿补贴),即运营企业在政府补贴的情况下收益较大。整理以上各种因素之间相互关系,得到关于政府补贴和定价的不等式,如下所示:$\Rightarrow A<F_2-F_1<D-B_2,F_2<B_1-B_2$。

通过以上博弈分析表明:政府的有效激励和管制可使理性人自发地选择策略使得公共交通定价系统整体性最优,不仅兼顾了个人与集体的利益,而且构成了政府、运营企业、乘客三者所希望的纳什均衡,有利于城市公共交通体系的可持续发展。公共交通是运量大、集约化经营的交通模式(人均占用道路面积小、污染指标低、能耗小),也是对道路公共资源高效利用的交通方式。优先发展公共交通就必须考虑公共交通票价制定和补贴的科学合理性，通过政策、资金、后方基础设施、管理措施等诸多方面的优先规划和建设来实现政府、公交企业及乘客三方利益的最大化，并通过对个体理性行为进行调节，使其行为符合社会集体理性而实现帕累托最优。本文运用博弈论的概念与方法，剖析了三者之间的利益矛盾，为促进公共交通资源优化配置，寻求公共交通票价制定和补贴政策的最佳措施提出了博弈模型。运用博弈论分析公共交通定价和补贴政策问题，有助于深刻理解利益矛盾双方的行为选择结果，从而为合理调节博弈双方行为使其收益最大化。

第四章　基于非合作博弈的不同公共交通方式间的定价方法

在城市公共交通系统中，不同的公共交通方式之间是既竞争又合作的关系，它们既相互竞争争夺客源，又互为其他公共交通方式的有效补充。本章主要讨论不同公共交通方式间的竞争定价博弈问题，在下一章内容中，将讨论不同公共交通方式及企业间合作定价博弈问题。

第一节　不同公共交通方式竞争定价的影响因素分析

一、不同公共交通方式的特点

城市公共交通系统中交通方式主要包括：公共汽车、公共电车、地铁、轻轨、快速公交系统（BRT）、出租车、轮渡等，如图 4-1 所示。

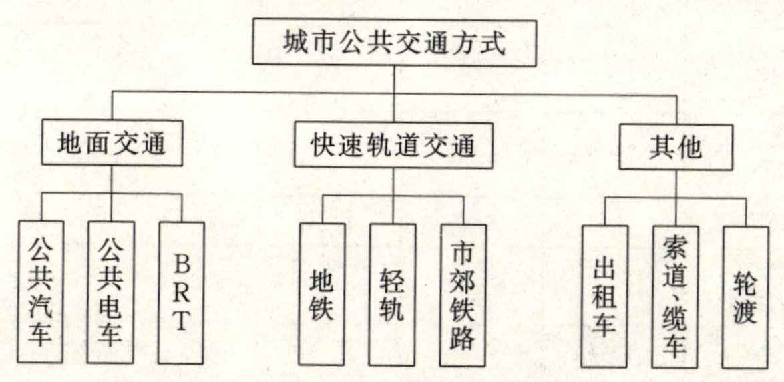

图 4-1　城市公共交通方式分类

根据深圳市统计局 2007 年 12 月统计公报，2007 年深圳市各种公共交通方式完成的客运量及所占比例见表 4-1。

从表 4-1 可以看出，城市中各种公共交通方式的分担率是不相同的。在城市公共交通系统中，每种不同的公共交通方式都有其自身的特性，而这些特性也决定了它对乘客的吸引程度和自身的收益情况，也是其定价

表 4-1 公共交通完成的客运量及所占比重

公共交通方式	公共大巴	中小巴	地铁	出租车	合计
客运量(亿人次)	13.57	1.86	1.18	2.73	19.34
比重(%)	70.15	9.63	6.08	14.14	100

策略中必须考虑到的因素。下面对各种公共交通方式从物理特性、乘客出行、内外部成本、乘客感知几个方面分析其主要特性(表 4-2)。

表 4-2 主要公共交通方式特性指标

	特性指标	出租车	公共电车	公共汽车	BRT	轻轨	地铁
物理特性	适应距离(km)	1.5～13	2～8	2～10	3～20	3～20	4～30
	动态占道面积(m^2/座位)	10～20	1～2	1～2	1	0.5	—
	静态占道面积(m^2/座位)	4～5	0.8～1	0.5～0.7	1	0.5	0.6
	运客能力(人公里/h)	80	600	800	3 000	5 000	10 000
乘客出行	站距(100 m)	—	5～8	5～8	15～20	8～10	10～12
	平均至站点时间(min)	0	6	6	9	12	12
	站点延误时间(s)	—	12	12	0	0	0
	平均发车频率(班次/h)	—	10	10	12	12	12
	正常行驶速度(km/h)	20～50	15～20	16～25	20～40	20～45	30～60
	个人出行费用	10	1～2	1～2	2.5～3.5	3～4	3～5
内外部成本	投资费用(百万元/km)	—	8～15	5～10	6～15	100～200	300～800
	能耗(MJ/km)	0.8	0.15	0.17	0.17	0.1	0.08
	噪音污染(以公交车为1)	12	0.5	1	1	0.5	—
	空气污染(以公交车为1)	13	—	1	1	—	—
乘客感知	舒适性	好	较好	较好	好	好	好
	安全性	一般	较高	较高	高	极高	极高

注:各项污染指标按每车每乘客量计。

二、公共交通竞争定价的影响因素

在城市公共交通竞争市场中，各种公共交通方式的经营者以价格作为决策变量，以求在公共交通市场中赢得更多份额、获得更多收益。著名的营销学教授肯特·门罗指出，成功的前瞻性定价需要两个条件。首先，必须理解价格发生作用的机制，考虑到定价对供应商、销售人员、分销商、竞争者和顾客的复杂影响，传统的微观经济学所开出的处方并不适应现代市场体系的现实。事实上，单纯注重内部成本的企业常常犯下严重的定价错误。其次，定价者必须理解顾客对价格和价格变化的感受。由此也可以看出，单纯的以成本为导向的或以利润为导向的定价方法已经不能满足城市公共交通价格制定的需要了。

根据前面所分析的城市公共交通的行业特性、产品特性及价格特征，城市公共交通定价时受以下五个因素的影响：①乘客的出行需求，这为公共交通定价设立了上限，表明乘客可以接受的价格水平，或者乘客的票价承受能力；②运营成本，这是公共交通定价的下限，如果公共交通票价低于这个水平，说明企业无法收支平衡，也就缺乏生存的能力，更谈不上提高服务质量和长远发展；③竞争因素，需要仔细研究对手企业和不同交通方式的竞争，考虑价格差距或合理的比价关系；④企业目标，常常表现为财务要求，即定价应该足够高以补偿固定成本和变动成本并获取一定的利润；⑤政府管制。这五个因素的关系如图 4-2 所示。

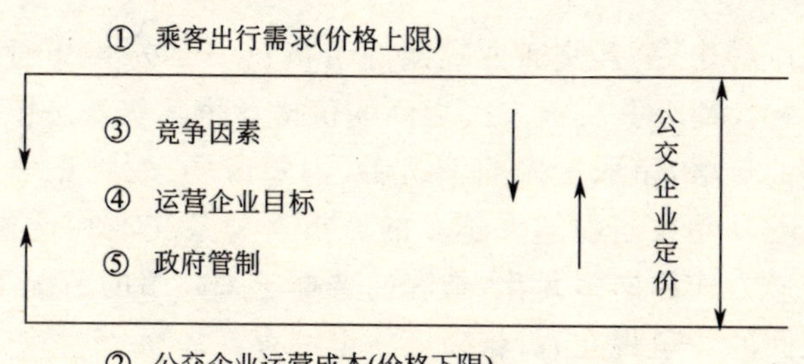

图 4-2　城市公共交通定价的影响因素

三、不同公共交通方式价格竞争及均衡

1. 不同公共交通方式的价格竞争

价格是市场经济的核心和基础，市场价格是市场经济中最重要、最敏感、最灵活的经济杠杆，推向市场化的公共交通服务也不例外。但公共交通行业是准公共产品，具有社会公益性，因此市场失灵，需要政府指导定价。由于公共交通行业具有自然垄断性，在我国，如现在公共汽车行业都实行区域专营，而轨道交通由于沉没成本大的特性，一般在城市中只有一家企业经营（多为政府企业），相同公共交通方式都要求统一价格，不允许同种公共交通方式出现同距离不同价的现象，在同一种公共交通方式中基本不存在价格竞争。而不同公共交通方式之间却有着不同的服务水平以及票价。不同公共交通方式的企业可以根据政府界定的公共交通价格上下限，确定相应的票价，因此本书讨论不同的公共交通方式之间的定价问题是有一定的现实意义的。

公共交通企业是公共交通市场经济竞争中的基本细胞，其中提供公共交通服务的公共交通企业是经营者，乘客是消费者。基于“经济人”的假设，价格是卖者与买者的交换关系，是经营者与消费者的经济关系，更始终是每个人息息相关的经济利益关系，价格的竞争就是经济利益竞争。市场经济既具有利他性，又具有排他性，利他性是商品交换必须以利他为出发点，一切为了交换，利己融于利他之中。排他性是商品交换双方经济利益的对抗性和扩张性，市场经济的利他性和排他性集中表现为“经济人”利益的驱动性。所以为了经济利益开展价格竞争是市场经济的必然。

由此可以看出，公共交通方式间的价格竞争是公共交通市场经济竞争的必然产物。而公共交通方式之间的价格竞争其实就是依靠合适而并非绝对低廉的价格，争取更多的消费者、占领市场、战胜竞争对手的一种竞争形式。尤其是在当前越来越多的城市将公共交通行业推向市场化、并且公共交通方式趋向多元化，乘客的选择越来越多的情况下，不同公共交通方式之间的竞争现在有、将来还将继续存在。

2. 博弈均衡与公共交通价格竞争

在现实的公共交通市场竞争中，市场现象和规律难以用传统理论中

的供求关系、需求函数来解释。而用博弈论的观点和方法，则能较好地说明这类问题。最典型的就是公共交通企业的定价策略，不同企业的策略不仅会影响到自身的效益，同时也会使乘客变换对出行方式以及出行路径的选择，从而影响其他公共交通企业的效益。

博弈论中纳什均衡理论说明：成功的经营者如果在策略选择时按风险小、收益大的原则进行，参与竞争的最终结果大都是使局中人并不能实现利润最大化，实际情况中往往是竞争各方的收益僵持在较低的均衡点。因为处于这类均衡点时，每位经营者不必再担心对手单方面改变策略会降低自己的收益。现代竞争市场中许多经贸活动出现了这类均衡点，是由于竞争各方相互制约的缘故。博弈论进一步证明，在竞争环境中，对于每一局中人或决策者，唯一地存在着一组合理的策略组合方案，能使局中人有把握地获得较为满意的收益。用这样的观点和方法分析解决公共交通企业定价策略问题，会使人们清楚地认识和解释颇为复杂的公共交通企业价格竞争问题和现象。如果存在一个公共交通企业定价策略，使得对所有局中人而言都是最优策略，则公共交通企业的价格竞争将处于一个均衡的状态。

因此，运用博弈均衡理论研究不同公共交通方式的价格竞争策略是科学的，也是必要的。本书将就价格竞争进行博弈分析，探讨不同公共交通方式之间的竞争定价策略。

第二节　不同公共交通方式间的定价博弈理论分析

一、基于竞争的不同公共交通方式的定价行为

目前，为解决交通拥挤及环境污染等问题，世界各大城市倡导优先发展经济、环保型交通，公共交通系统在城市客运结构中处于主导地位，是城市交通系统可持续发展的方向。在城市公共交通系统运行中，难免会有多种交通方式线路重合的情况，并且，在一些连续的站点间也会有多种交通方式可供乘客选择，这必然导致了不同公共交通方式之间的激烈竞争。一般情况下，各种公共交通方式经营者的目标都是自身收益最大化，便导致了它们之间争夺客源的竞争。

在这一复杂的竞争过程中，不同公共交通方式的收益直接受到载客

量的影响，而载客量又随票价的波动而变化。因此，乘客也应当是参与竞争的一方。在不同公共交通方式竞争的过程中，乘客对公共交通企业采用策略的反应是不可忽略的。乘客对其出行工具有自由选择的权力，乘客可能因为某种交通方式的等待时间过长或票价不合理，而选择其他的公共交通方式，或者干脆抛弃公共交通转而选择其他的出行方式，如步行、自行车、私家车等。

二、乘客出行的公共交通方式选择模型

1. 交通方式选择的非集计模型

非集计方法(disaggregate method)以个体为分析对象，它是将个体的原始数据不作任何统计处理直接用来构造模型的一种数学建模方法。非集计模型认为交通方式选择是出行者的个人行为，而交通方式分担率只不过是众多个体出行的综合。因此，它是将个人数据不经过处理而直接用来构造模型的分析方法。它的特点是：调查所得的个人数据能得到充分的运用；要求的样本容量较小。由于非集计模型采用最大随机效用RUM(Random Utility Maximization)理论，从微观经济学的角度，致力于对人的交通方式选择行为的客观解释，是目前交通方式划分领域应用较为广泛的模型。

在非集计模型中，可供选择的交通方式，叫做“选择枝(Alternative)”。某个选择枝具有的令人满意的程度叫做“效用(Utility)”。关于效用我们首先作以下基本假定，这些假定是基于人们通常的心理选择行为，是非集计模型的基础：个人在每次抉择中总选择效用值最大的选择枝；个人关于每个选择枝的效用值由个人自身的特性和选择枝的特性共同决定。

2. 公共交通方式选择的MNL模型

如果令U_i为个人选择选择枝i时的效用，C是与个人对应的选择枝的集合，那么当：

$U_i > U_j, \forall j \in C$且$j \neq i$时，个人将选择第$i$个选择枝。

然而，在实际应用中，效用值是无法直接观测到的。尽管在同一条件下个人的效用是确定的，但由于观测者(分析者)不可能观测出影响效用的全部因素，因此效用被认为是随机的。根据随机效用理论，将效用定义

为一个随机变量，它由可观测要素的确定效用和不可观测的随机误差项组成：

$$U_i=V_i+\zeta_i \tag{4-1}$$

式中 V_i——可以观测要素的确定效用；

ζ_i——不可观测的随机误差项。

在实际应用中，通常假定 i 个随机项的分布是相互独立的，且服从相同的概率分布。最常用的两个分布是 Gumbel 分布和正态分布，如果假定 ζ_i 的各分量服从相互独立的 Gumbel 分布，则为 Logit 模型；如果假定 ζ_i 服从多元正态分布，则为 Probit 模型。由于基于 Gumbel 分布的 Logit 模型具有较好的解析性，对其分析已得到了广泛的应用。

本书采用多种交通方式选择的 MNL（The Multinomial Logit Model）模型来表示乘客对不同公共交通方式的选择。

则乘客选择第 i 种公共交通方式出行的概率为：

$$x_i=\frac{\exp(-V_i)}{\sum_j \exp(-V_j)} \tag{4-2}$$

式中 x_i——出行者选择第 i 种公共交通方式出行的概率；

V_i——第 i 种公共交通方式的效用。

要计算式(4-2)中的概率 x_i，关键就是要求出其中的效用确定项 V_i。

3. 效用函数的确定

接下来，确定公共交通出行方式选择 MNL 模型中的效用函数。假设乘客通过不同公共交通方式提供的服务进行出行方式的选择，对应表 4-2 中不同公共交通方式的特性指标，乘客选择公共交通方式的偏好与下列因素有关：

(1)乘客的出行成本。乘客的出行成本包括时间成本和金钱成本，主要与车内时间、车外时间和票价有关。

(2)乘客感知。表示乘客对各种交通出行方式的感知，如可达程度、准点程度、舒适程度、安全程度等。由于数据有限，在此仅用舒适性代表本章 MNL 效用函数中的乘客感知指标。

以上因素所包含的不同公共交通方式的特性指标见表 4-3。

表 4-3 MNL 模型效用函数中的公共交通方式特性指标

因素	不同公共交通方式特性指标					
	车外时间 t_1		车内时间 t_2			票价
乘客出行成本	至站点时间	发车频率	平均站点停靠时间	平均站距	行驶速度	出行费用
	t_0	f	s	l_0	v	p
乘客感知	舒适性	—	—	—	—	—
	ε	—	—	—	—	—

根据以上乘客选择公共交通方式偏好分析，效用函数可定义为：

$$V_i=\theta_1\lambda(t_{1i}+t_{2i})+\theta_2 p_i+\theta_3\varepsilon_i \tag{4-3}$$

式中 λ——乘客的时间价值转化系数；

$\theta_1,\theta_2,\theta_3$——影响乘客公共交通方式选择偏好的参数。

在式 4-3 中，乘客的车外时间为：

$$t_1=t_0+\frac{1}{f} \tag{4-4}$$

为计算方便，假设理想道路条件下的车内时间为：

$$t_2=\frac{l}{v}+\frac{l}{l_0}\cdot s \tag{4-5}$$

式中：l——乘客乘车距离。

将效用函数代入式(4-2)，则乘客出行选择第 i 种公共交通方式的概率为：

$$x_i=\frac{\exp\left[-\left(\theta_1\left(\lambda\left(t_{0i}+\frac{1}{f_i}+\frac{l}{v_i}+\frac{l}{l_{0i}}\cdot s_i\right)\right)+\theta_2 p_i+\theta_3\varepsilon_i\right)\right]}{\sum\limits_{k=1}^{n}\exp\left[-\left(\theta_1\left(\lambda\left(t_{0k}+\frac{1}{f_{0k}}+\frac{l}{v_k}++\frac{l}{l_{0k}}\cdot s_k\right)\right)+\theta_2 p_k+\theta_3\varepsilon_k\right)\right]} \tag{4-6}$$

4. 定性指标的量化

为了求解效用函数，需要将乘客的舒适性和安全性感知指标量化。由于模型中效用函数为乘客支付(费用)，出行过程中乘客对公共交通提供的服务满意度越高，消费者剩余就越多，即对公共交通服务的支付越少。由此，采用 5 点量表，将乘客感知的定性描述转化为相应的定量数值，见表 4-4。

表 4-4　乘客感知特性指标的量化

感知	较差	一般	较好(高)	好(高)	极好(高)
数值	5	4	3	2	1

将表 4-2 中乘客感知指标与上表 4-4 对应，可得到乘客感知特性指标的量化数值见表 4-5(由于第六章需要用到公共(电)汽车、私家车、自行车和步行这几类不同的出行方式的乘客舒适度和安全度感知指标，故在此一并列出)。

表 4-5　乘客感知的量化数值

特性指标		出租车	公共汽车	地铁	私家车	自行车	步行
乘客感知	舒适性	2	3	2	2	5	4
	安全性	4	3	1	4	4	4

5. 参数标定

当人们出行时，出行者选择交通方式的过程可看作是相互独立的，因此，N 个出行者选择交通方式，可看作是进行 N 次贝努里试验。根据极大似然法，M 个出行者选择 n 种公共交通方式的人数分别为 $M_1, M_2, \cdots, M_n$，似然函数可表示为：

$$\wedge = x(M_1, M_2, \cdots, M_n \mid \theta) = \frac{M!}{M_1!\ M_2!\ \Lambda M_n!} \Pi x_i^{M_i} \tag{4-7}$$

式中　M_i——选择公共交通方式 i 的人数；

x_i——选择公共交通方式 i 的概率；

θ——系数向量。

为了得到 θ 的最大似然估计值，把似然函数 $\wedge$ 取对数($\wedge$ 在相同点取极值)，并舍去常数项 $\frac{M!}{M_1!\ M_2!\ \cdots M_n!}$，用 $\wedge^*$ 表示简化后的结果：

$$\wedge^* = \sum_{i=1}^{n} M_i \ln(x_i) \tag{4-8}$$

对 $\wedge^*$ 分别求 θ_1、θ_2 和 θ_3 的偏导，并令导数为零，得到如下方程：

$$\frac{\partial \wedge^*}{\partial \theta_1} = 0, \frac{\partial \wedge^*}{\partial \theta_2} = 0, \frac{\partial \wedge^*}{\partial \theta_3} = 0 \tag{4-9}$$

求解上述方程组即可确定 θ_1、θ_2、θ_3 的值。

MNL模型中θ_1、θ_2、θ_3分别是乘客出行时间、出行费用、出行舒适性感知的参数。根据表4-2、表4-5中各种公共交通方式的特性指标值和表4-1中各种公共交通方式的客运分担率，使用极大似然估计的方法得到θ_1、θ_2、θ_3的值分别为：$\theta_1=0.28$，$\theta_2=0.53$，$\theta_3=0.37$。

三、公共交通方式竞争定价的博弈分析

在城市公共交通系统中，不同公共交通方式难免会有部分线路的重合，在这些线路上它们争夺客源的竞争是相当激烈的。在这个博弈中，所有公共交通方式为局中人，它们以公共交通票价作为决策变量，目标都是追求各自收益的最大化，其运营所得收益即为博弈中的支付函数。由于不同公共交通方式的票价相对其他竞争方而言都是完全可见的，而运营者不能随意的频繁改变票价，所以我们可以将某一段时间内两者的定价行为看成一个完全信息静态博弈。

博弈的过程中，不同的公共交通方式向消费者即乘客提供同一类产品——公共交通服务，在这个有供需的市场中，就需求者——乘客而言，他们可以有多种选择，市场是竞争的；对供应方——公共交通方式来说，它们竞争的本质构成了有多个局中人的博弈，所有局中人都是理性的决策者，他们的决策行为既影响自身，又影响其他局中人。博弈的结果，不仅取决于某个参与者的行动，而且还取决于其他参与者如何行动。

下面具体分析决策变量——公共交通票价的变化是怎样影响自身及其他局中人收益的。

1. 不同公共交通方式的收益函数

不论是巴士、地铁或BRT等公共交通方式，它们的运营收入主要来自票款收入。由于本书主要讨论不同公共交通方式定价的博弈，因此不考虑公共交通企业的广告收入、地铁的土地开发收入、企业成本等，仅将与票价密切相关的票款收入作为不同公共交通方式收益函数。不同公共交通方式的票款收入又与客流量和票价有着直接关系，而客流量也是关于票价的函数，第i种公共交通方式的收益函数可表示为：

$$R_i(p_i)=q_i\cdot p_i \tag{4-10}$$

其中q_i表示第i种公共交通方式的客流量。不同公共交通方式的客运量与公共交通总客流量和不同公共交通方式被选择的概率直接相关，

表示为：

$$q_i = Q \cdot x_i \tag{4-11}$$

式中的公共交通总客流量 Q 可以通过居民出行方式预测方法求出，本书不做具体描述，而是把它作为一个已知量。

那么，第 i 种公共交通方式的收益为：

$$R_i(p_i) = Q \cdot \frac{\exp\left[-\left(\theta_1\left(\lambda\left(t_{0i} + \frac{1}{f_i} + \frac{l}{v_i} + \frac{l}{l_{0i}} \cdot s_i\right)\right) + \theta_2 p_i + \theta_3 \varepsilon_i\right)\right]}{\sum_{k=1}^{n} \exp\left[-\left(\theta_1\left(\lambda\left(t_{0k} + \frac{1}{f_{0k}} + \frac{l}{v_k} + \frac{l}{l_{0k}} \cdot s_k\right)\right) + \theta_2 p_k + \theta_3 \varepsilon_k\right)\right]} \cdot p_i \tag{4-12}$$

2. 定价对客运量影响的博弈分析

在不同公共交通方式的博弈中，乘客也是参与博弈的一方，票价的变动会影响乘客选择出行方式的决策；同时，乘客对出行方式选择的变化又会反过来影响公共交通企业的客运量和收益函数。票价与公共交通客运量之间的相互影响关系如图 4-3 所示。

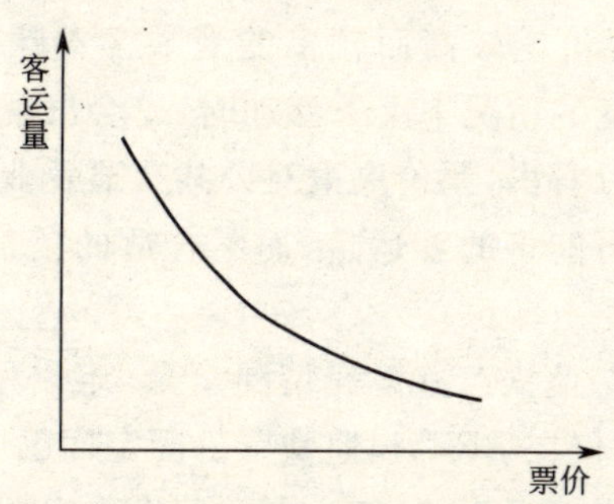

图 4-3　票价与公共交通客运量的关系

由图 4-3 可知，票价上升时，乘客对公共交通的需求减少；反之，票价下降时，公共交通客运量增加。

为了便于分析，选取公共交通系统中最有代表性的三种交通方式，研究巴士、地铁、BRT 三方博弈的相互影响关系。根据式(4-11)，假设地铁与 BRT 的票价为平均票价 2.5 元和 2.9 元固定不变的情况下，巴士票价变动对巴士及地铁、BRT 三者客运量变化的影响如图 4-4 所示。其中，假设公共交通的票价变化范围为[1,5]，总客运量为 100，并且出行方式选择模型中除票价外的变量都固定不变。

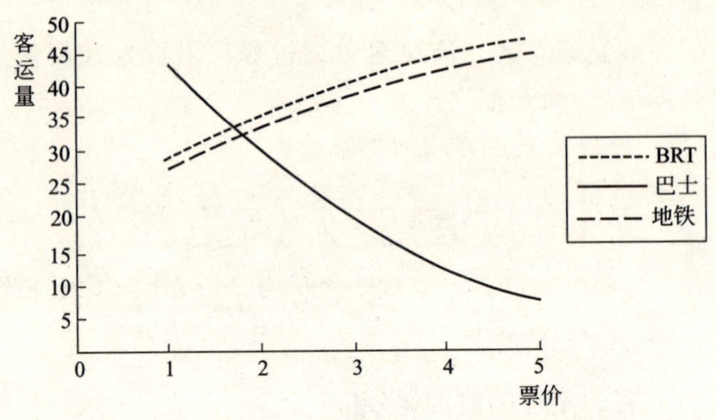

图 4-4 定价影响不同公共交通方式客运量的博弈

从图 4-4 可以看出，随着巴士票价的上升，巴士的客流量逐渐下降，与此同时，选择地铁与 BRT 的乘客增加，它们的客运量随巴士票价的上升而增加。并且由图可知，当某一路段同时有 BRT 和地铁两种方式可供选择时，BRT 由于性价比较高而较多的受乘客青睐。当地铁和 BRT 的票价在其他条件不变的情况下上下浮动时，也会出现类似的情况，在此不一一列举。由此可以看出，票价决策对公共交通企业而言是非常重要的，好的票价能吸引尽可能多的客运量，而不合适的票价很有可能导致客源流失。

由于巴士、BRT、地铁三方博弈情况复杂，难以用简单的图表完全说明其博弈过程，这里仅在 BRT 和地铁票价固定而巴士票价变动的情况下简单的描述了巴士决策行为的影响，下一节将建立博弈模型，更好的说明不同公共交通方式多方博弈的情形。

3. 定价对收益影响的博弈分析

从上一小节的 MNL 模型中可以知道，每种公共交通方式的被选择的概率都与其票价有相关性，根据收益函数表达式(4-12)绘制图 4-5。

由图 4-5 可以看出，在票价刚开始升高时，运营收益呈递增状；然而当票价提高达到一定的值 p^* 时，运营收益将会达到最大 R^*，此后票价继续升高相反会使收益出现下滑的趋势。这是由于收益总量不仅与票价有关，并且与客运量直接相关。一开始，票价在乘客能够承受的范围之内，

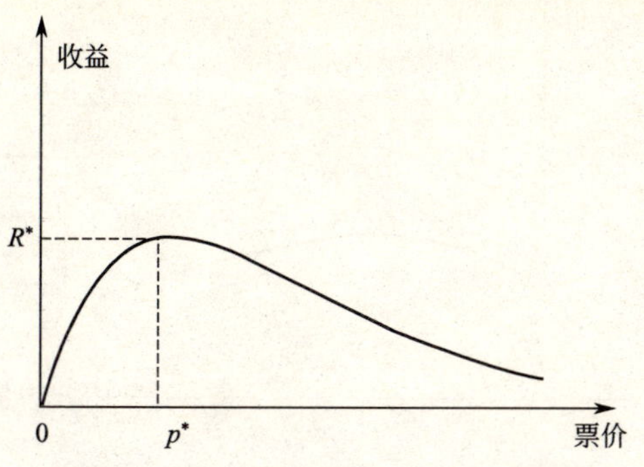

图 4-5　票价与收益之间的变化关系

票价的升高必定会增加运营收入。其后,由于票价持续升高导致乘客选择其他公共交通方式出行,引起提高票价的公共交通方式客流量减少,导致经营者收益开始下滑。

在不同公共交通方式的竞争博弈中,任何一方局中人的决策不仅影响自己的收益,同时也对对方的收益造成一定的影响。下面以常规公共交通(公共(电)汽车)和轨道交通两种不同的公共交通方式为例,分析一方局中人的决策是如何影响其他局中人收益的。

为了便于分析,假设在固定需求的情况下,选取公共交通系统中最有代表性的三种交通方式进行分析,研究巴士、地铁、BRT 三方博弈的相互影响关系。公共交通系统中,当其他交通方式票价不变时,巴士票价的变化不仅会影响自身的收益,同时也会使地铁、BRT 收益发生变化。根据式(4-12)和表 4-2 中各种公共交通方式的特性指标,得到图 4-6。

由图 4-6 可知,巴士票价的变化对自身的影响与图 4-5 的曲线相同,也是随着票价升高到最大收益后开始呈现下降的趋势。而在地铁和 BRT 的票价都保持固定值不变的情况下,巴士票价的变动也会使得地铁和 BRT 的收益发生变化。在巴士采用低票价策略时,地铁和 BRT 的收益相对而言比较低,而巴士自身的收益将会持续增加直至达到最大收益;但随着巴士票价的继续升高,地铁和 BRT 的收益开始逐渐增大,而巴士自身的收益会呈现下降的趋势。

这是由于,当巴士票价处于比较低的水平时,巴士用低价策略抢占市

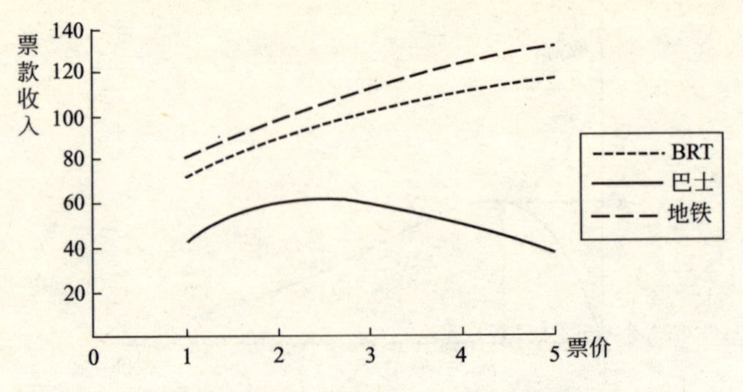

图 4-6 定价影响不同公共交通方式收益的博弈

场，获得大量客源，此时，地铁和 BRT 这两种交通方式的客源相对较少。根据式(4-12)，收益函数是与票价和客流量直接相关的，所以它们的收益也受到了相应的影响。而当巴士票价持续升高时，部分客流量转移到了地铁和 BRT 上，从而使巴士收益降低而地铁和 BRT 的收益增加。

同理可得，在其他局中人定价策略不变时，地铁和 BRT 票价变化对各方收益的影响情况也与巴士类似。而实际上，在一种公共交通方式票价变化时，其他公共交通方式也不会坐以待毙，并会采取对自己有益的定价策略。因此，在不同的公共交通方式定价博弈中，任何一方定价策略的变化不仅影响自身的收益函数，同时作用于其他局中人的收益函数，而各方的目标都是追求自身收益的最大化，构成了一个竞争的公共交通市场。只有当三方的定价策略达到均衡，使得各方的策略无论对自身还是对方来说都是最优策略，才能构成稳定、健康的公共交通竞争市场。

在以上的博弈分析中，仅以公共交通在固定需求，即总公共交通客运量不变的情况下对多种公共交通方式的票价博弈情况进行了简单的描述。下面将针对这种复杂的多方博弈状况建立博弈模型，对不同公共交通方式的非合作博弈进行详细的探讨。

第三节 不同公共交通方式间的定价博弈模型

随着博弈理论和交通理论研究的飞速发展，越来越多的学者开始将博弈论广泛的运用到交通领域。在城市公共交通系统中，不同公共交通方式间的竞争的博弈问题同样可以建立相应的博弈模型，进行分析和求解。因此，需要建立不同公共交通方式间博弈模型，并求解研究其均衡定价策略。

一、模型假设与基本函数

在居民的出行过程中，城市公共交通系统提供多种方式可供选择，而这些不同的公共交通方式难免会存在起、终点路段的重合，因此在重合路段中必然存在着公共交通市场的竞争。本章用博弈的方法对不同公共交通方式竞争市场进行研究，将不同的公共交通方式看作博弈的局中人，它们以各自的票价为决策变量，以各自运营收入为收益函数。

1. 问题描述

对于乘客对城市公共交通方式的选择，假设每一种交通方式对于同一个 OD 对只有一种固定的运行路线，这样，当乘客选择了某种交通方式以后，其运行路线也就唯一确定了。

假设在相同起、终点的线路上，同时有 n 种公共交通方式提供服务，它们从相同起点 A 到达相同的终点 B 时，所经过的线路是不同的，如图 4-7 所示。

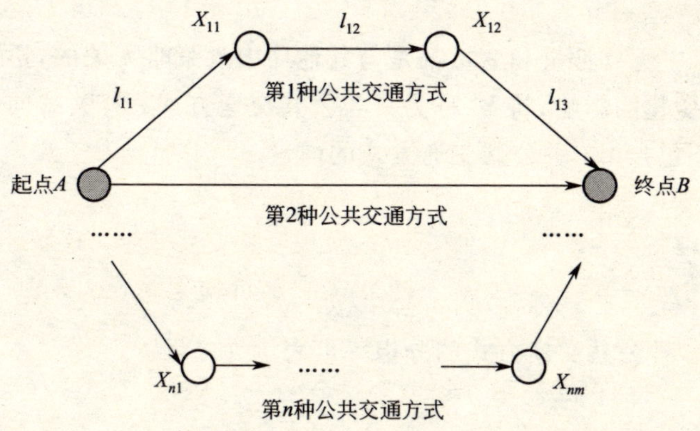

图 4-7　不同公共交通方式在相同起、终点路径示意图

在图 4-7 中，有 n 种公共交通方式参与相同起、终点路段的竞争，假设第 1 种公共交通方式的路径为 $A\rightarrow X_{11}\rightarrow X_{12}\rightarrow B$，且 $l_{1k}\in L_1$，$k=1,\cdots,3$，L_1 为第 1 种公共交通方式路径集合。从而，可以得到通用表达方式：

第 i 种公共交通方式所经线路的集合为 $A \to X_{i1} \to \cdots \to X_{im} \to B$

其中 $i=1,2,\cdots,n; k=1,2,\cdots,m$;

用 W 表示网络中所有 OD 对的集合;w 是 W 中的元素;L_w 表示 OD 对 w 之间的路径集合。

城市公共交通网络中,在相同起、终点路段上的提供多种公共交通方式服务,构成了公共交通系统的竞争市场。假设在充分自由竞争的情况下,用博弈的方法对不同公共交通方式竞争机制进行研究,将多种公共交通方式看作博弈的局中人,它们以各自的票价为决策变量,以各自运营收入为收益函数。

2. 模型中的收益函数

不同公共交通方式的客流量函数和运营收益函数在上一节内容中已经给出。因为假设不同公共交通方式在相同的路段上争夺客源。假设发车频率是已知量,则不同公共交通方式分担率函数为以票价 p 为变量的函数。将不同公共交通方式相关的向量独立出来,以便对各局中人策略进行更好的分析。令

$$Y^i = \exp\left[-\left(\theta_1\left(\lambda\left(t_{0i}+\frac{1}{f_{0i}}+\frac{l}{v_i}+\frac{l}{l_{0i}}\cdot s_i\right)\right)+\theta_2 p_i+\theta_3\varepsilon_i\right)\right] \tag{4-13}$$

则 Y^i 中所有常量和变量都是与其他局中人策略无关的,不受其他局中人策略变化的影响,将 Y^i 称为只与公共交通方式 i 有关的向量。并令 Y^{-i} 表示不包含第 i 种公共交通方式的向量。

$$Y^{-i} = \sum_{\substack{k\in N\\ K\neq i}}\exp\left[-\left(\theta_1\left(\lambda\left(t_{0k}+\frac{1}{f_{0k}}+\frac{l}{v_k}+\frac{l}{l_{0k}}\cdot s_k\right)\right)+\theta_2 p_k+\theta_3\varepsilon_k\right)\right] \tag{4-14}$$

则第 i 种公共交通方式的分担率可表示为:

$$x_i=\frac{Y^i}{Y^{-i}+Y^i} \tag{4-15}$$

令 Q 表示相同路段上公共交通方式的总客流量,并设其已知。而前面的假设中已经确定,不同公共交通方式在同起、讫点路段竞争,而乘客选择某种交通方式后,相应的线路是确定的,则其相应的客流量也随之确定,设 q_{-i} 表示除第 i 种公共交通方式以外的所有其他公共交通方式客流

量之和，则有 q_{-i} 与 q_i 之和等于在某一路段上公共交通方式的总客运量，即 $q_i+q_{-i}=Q$。

因此，由上一节中不同公共交通方式的收益函数的设定可知，在相同路段的竞争中，第 i 种公共交通方式的客流量 q_i 可表示为：

$$q_i=Q\cdot\frac{Y^i}{Y^{-i}+Y^i} \tag{4-16}$$

结合式(4-13)和式(4-16)，可得第 i 种公共交通方式的票价 p_i 为：

$$p_i=-\left(\frac{\theta_1}{\theta_2}\left(\lambda\left(t_{0i}+\frac{1}{f_i}+\frac{1}{v_i}+\frac{l}{l_{0i}}\cdot S_i\right)\right)+\frac{\theta_3}{\theta_2}\varepsilon_i\right)-\frac{1}{\theta_2}(\ln q_i+\ln Y^{-i}-\ln(Q-q_i)) \tag{4-17}$$

其中 Y^{-i} 是关于其他公共交通方式决策量 p_{-i} 的函数，得到第 i 种公共交通方式的收益函数为：

$$R_i=q_i\left(-\left(\frac{\theta_1}{\theta_2}\left(\lambda\left(t_{0i}+\frac{1}{f_{0i}}+\frac{1}{v_{0i}}+\frac{l}{l_{0i}}\cdot S_i\right)\right)+\frac{\theta_3}{\theta_2}\varepsilon_i\right)-\frac{1}{\theta_2}(\ln q_i+\ln Y^{-i}-\ln q_{-i})\right) \tag{4-18}$$

二、博弈模型的建立

在不同公共交通方式的竞争博弈中，不同运营方的目标即为自身收益最大化。但公共交通的决策变量——票价又受到政府的管制，只能在政府限定的价格上下限进行浮动。用非线性规划模型表示为：

$$\begin{aligned}&\max\quad R_i(p_i,p_{-i})\\&\text{s.t.}\qquad p_i^{\min}\leqslant p_i\leqslant p_i^{\max},\ \forall\, i\in N\end{aligned} \tag{4-19}$$

其中 p_i 表示第 i 种公共交通方式的票价策略，p_{-i}表示除第 i 种公共交通方式以外的其他公共交通方式的票价策略。

在上述博弈中，当存在一种票价策略 p^*，使得不同公共交通方式中任意一方改变策略都不能改变收益函数时，则该点即为博弈模型的均衡点，该点所表示的策略即为均衡解的策略。此博弈均衡解可表述为：

$$R_i(p_i^*,p_{-i}^*)\geqslant R_i(p_i,p_{-i}^*) \tag{4-20}$$

三、博弈模型的简化

假设在市场完全竞争的条件下，主要研究两种公共交通方式之间的定价博弈，建立相应的博弈模型，并求得两者定价策略的均衡解。

博弈模型中的收益函数可简化为二项 Logit 概率选择模型(BLM),那么在模型中一共只有两个选择枝可供选择。假设选择公共交通出行的乘客为特定人群,那么设这一特定客流量为 Q,而乘客根据这两种不同交通方式提供的服务进行出行方式的选择。则乘客选择这两种公共交通方式出行的概率 x_1、x_2 分别表示为:

$$\begin{cases} x_1=\dfrac{\exp[-(\theta_1\cdot\lambda\cdot(t_{11}+t_{21})+\theta_2\cdot p_1+\theta_3\cdot\varepsilon_1)]}{\exp[-(\theta_1\cdot\lambda\cdot(t_{11}+t_{21})+\theta_2\cdot p_1+\theta_3\cdot\varepsilon_1)]+\exp[-(\theta_1\cdot\lambda\cdot(t_{12}+t_{22})+\theta_2\cdot p_2+\theta_3\cdot\varepsilon_2)]} \\ x_2=\dfrac{\exp[-(\theta_1\cdot\lambda\cdot(t_{12}+t_{22})+\theta_2\cdot p_2+\theta_3\cdot\varepsilon_2)]}{\exp[-(\theta_1\cdot\lambda\cdot(t_{11}+t_{21})+\theta_2\cdot p_1+\theta_3\cdot\varepsilon_1)]+\exp[-(\theta_1\cdot\lambda\cdot(t_{12}+t_{22})+\theta_2\cdot p_2+\theta_3\cdot\varepsilon_2)]} \end{cases} \tag{4-21}$$

在博弈模型中,令:

$$Y^1=\exp\left[-\left(\theta_1\left(\lambda\left(t_{01}+\frac{1}{f_1}+\frac{1}{v_1}+\frac{l}{l_{01}}\cdot s_1\right)\right)+\theta_2 p_1+\theta_3\varepsilon_1\right)\right] \tag{4-22}$$

则:

$$Y^{-1}=Y^2=\exp\left[-\left(\theta_1\left(\lambda\left(t_{02}+\frac{1}{f_2}+\frac{1}{v_2}+\frac{l}{l_{02}}\cdot s_2\right)\right)+\theta_2 p_2+\theta_3\varepsilon_2\right)\right] \tag{4-23}$$

则两种公共交通方式的分担率可分别表示为:

$$x_1=\frac{Y^1}{Y^{-1}+Y^1},x_2=\frac{Y^{-1}}{Y^{-1}+Y^1} \tag{4-24}$$

由于假设在某条线路上选择公共交通出行方式的总客流量 Q 是已知的,而这条线路上只有两种公共交通方式可供选择,则两者的客流量为:

$$\begin{aligned} q_1&=Q\cdot x_1 \\ q_{-1}&=q_2=Q\cdot x_2 \end{aligned} \tag{4-25}$$

结合式(4-22)、(4-24)、(4-25),可得这两种公共交通方式的票价 p_1,p_2 分别为:

$$\begin{aligned} p_1&=-\left(\frac{\theta_1}{\theta_2}\left(\lambda\left(t_{01}+\frac{1}{f_1}+\frac{1}{v_1}+\frac{l}{l_{01}}\cdot s_1\right)\right)+\frac{\theta_3}{\theta_2}\varepsilon_1\right)-\frac{1}{\theta_2}(\ln q_1+\ln Y^2-\ln q_2) \\ p_2&=-\left(\frac{\theta_1}{\theta_2}\left(\lambda\left(t_{02}+\frac{1}{f_2}+\frac{1}{v_2}+\frac{l}{l_{02}}\cdot s_2\right)\right)+\frac{\theta_3}{\theta_2}\varepsilon_2\right)-\frac{1}{\theta_2}(\ln q_2+\ln Y^1-\ln q_1) \end{aligned} \tag{4-26}$$

那么,这两种公共交通方式收益函数可表示为:

$$R_1=q_1\cdot\left(-\left(\frac{\theta_1}{\theta_2}\left(\lambda\left(t_{01}+\frac{1}{f_1}+\frac{1}{v_1}+\frac{l}{l_{01}}\cdot s_1\right)\right)+\frac{\theta_3}{\theta_2}\varepsilon_1\right)-\frac{1}{\theta_2}(\ln q_1+\ln Y^2-\ln q_2)\right)$$

$$R_2=q_2\cdot\left(-\left(\frac{\theta_1}{\theta_2}\left(\lambda\left(t_{02}+\frac{1}{f_2}+\frac{1}{v_2}+\frac{l}{l_{02}}\cdot s_2\right)\right)+\frac{\theta_3}{\theta_2}\varepsilon_2\right)-\frac{1}{\theta_2}(\ln q_2+\ln Y^1-\ln q_1)\right) \tag{4-27}$$

则这两种公共交通方式的定价策略的均衡状态可表示为：

$$R_1(p_1^*,p_2^*)\geqslant R_1(p_1,p_2^*)$$

$$R_2(p_1^*,p_2^*)\geqslant R_2(p_1^*,p_2) \tag{4-28}$$

四、模型的求解

博弈模型的求解比较复杂，在本章的定价博弈问题中，可以利用剔除严格劣战略的方法来得到不同公共交通方式间竞争的定价博弈模型均衡解。严格劣战略(strictly dominated strategies)是指：无论其他博弈参与者采取什么战略，某一参与人可能采取对自己相对不利的战略。

根据这种求解博弈均衡的方法设计解法：首先找出某一博弈参与人的严格劣战略，将它剔除掉，重新构造一个不包括已剔除战略的新的博弈；然后继续剔除这个新的博弈中某一参与人的严格劣战略；重复进行这一过程，直到剩下唯一的参与人战略组合为止。这个唯一剩下的参与人战略组合，就是这个博弈的均衡解，称为“重复剔除的占优战略均衡”。具体求解步骤如下：

(1)首先，设置参数初始值，并使票价 $p_{\min}\leqslant p\leqslant p_{\max}$ 以 0.1 为步长变化，表示在各种票价策略下不同公共交通方式的收益函数 $R_1(i,j)$，$R_2(i,j)$。其中，$R_1(i,j)$表示在局中人 1 的票价为 i 且局中人 2 的票价为 j 的情况下局中人 1 的收益，同理，$R_2(i,j)$表示在局中人 1 的票价为 i 且局中人 2 的票价为 j 的情况下局中人 2 的收益。

(2)比较各种票价策略组合下的收益情况，对局中人 1，记录第 i 行与第 $i+1$ 行中的各列元素 $R_1(i,j)$较大的个数。将较大元素少的一行剔除，重新组成 $n-1$ 个策略向量 $p_1=(p_{1,1},p_{1,2},\cdots,p_{1,n-1})$。

(3)重复进行步骤(2)，直至剩下一个策略行，记录此时的票价策略值，即为局中人 1 的票价博弈均衡。

(4)对局中人 2，记录第 i 列与第 $i+1$ 列中的各行元素 $R_1(i,j)$较大的个数。将较大元素少的一列剔除，重新组成 $n-1$ 个策略向量 $p_2=$

$(p_{2,1}, p_{2,2}, \cdots, p_{2,n-1})$。

(5)重复进行步骤(2),直至剩下一个策略列,记录此时的票价策略值,即为局中人 2 的票价博弈均衡。

(6)可得公共交通方式的均衡票价策略 p_1^*,p_2^*。

第四节 实 例 分 析

一、深圳市公共交通现状

随着深圳城市化水平不断提高,市政府加大了城市交通建设力度,大力发展公共交通,相继建成了一批骨干工程,改善了城市交通条件,初步形成了多层次、多方式的城市交通体系。日益完善的公共交通系统为市民的出行提供了极大的便利,有效地吸引市民选择公共交通出行,公共交通客运量逐年上升。

由于深圳经济的持续快速发展,市民的收入水平不断提高,许多市民购置私家车作为出行的代步工具,增大了个体交通工具的出行量,从而减少了公共交通出行量,在一定程度上降低了深圳公共交通分担率。在 2006 年机动化出行方式中,公共(电)汽车及地铁这两种方式约占了 42.8%,比 2005 年下降了 1.5 个百分点。但随着深圳城市道路和轨道交通网络的日益完善,市民的公共交通出行将更为便利,便捷、优质的公共交通服务将吸引更多的市民选择公共交通出行,促使公共交通分担率大幅上升。

近年来,深圳公共交通客运量每年都保持了高速增长,目前深圳公共交通客运量日均 241 万人次左右。在深圳公共交通运输体系中,公交大巴运输方式占有主导地位(目前在 60%以上);中小巴作为大巴的有力补充现仅服务于宝安和龙岗两区,其运量有所下降。2006 年深圳地铁客运总人数为 8 989.76 万人次,比 2005 年增长了 55.92%,表现出很强的竞争优势,大大地缓解了特区内公交大巴的压力,随着今后几年更多路线的开通,轨道交通方式将成为深圳市交通骨干。具体公共交通客运量的变化情况如图 4-8 所示。

按照客运量大小,可将大容量的城市公共交通方式分为三大类:常规公共交通、BRT 和轨道交通。由于 BRT 交通方式在我国刚刚起步,目前

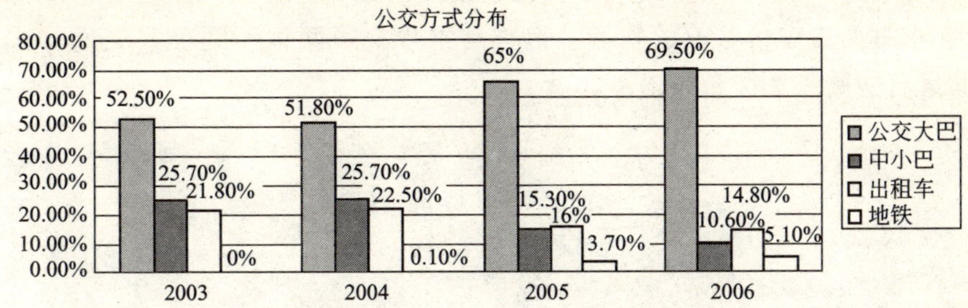

图 4-8　深圳市 2003—2006 公共交通方式分布

注:地铁在 2004 年 12 月 28 日开通,2005 年公交大巴中含城镇郊线公交大巴。

在深圳还没有得到发展。在深圳城市公共交通方式中,常规公共交通与轨道交通争夺客源的竞争是相当激烈的。本章主要分析常规公共交通与轨道交通在重合线路的运营中,公共交通票价的变化对运营方收益的影响。

二、深圳地铁与巴士的定价博弈

1. 地铁与巴士的博弈分析

由于两种公共交通方式的票价相对双方而言都是完全可见的,而运营者不能随意的频繁改变票价,所以可以将某一段时间内两者的定价行为看成一个双寡头的完全信息静态博弈。局中人为常规公共交通方式和轨道公共交通方式,以票价作为其决策变量,其运营所得收益即为博弈中的支付函数。当轨道公共交通或常规公共交通任一方改变票价时,会使自身以及对方的客运分担率发生改变,从而影响自身和对方的收益。

双寡头垄断(Duopoly)是指在一个只有两家厂商向消费者提供同一类产品的市场中,就买方而言,市场是竞争的,且每一单个消费者对市场影响较小;对卖方来说,两寡头垄断竞争的本质构成了只有两个局中人的博弈,两者都是理性的决策者,他们的决策行为既影响自身,又影响对方。可将轨道公共交通和常规公共交通看作两个寡头,他们在相同的运营线路上,同时向消费者即乘客提供公共交通服务,构成了竞争市场。

2. 定价博弈模型的均衡解

以深圳市地铁一号线和深圳巴士集团的 204 路公共汽车运行情况为例，求解两者定价策略的均衡。地铁与常规交通两种不同公共交通方式的运行线路如图 4-9 和图 4-10 所示。

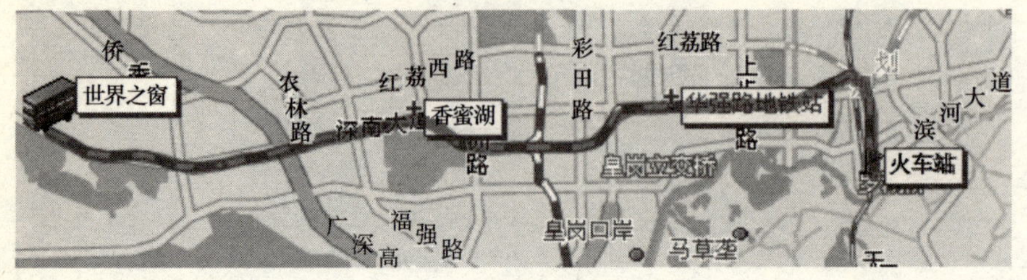

图 4-9　地铁 1 号线从世界之窗—火车站运行线路

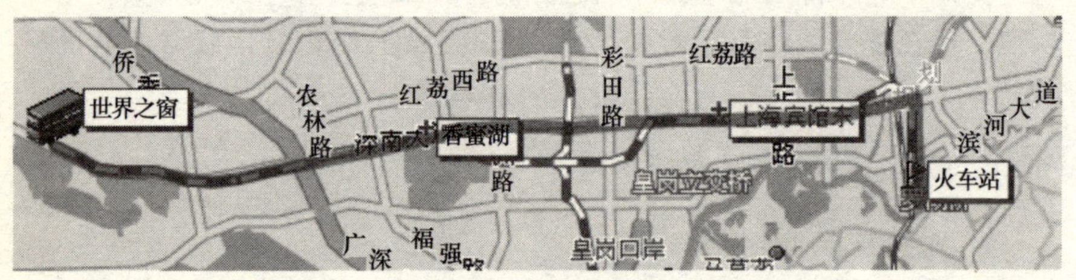

图 4-10　204 路公共汽车从世界之窗—火车站运行线路

在两种不同公共交通方式的运行过程中，令“世界之窗—华强路（上海宾馆）”路段为 l。地铁 1 号线和 204 路公共汽车运行总距离超过 28.1 km，按照相关规定，都实行分段收费制。我们以路段 l 为研究对象，建立深圳市地铁 1 号线与 204 公共汽车的定价博弈模型，并求出相应的均衡解。

获取相关数据见表 4-6。

表 4-6　地铁与公共汽车交通数据

交通方式	发车频率 f(辆/h)	运行距离 l(km)	运行时间 t(min)
地铁一号线	10	11	19.2
204 路	15	11.5	23

根据上一节内容中简化的博弈模型，轨道交通与常规公共交通定价

策略的均衡状态表示为：

$$R_1(p_1^*, p_2^*) \geqslant R_1(p_1, p_2^*)$$

$$R_2(p_1^*, p_2^*) \geqslant R_2(p_1^*, p_2)$$

即在轨道交通与常规公共交通的定价博弈中，没有策略能比(p_1^*, p_2^*)使双方获得的收益更大，(p_1^*, p_2^*)为该博弈的纳什均衡解。

根据相关研究，给定参数 $\lambda=0.33$，并假定 $1\leqslant p_1\leqslant 6$，$1\leqslant p_2\leqslant 4$，计算出两种公共交通方式在路段 l 上的均衡票价如表 4-7 所示。

表 4-7　地铁与公共汽车均衡票价

交通方式	现行票价(元)	均衡票价(元)
地铁一号线	4	4.5
204 路	2	3.1

按照上表数据，地铁一号线和 204 路公共汽车从世界之窗至华强路(上海宾馆)站的均衡票价均高于现行票价，由于目前公共汽车票价均以 0.5 元为四舍五入的最基本单位，故以上计算出来的均衡票价若实际使用，将为地铁 4.5 元，204 路 3 元。从票价差价可以看出，当使用以上均衡票价时，204 路的运营收入将比以前增加 50%，这样的票价不但属于政府限制的范围内，市民可以接受，同时对运营公司提高服务品质提供了有力保障，应属于 204 路此路段的最优票价。对应于地铁情况亦是如此。

目前，为了充分体现公共交通的公益性，许多大城市实行公共交通降价，有些城市公共交通票价的降价幅度非常大。深圳自 2007 年 12 月 1 日开始对公交使用“深圳通”刷卡打折优惠，通过 IC 卡结算后政府将系统统计汇总后的优惠金额再返还给相关企业。另外，还实行了线路里程降价：以前分段收费线路是 8 km 以内 2 元，每超过 4 km 加价 1 元；现在是 13 km 以内均为 2 元，每超过 5 km 加价 1 元。为此，刷卡打折的部分政府给予企业财政补贴，但里程降价部分由企业自行消化。由于深圳的公交企业均属于股份制或民营企业，虽然降价前后均由政府定价，但降价前公交票价较高，企业盈利较好、公交服务质量较高。但降价后公交运营企业的盈利空间很小甚至出现亏损，直接导致部分亏损线路发车频率大大下降，很少有企业愿意新开线路，公交的便捷性和舒适性明显下降，乘客的时间成本和舒适度成本上升，影响到公交运营企业的服务质量甚至生存和发展。

因此，公共交通票价调整是一个涉及多方利益、需要仔细研究调价对各方影响的举措，调价实施前必须经过全面科学的调查并评估调价结果。

第五章　基于合作博弈的公共交通定价及优惠方法

第一节　公共交通企业合作定义与类型

一、公共交通企业合作

城市中的各种交通方式、各个公共交通企业（即城市公共交通运营企业）在发展过程中是相互依赖的，任意一种交通方式，对使用它的出行者来说，都是必要的。事实上，随着城市规模的扩大，居民出行距离的不断增加，出行线路的不断拓宽，乘客由起点到终点完成一次出行往往需要使用多种交通方式、换乘多条线路，即选择多个提供公共交通服务的企业。

系统论认为，一个系统只有在其组成要素达到相互协调时，才能达到系统整体最优，充分发挥整体效益。各个公共交通企业也只有在协作中充分发挥各自的优势，取长补短，实现优势互补、资源互补，才能形成对各种私人交通方式的强大竞争力，确定公共交通在城市综合交通体系中的核心地位，促进城市交通的可持续发展。

国内外城市公共交通系统中不仅有多种公共交通方式，而且在相同的交通方式中也有不同的企业经营不同的线路。以深圳市为例，分析城市公共交通系统现状。深圳市公共交通运营体制目前为线路专营，专营企业经营市政府授权专营的线路，并按授权书的要求提供服务，若达不到授权要求，则撤销该线路的专营权，对撤销专营权的线路和批准招标的新开线路实行公开招标。公共交通系统不同交通方式、经营企业数、经营线路数量统计情况见表 5-1。

由表 5-1 可知，目前的城市公共交通是一个综合性的大系统，由多个复杂的单个元素构成。在系统中，各个经营企业掌控着不同的公共交通方式和城市公共交通网络中不同的线路，这些企业如果只是单纯的竞争，往往会使整个系统处于一种低效率状态。只有通过合作，才能使得整个公共交通系统达到最优。

表 5-1　2001～2006 年深圳市公共交通系统状况

年份	公共大巴		中小巴		出租车经营企业数
	企业数	线路数	企业数	线路数	
2001	18	157	35	153	65
2002	20	161	35	153	72
2003	26	177	36	179	74
2004	31	207	36	171	74
2005	32	227	29	139	73
2006	36	262	29	125	73

二、公共交通合作类型

城市公共交通的合作主要包括两种情况：一是经营相同线路的公共交通企业合作，其中包括了同种公共交通方式企业间的合作（如巴士，通常由多个企业经营）、不同公共交通方式间的合作（如巴士与地铁的合作），由于这种合作是在经营相同线路的情况下，在合作的过程中需要达成有效的协议，从而使双方的票价制定策略实现双方共同利益的最大化；二是经营不同线路的公共交通企业合作，这种情况下的合作通常是以换乘优惠为载体的。随着城市规模的扩大，居民出行距离的不断增加，当乘客由起点到终点使用多种交通方式完成一次出行时，不同交通方式和不同线路之间的换乘成为居民出行中的重要一环。换乘也是整个城市交通系统优化的关键，换乘的不便将直接导致大量客流的流失，这必将使公共交通系统在客运竞争市场中处于不利地位。城市范围的扩大以及人们出行距离的增长更增加了对换乘的需求。

第二节　公共交通企业竞争合作策略的博弈

竞争和合作是公共交通企业在定价行为中所采取的两种不同的策略。在公共交通市场中，多个公共交通经营者之间是竞争的关系，它们可以采取相互竞争或相互合作这两种不同的策略，从而使得自身收益最大；然而在竞争双方采取不同的策略时，会产生不同的策略组合（竞争与竞争、竞争与合作、合作与竞争、合作与合作，从而使双方的收益发生变化。

囚徒困境是很有名的博弈论经典例子，它深刻揭示了个体理性和集体理性之间的矛盾。在“囚徒困境”所处的完全信息静态博弈情况下，两个囚徒均采用“坦白”(竞争)策略是纳什均衡。但是，当博弈重复进行时，“抵赖”(合作)就成为可能。无限重复囚徒困境的博弈分析已经证明：博弈的重复进行提供了参与人完全自愿地走向合作，达成自我强制的帕累托结局的可能性。

根据企业财务会计准则要求，永续经营是企业需要遵循的原则，因而可以认为企业的竞争可以“无限期进行下去”，从而达成重复博弈中寻求合作的境况。

对于完全开放的市场，由于各企业间的竞争异常激烈，因此不但是低利润的，而且企业的进进出出(即企业的诞生和消亡)非常平常。但是，对于公共交通企业来说，第一，其公益性的行业特性，要求满足大多数人的基本出行需求，大部分城市实行低票价政策，政府对票价实行管制，公共交通企业只能是非盈利或微利企业；第二，公共交通设施设备的投资非常巨大，虽然政府会因为低票价政策而给予企业一定的财政补贴，企业要想收回投资再生产，仍然需要相当长的时间；第三，由于是满足人们的最基本的生活需求，公共交通企业、公共交通设施设备及票价均需要具备相当的稳定性。因此，公共交通行业的这些特性，要求市场是不开放甚至是垄断的，市场中的企业为了自身更好地生存，也会寻求合作。因为，非合作的公共交通企业竞争只会造成恶性竞争、服务质量下降，最终导致市场混乱(市场失灵)。对于具有公益性和非排他性特质的公共交通企业来说，要达到共赢的最好方式就是合作。

虽然，当合作没有一个有约束性的协议时，可能会出现一方由于利益的驱使而选择背叛，因为此时单方选择背叛时，个人利益比双方合作的利益更大。但是，这种情况在公共交通行业中出现的机率比较小，尤其是在不同交通方式和不同线路之间的联乘、换乘中，公共交通企业为了吸引更多的乘客选择它们提供的换乘服务，实行换乘票价优惠政策。而基于公共交通企业合作的联乘换乘优惠必须以公共交通一卡通系统作为实现平台，所有票务收入进入结算系统，而后再统一分配给各公共交通企业。所以公共交通市场中企业间合作是可以实现的，并且是稳定的。

一般地，公共交通企业策略应是完全信息状态下的，而且在短期的某一段时间内，双方策略处于相对的静态；就长期而言，双方的决策行为是动态的。因此，将公共交通企业的合作竞争分为完全信息静态博弈和完全信息动态博弈这两种情况，分别讨论其博弈过程和均衡状态。

一、竞争合作的完全信息静态博弈

从公共交通行业特点出发，分析公共交通企业与同行的合作竞争博弈及其均衡解。公共交通企业与同行的关系本质上是竞争性的，其竞争核心是争夺客源。本节主要分析公共交通企业之间完全信息静态博弈情况下合作竞争博弈模型及其均衡解。

静态博弈是指在博弈中参与人同时行动或虽非同时行动但后行动者并不知道先行动者采取了什么样的具体行动。完全信息是指每一个参与人对相关的其他参与者的特征、战略空间、支付函数有准确的知识。这里先假设一个基本模型，然后再列出该模型的完全信息静态博弈的扩展式，最后分析其均衡解。

1. 基本假设模型

(1)参与者集合

假设公共交通行业内的两家企业，定义为 $I=\{1, 2\}$，其中，$i=1$ 表示企业 1，$i=2$ 表示企业 2。企业 1 和企业 2 都是理性和自利的。企业 1 和企业 2 势均力敌，没有哪一家企业拥有绝对优势。

(2)策略集合

假设合作竞争战略下，企业的策略是选择合作性策略或选择竞争性策略。定义 $S=\{S_{ij}\}$，$i=\{1,2\}$，$j=\{1,2\}$，S 又称为策略空间。策略 $S_{i1}=$合作，$S_{i2}=$竞争，i 表示第几个参与者，j 表示第几个策略。例如：S_{21} 表示企业 2 选择合作的策略。

(3)收益函数

给定所有参与者的策略组合，每一个参与者得到的收益。策略组合就是每一个参与者的策略组成的向量。收益函数使得策略组合和收益之间建立一种函数关系，定义为 $U:\{S_{1j}, S_{2j}\}$，$j=1,2$ 表示第几个策略。

假设公共交通企业 1 的收益函数 $U_1\{S_{1j}, S_{2j}\}, i=\{1,2\}$为：

$U_1(S_{11}, S_{21})=U_1$(合作,合作)$=a$

$U_1(S_{11}, S_{22})=U_1$(合作,竞争)$=b$

$U_1(S_{12}, S_{21})=U_1$(竞争,合作)$=c$

$U_1(S_{12}, S_{22})=U_1$(竞争,竞争)$=d$

为便于分析,假设公共交通企业 2 的收益函数 $U_2(S_{2j}, S_{2j})$为

$U_2(S_{11}, S_{21})=U_2$(合作,合作)$=a$

$U_2(S_{11}, S_{22})=U_2$(合作,竞争)$=c$

$U_2(S_{12}, S_{21})=U_2$(竞争,合作)$=b$

$U_2(S_{12}, S_{22})=U_2$(竞争,竞争)$=d$

2. 完全信息静态博弈基本式

在公共交通行业中假设有两个参与者,他们向乘客提供相同的公共交通服务,在两者的决策中,它们的选择有两种:合作或竞争。根据实际情况,假设 $a=12, b=15, c=8, d=10$。则在不同策略情况下他们的收益矩阵见表 5-2。

表 5-2　两公共交通企业博弈模型

B / A	竞争	合作
竞争	(10,10)	(15,8)
合作	(8,15)	(12,12)

博弈矩阵亦可用博弈扩展式表示如图 5-1 所示。

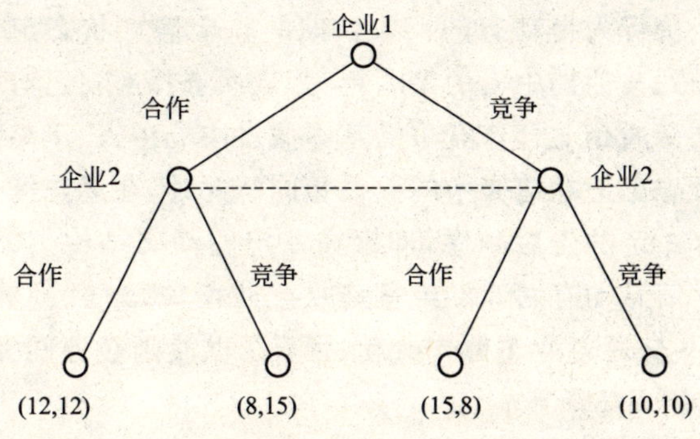

图 5-1　合作竞争完全信息静态博弈模型(扩展式)

说明：公共交通企业 2 所处的两个节点用虚线连接起来，这表明公共交通企业 2 在行动的时候，并不清楚公共交通企业 1 采取的策略是合作性的或是竞争性的，当然公共交通企业 1 亦如此。因而好比他们同时行动，公共交通企业 1 和公共交通企业 2 不存在串谋的可能。

3. 完全信息静态博弈纳什均衡

由图 5-1 可知，选择合作性策略明显的是博弈双方共同利益最优的策略，合作竞争完全信息静态博弈就存在严格优策略（合作，合作），则严格优策略就是合作竞争完全信息静态博弈唯一的均衡解。但由古诺模型的完全信息静态博弈纳什均衡可知，企业 1 和企业 2 的“合作性策略”均衡是不稳定的，基于自利偏好，每一个企业都具有欺骗对方的动机，以获取高于对方的收益，这在古诺模型的纳什均衡不稳定分析中已经得到了验证。

由于一方选择竞争性策略收益大于双方都选择合作性策略的收益，那么此时合作中某一方会产生背叛合作联盟的想法，则该博弈就不存在严格优策略，则企业 1 和企业 2 的最优反应策略都是选择竞争性策略为（竞争，合作）或（合作，竞争）。然而当合作双方都萌发背叛合作联盟的想法时，企业 1 和企业 2 的最优反应策略为（竞争，竞争），此时，合作联盟瓦解。

二、竞争合作的完全信息动态博弈

虽然在一段时间内，公共交通企业的定价行为是相对静态的，局中人选择自己的策略后一段时间内无法改变自己的策略，然而从长期来看，公共交通企业定价行为是动态的。在长期的完全信息状态定价行为中，局中人可以观测到其他局中人的策略行为，从而选择对自己有利的策略。

本节公共交通企业合作竞争的基本假设中局中人、策略集合、收益函数都与上一节静态信息博弈中的假设相同。此外，在动态博弈局势中，局中人的行为有一定的先后顺序，即存在一定的动态结构。公共交通企业合作竞争完全信息动态博弈的纯策略收益见表 5-2。

（1）若公共交通企业 1 首先行动，则有公共交通企业间完全信息动态博弈扩展式如图 5-2 所示。

在点 X_1 的均衡解是（合作，竞争）；在点 X_2 的均衡解是（竞争，竞

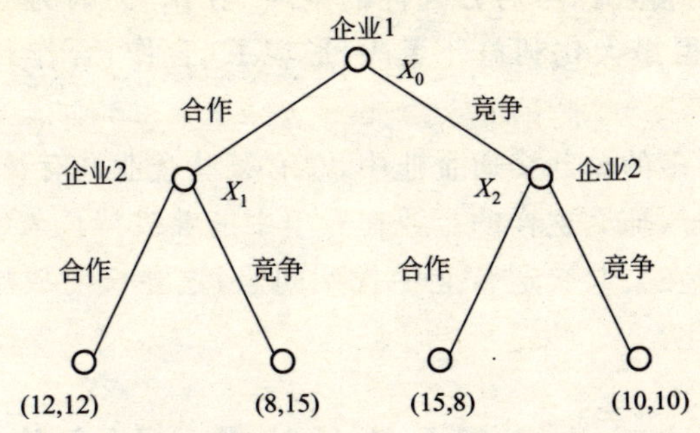

图 5-2　合作竞争完全信息动态博弈模型 1(扩展式)

争);在点 X_0 的均衡解,即子博弈完美纳什均衡是(竞争,竞争)。

(2)同样,若企业 2 首先行动,则有公共交通企业间完全信息动态博弈扩展式如图 5-3 所示。

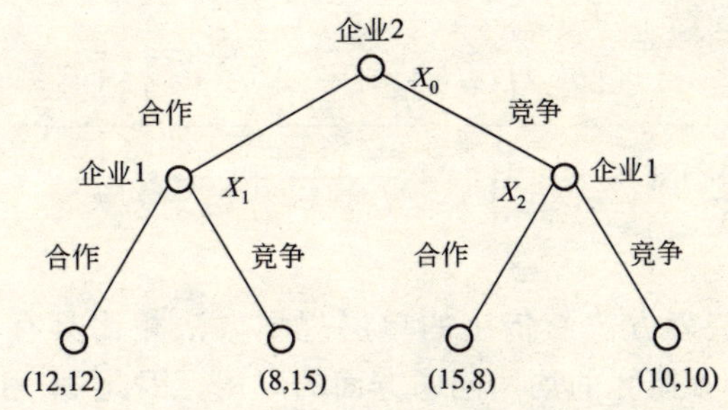

图 5-3　合作竞争完全信息动态博弈模型 2(扩展式)

在点 X_1 的均衡解是(合作,竞争);在点 X_2 的均衡解是(竞争,竞争);在点 X_0 的均衡解,即子博弈完美纳什均衡是(竞争,竞争)。

通过以上分析可知,在公共交通企业间的完全信息动态博弈中,均衡解并不是博弈的最优解(合作,合作)。然而如果先决定策略的一方选择“合作”,虽然另一方从自身利益最大化出发会选择“竞争”从而获得更大的收益,但由于大多数公共交通企业在市场中是长期固定存在的,一旦它们有一次在对方选择“合作”的情况下选择“竞争”,破坏了合作关系,那么同时它也失去了自身的信誉,最后的博弈均衡将陷入(竞争,竞争),结果是大家都得不到最大收益。所以理性的决策者从长期效益出发,经过再三权衡,他不会在明知对方选择“合作”策略的情况下选择“竞争”，而会选择与对方同样的策略“合作”。因为只有这样，才能使自身长期获得最大化利益。至此，形成了（合作，合作）策略组合的博弈解。

因此，在众多的公共交通企业中，总有某些企业具有长远战略目光并且有一定的信誉，那么这样的企业在竞争中能够维持长久（合作，合作）的稳固关系，从而在公共交通行业中找到同盟，建立长期战略伙伴，真正的实现利益最大化。

第三节　基于非换乘合作的公共交通定价博弈模型

一、总体利益最大化的定价模型

公共交通企业的收益函数，我们仍然采用在上一章建立的 MNL 概率选择模型，第 i 个公共交通企业的收益函数表示为：

$$R_i(p_i)=Q\cdot\frac{\exp\left[-\left(\theta_1\left(\lambda\left(t_{0i}+\frac{1}{f_i}+\frac{l}{v_i}+\frac{l}{l_{0i}}\cdot s_i\right)\right)+\theta_2 p_i+\theta_3\varepsilon_i\right)\right]}{\sum\limits_{k=1}^{n}\exp\left[-\left(\theta_1\left(\lambda\left(t_{0k}+\frac{1}{f_k}+\frac{l}{v_k}+\frac{l}{l_{0k}}\cdot s_k\right)\right)+\theta_2 p_k+\theta_3\varepsilon_k\right)\right]}\cdot p_i \tag{5-1}$$

由于双层规划方法与传统的单层规划方法相比具有不可比拟的优势，尤其是在多方博弈的均衡问题方面的应用。因此，采用双层规划模型来描述不同公共交通方式的博弈问题是最为适宜的。一方面从乘客的角度考虑，使网络上的乘客行为选择符合用户最优准则；另一方面从运营者的角度（也是从上层决策者的角度）考虑，使得总收益最大化，建立双层模型如下。

1. 上层——运营者定价模型

模型的上层函数以合作的经营企业共同收益最大化为目标。

一般而言，公共交通系统经营者总是希望获得最大的经济效益。由于上调票价可能会减少乘客需求量，从而经营者的总收入不一定会增加。因此需要考虑乘客选择的情况下，如何确定最佳的收费结构，使经营者获得最大的经济利益。由此得到公共交通系统经营者收费决策模型：

$$\max \sum_{i \in N} R_i(p_i, p_{-i})$$

$$s.t \quad p_i^{\min} \leqslant p_i \leqslant p_i^{\max}, \forall i \in N \tag{5-2}$$

其中，p_i 是经营者 i 的定价策略，而 p_{-i} 是除经营者 i 外所有定价者策略的集合；$p_i^{\min}$ 和 $p_i^{\max}$ 分别表示最低可行票价和政府最高限制票价。

2. 下层——随机用户均衡配流模型(SUE)

下层考虑乘客对公共交通企业策略反应的随机用户均衡配流模型(SUE)定义如下：

$$\min_{q \in Q} \sum_{w \in W} \sum_{l \in L_w} c_l^w (\ln c_l^w - 1) - \sum_{w \in W} g_w (\ln g_w - 1) +$$

$$\theta \sum_{s \in S} \left(t_s + \frac{1}{f_s}\right) q_s - \theta \sum_{w \in W} \int_0^{g_w} H_w^{-1}(y) \mathrm{d}y \tag{5-3}$$

其中，H_w^{-1} 是 OD 需求函数 H_w 的逆函数；Q 是满足流量守恒条件的可行路径流量集合；c_l^w 表示乘客对 OD 对 w 之间路径 l 上的流量；g_w 表示 OD 对 w 之间的出行量。

二、模型求解

下层模型可转化为一个拟变分不等式问题后进行求解，具体求解步骤前人已有详细的说明。得到下层模型的解后代入上层模型，求解在公共交通企业合作的情况下各局中人的定价策略均衡解，具体步骤如下：

(1)输入初始数据，用 R_i 表示第 i 个公共交通企业的收益，$R' = \sum_i R_i$ 表示所有公共交通企业的共同收益。

(2)输入公共交通企业的数量，设置 i 次循环，并在此基础上设定 j 次遍历，令 $R^* = R'$。

(3)在搜索中进行比较，若 $R^* \leqslant R'$，则重新设置 R^* 的值，并用变量 p_i 记录第 i 个公共交通企业的价格策略。

(4)直到所有循环完成，再无 $R' \geqslant R^*$，则输出最大收益 R^* 和合作博弈定价策略向量 p_i。

三、实例分析

以两家公共交通企业为例，研究它们在合作方式下的定价博弈。参照以上的博弈分析及模型，可知两者的目标为共同利益最大化。

假设在相同起讫点的城市公共交通中，有A、B两家企业经营，则这两家企业之间存在选择竞争或者合作的策略。以深圳市为例，世界之窗为出发点，华强北为目的地，有多条线路竞争，如由地铁公司负责运营的深圳地铁一号线、巴士集团负责运营的204路巴士，分别简称A，B。根据深圳市的实际情况，世界之窗——华强路（上海宾馆）路段客流量较大，以这一路段来分析两者的博弈定价策略。

根据深圳市实际情况，仍使用表4-6所示的初始数据。

如上一章所示，仍假设$\lambda=0.33$，$1\leqslant p_1\leqslant 6$，$1\leqslant p_2\leqslant 4$，将初始数据带入模型，可求得在共同利益最大化的情况下，两者的定价策略与上一章中竞争定价策略比较见表5-3。

表5-3 两公共交通企业定价策略

定价策略	地铁(A)	巴士(B)
竞争	4.5	3.1
合作	6	4

当A、B双方合作时，两方均采用最高定价，以达到总体利益的最大化；当A、B中有一方背叛它们之间的盟约时，则会采用最高定价以达到自身收益的最大化；当A、B双方都背叛它们的盟约，此时两者的定价策略可用上一章内容中的非合作定价博弈模型计算得出。

根据以上结果，可以知道两公司合作后，相当于垄断了这部分线路，在固定需求下，只要充分提高价格，就能获取更大利润。合作后的企业联盟为了获取最大的利润，一定会根据限价情况和自身的情况，制定出相应的最优定价策略，并且企业联盟中必有一家公司定价于价格上限。这是由于A、B合作后相当于垄断经营，可以任意抬高定价。并且，在公共交通行业中，乘客的需求是弱弹性的，很多乘客由于上下班、上下学距离过远，而经济实力又无法承担私家车，所以公共交通是这部分乘客的唯一出行方式。因此，在公共交通行业的定价中，政府还是应当给予相应的票价限制，避免不正当竞争对公共交通这种公益性出行方式造成恶性的影响。

在选择竞争或合作的策略下，地铁(A)与巴士(B)双方的收益见表5-4。

表5-4　两公共交通企业定价策略的收益

A＼B	竞争	合作
竞争	(94.5，70.2)	(120.1，58.3)
合作	(81.4，77.6)	(108.5，75.0)

通过上述分析可以看到，在政府设定定价上限时，企业联盟为了获取最大的利润将会制定最优定价。但是，考虑到各个公司逐利的特性，A、B两家公司都可能改变当初内定的盟约，而一旦这种盟约缺乏法律的认可和保护或者是政府明令禁止的对象，那么这种内部合作将以失败告终。尽管如此，公司合作也为政府提供了一种解决某家公司亏损问题的思路，比如，如果有一家公共交通企业亏损，那么政府可以干脆将这家公共交通企业合并到其他公共交通企业，使它们成为共同的利益实体，那么两家互相竞争的公司就转化为一家垄断公司，当然最终效果如何还要考虑诸如出行者利益、总体社会成本等诸多因素。

2007年9月以前，深圳市特区外公交运营企业较多，市场竞争较为激烈，部分线路采用各类票价竞争策略，导致从同一个起始站点到达同一个目的地，乘坐不同的公司线路可能会有票价上的差异，也给乘客带来了极大的不便；同时，特区外公交企业平时采用“低票价”竞争策略(主要针对进入特区的路段)，而节假日以“恢复票价”的名义借机涨价，导致了全市公交票价的混乱。

深圳市政府为了治理公共交通票价，避免公共交通市场的恶性竞争，2007年9月19日正式将关外龙岗、保安两区原来的37家公司合并为“深圳市东部公共汽车有限公司”(龙岗)和“深圳市西部公共交通有限公司”(宝安)，完成了市场竞争向区域专营的成功转型，公交票价也由以前的市场价格制度转变为同一票价制度。深圳市民在黄金周出行特区外时，也不必再遭遇黄金周公交涨价这一“顽疾”。

因此政府利用公共交通企业间的合作理论整合公共交通行业，有利于规范公共交通市场，避免不正当价格竞争给乘客的利益带来危害，对社会秩序造成混乱。

第四节 基于换乘合作的公共交通优惠定价博弈模型

“换乘”是指交通对象为完成一定出行目的在同种交通方式、不同交通方式或交通设施之间搭乘转换的全过程以及在该过程中所得到的由载运接驳设施(如衔接通道及线路、换乘站场等)提供的交通服务。公共交通换乘系统是整个公共交通系统中必不可少的一个子系统,它的建设是现代公共交通系统中实现各种城市公共交通方式协调运营的有力保证。公共交通换乘的根本目的是在城市的道路用地有限和城市公共交通运营复杂的情况下,处理好各种交通工具内部、各种交通工具之间、城市公共交通系统与城市对外交通系统、城市公共交通系统与道路管理系统之间的衔接关系。一个良好的城市公共交通换乘系统可以减少城市居民出行的时间,吸引更多的私人交通方式的客流;有助于促进城市交通体系中不同交通方式之间的合理衔接,协调各种交通方式之间的运能匹配,使各种交通方式之间的换乘与衔接高效、安全、舒适,以提高公共交通的服务水平和客流的吸引力,充分发挥城市交通体系的综合运行效益。

一、公共交通换乘合作的优惠定价

1. 公共交通换乘类型

从目前公共交通运营市场发展的状况来看,公共交通企业换乘合作包含了两个层面的合作:一是同种交通方式不同运营企业之间的合作,如常规公交运营企业之间的合作;二是不同交通方式不同运营企业之间的合作,如常规公交运营企业与轨道交通运营企业之间的合作,如图 5-4 所示。这两种不同的经营整合,决定了两种不同的联运模式:第一种是以单一运营企业为主导的联运模式。这一模式需要同一个运营企业提供多种交通方式的服务。通常,这种兼营多种交通方式的企业是通过合并重组而建立起来的。第二是多家运营企业联合的联运模式。这一模式包含多个运营企业,涉及范围较广,牵涉到多家运营企业的利益,所以比较复杂。联运服务的整合必须首先达成一种“共识”,并被每家运营企业接受,形成多方加盟的合作关系。需要依赖和借助于电子付费和电子化结算平台等手段来实现运营企业之间的利益分配。

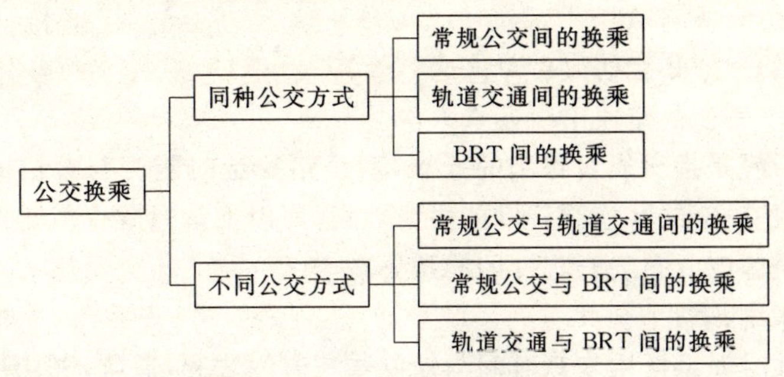

图5-4　公共交通合作换乘类型

2. 公共交通换乘优惠的重要性

由于公共交通资源的有限性，人们不可能总是能得到直达的公共交通服务，公共交通换乘是市民出行不可避免的现象。在换乘出行的情况下，乘客必须至少额外支付换乘后所乘公共交通的起步价，公共交通出行成本的增加促使一部分乘客向私家车转移，进而加大了城市交通的压力，使原本超负荷运转的城市交通雪上加霜，所以，制定出合理的公共交通换乘优惠方案，以引导市民合理的公共交通出行，进而缓解城市交通压力，具有重要的现实意义，具体表现为：①有利于降低换乘乘客的出行成本；②有利于优化公共交通票价结构；③有利于建立紧密高效的公共交通网络体系；④有利于减少私人交通出行；⑤有利于提升城市交通运行效率。

因此，实施公共交通换乘优惠方案对增强选择公共交通出行的吸引力，减少交通拥堵对城市交通造成的压力具有重要的意义。

二、公共交通换乘优惠的特性指标

反映城市公共交通换乘特性的指标主要包括：换乘系数、换乘时间和换乘距离。换乘系数是反映乘客换乘程度的指标，换乘时间和换乘距离直接反映了线网布局、站点设置的合理程度，是反映乘客换乘方便程度的指标。

1. 换乘系数

换乘系数可以反映乘客公共交通出行的直达程度，其值为乘车出行人次与换乘人次之和除以乘车出行人次。计算公式如下：

$$r=(G_{总}+G_{换乘})/G_{总} \tag{5-4}$$

式中 r——换乘系数；

$G_{总}$——公共交通出行总人次；

$G_{换乘}$——公共交通出行换乘人次。

由于线路是组成线路网的元素，而线路的走向能否与客流的主流向相一致，是决定乘客换乘程度的主要因素，所以换乘系数也就是线路网结构状态与客流分布吻合程度的间接体现。

2. 换乘时间

换乘时间是换乘步行时间与换乘候车时间之和，通常，平均换乘步行时间根据步行距离按 60 m/min 换算。乘客换乘时所用的时间，除了同站换乘只有候车时间外，其他方式换乘的时间还包括步行时间，换乘时间也有线路网平面换乘时间特性和线路网立体换乘时间特性之分。

乘客的换乘时间特性一般是由平均换乘时间表示，这是组成市民采用公共交通方式出行所用出行时间中车外时间的主要部分之一，其值为乘客换乘步行时间和换乘候车时间之和除以公共交通出行换乘人次，以分/人次计算。

$$T=(\sum T_{步行}+\sum T_{候车})/G_{换乘} \tag{5-5}$$

式中 T——平均换乘时间；

$T_{步行}$——乘客换乘步行时间；

$T_{候车}$——乘客换乘候车时间；

$G_{换乘}$——公共交通出行换乘人次。

3. 换乘距离

换乘距离和换乘时间一样，都是衡量乘客换乘方便程度的指标。乘客换乘距离越短，换乘就越方便，反之换乘就越不便利。换乘距离特性通常用乘客换乘路线中步行的距离来表示。在实际调查中，乘客换乘距离是在线路网换乘距离分布的基础上，将各换乘点乘上换乘客流权重，然后再平均得到。

三、公共交通换乘优惠定价博弈模型

本节利用 Stackelberg 博弈模型研究公共交通换乘的票价优惠幅度。Stackelberg 博弈将公共交通系统的决策者和乘客看成博弈中的两个参与者。其中决策者先行动，乘客会根据决策者的策略作出自己的最优选择，并且决策者在决策前知道考虑乘客对决策的反应。该方法的具体思路是：假定公共交通网络的决策者选择每条线路的票价优惠幅度作为决策变量，以便设计出合理的公共交通收费系统来平衡不同线路上的乘客流量，从而减少乘客总的出行成本和乘客因拥挤而产生的延迟，提高每条线路的利用率；同时假定乘客可以选择起迄点间的不同路径来到达其目的地。

最后，这个博弈问题被描述成一个两级数学规划问题。上一级是公共交通决策者的最优决策问题，下一级是乘客的决策问题。由于上一级决策者感兴趣的是对线路上乘客流量的估计，因此，公共交通系统的随机用户平衡分配模型可以作为下层模型。一个基于惩罚函数的算法用于求解这一两级规划问题。

1. 模型约束条件

由于实行公共交通换乘优惠必然会引起公共交通换乘需求量的增加，一般而言，换乘优惠幅度越大，公共交通换乘需求量越大，当换乘优惠幅度达到 100％时(即换乘免费)，公共交通换乘需求量达到最大，此时乘客享受的效益最大。但是，由于公共交通客流的不断增大，势必增加公共交通车辆的投放量，进而对城市交通造成巨大的压力。同时，公共交通换乘优惠政策还会加大政府的财政负担(换乘优惠必须有政府的财政补贴才能得以实施)。因此，公共交通换乘优惠幅度必须考虑到道路的通行能力和财政补贴的承受能力，在平衡政府、公共交通企业和乘客三者利益的基础上确定合理的换乘优惠幅度。

(1)路段通行能力

根据道路使用状态，可以将路段通行能力分为基本通行能力和可能通行能力。路段的基本通行能力是指在理想的道路与交通条件下的通行能力，亦称理论通行能力；可能通行能力是在实际道路和交通条件下的通行能力，是道路的实际最大容量。在实际中，完全理想的交通状态是不存在也不现实的，道路状况、道路沿途条件等因素都会直接影响其通行能力，此处讨论的路段通行能力是指路段的可能通行能力。其计算公式为：

$$C=C_B\gamma_1\gamma_2\gamma_3\gamma_4\gamma_5 \tag{5-6}$$

式中，$\gamma_1 \sim \gamma_5$ 分别为车道宽度折减系数、侧向净空折减系数、纵坡折减系数、视距不足折减系数和沿途条件折减系数，C_B 为基本通行能力。

$$C_B = \max\left(\frac{1\ 000V}{\frac{V}{3.6}t + \frac{V^2}{2.54\varphi} + L_s + L_l}\right) \tag{5-7}$$

式中，V 为行车速度，km/h；t 为驾驶员反应时间，s；φ 为轮胎与路面间的附着系数；L_s 为车辆间的最小安全停车间隙，m；L_l 为车辆平均长度，m。

(2)政府财政补贴

城市公共交通行业在完全市场化经营的情况下，其价格优势无法发挥，为了享受更好的出行服务，各类出行群体中的理性人在选择出行方式时均会选择个体交通出行方式，其结果是道路上的交通流量过大而造成严重的交通堵塞，造成整个运输系统的效率低下。因此，政府必须加大对公共交通事业的扶持力度，在财政与政策上予以大力支持，优先发展城市公共交通交通，实行“公共交通优先”发展战略，是缓解城市交通拥堵问题的有效方法。实行公共交通换乘优惠就是“公共交通优先”战略的重要举措，目的在于充分发挥公共交通网络优势，充分发挥各种公共交通资源效用，为乘客提供便利的出行服务。

由于企业缺乏实行换乘优惠政策的动力和能力，必须由政府的财政消化发生的公共交通换乘优惠，以保证换乘优惠政策的顺利实施。但是，任何一个政府的财力都是有限的，过高的优惠幅度会对政府财政造成巨大的压力，因此，需结合公共交通行业的现状，在充分考虑政府的财政支付能力的情况下，量体裁衣，制定出“政府能够承受，乘客能够接受”的合理的换乘优惠幅度。

政府财政补贴的大小取决于票价、现在的公共交通换乘量和由于实行换乘优惠政策新增的换乘量。其计算公式如下：

$$TC = \overline{Q} \times p \times P_2 + \widetilde{Q} \times p \times P_2 \tag{5-8}$$

式中　TC——政府财政补贴；

$\overline{Q}$——现状换乘量；

$\widetilde{Q}$——增加的换乘量；

P_2——换乘后下一段的平均费用，元。

其中由于换乘优惠政策导致换乘增加量($\widetilde{Q}$)是由乘客对换乘优惠幅度的弹性、换乘公共交通线路的票价水平等因素决定的，可由以下计算公式得到：

$$\widetilde{Q}(p)=\gamma\times p\times Q \tag{5-9}$$

式中 Q——现状公共交通客运量，亿人次/年；

p——优惠幅度，%，换乘下一条线路票价的百分比；

γ——弹性系数。

2. 双层规划模型建立

双层规划是双层决策系统优化的数学模型，它是一种具有二层递阶结构的系统优化问题，上层决策者和下层决策者都有各自的目标函数和约束条件，上层先给定一个决策变量，下层各子系统以这个决策变量为参量，根据自己目标函数和约束条件，在可能的范围内求得一个最优值，并将自己的最佳反应反馈给上层，上层再在下层的最佳反应的基础上，在可能的范围内求得整体上的最优解。

(1)模型指标

①公共交通网络的广义费用

一个完整的公共交通网络系统是由不同的公共交通线路及线路上的站点构成的。定义线路上任何两个站点之间的一段称为路段，乘客从起点到迄点可能需要一次或多次换乘不同的线路才能完成。

由于公共交通网络包含有站点的信息，路段广义费用的定义与普通路段广义费用定义有一定的区别。这里定义任意路段 a 的广义费用是乘客步行时间、等车时间、上(下)车时间和车内行驶时间和票价线性组合，其表示式为：

$$t_a(x_a)=\lambda(t_1+t_2+t_3+t_4)+P \tag{5-10}$$

式中 t_1——乘客步行时间；

t_2——等车时间；

t_3——上(下)车时间；

t_4——车内行驶时间；

λ——乘客时间价值转化系数；

P——票价函数。

其中车内行驶时间 t_4 表示乘客在某条路段上的站点间行车时间，其计算公式定义为：

$$t_4 = t_0\left[1+\alpha\left(\frac{x_a}{C_a}\right)^{\beta}\right] \tag{5-11}$$

式中 t_0——路段 a 的公共交通自由流行驶时间；

x_a——路段 a 上的公共交通断面流量；

C_a——路段 a 上能通过的最大公共交通流量；

α、β——参数。

公共交通票价表示方法有两种。一种是按照乘坐站点数量计费的票，简称计数票，也就是说这条线路上任意两个相邻站点之间都是相同的票价，这种情况一般比较简单，只需在路段广义费用上加上相应的票价值即可；另一种是距离票，也就是这条线路上规定了每两个站点之间的票价值，一般是不同的。比如从起始站点到某一站点以内为 3 元，超出该站点为 5 元。这时加到路段广义费用上的票价值需要根据前一站点而确定。为了表示方便，统一采用 p 表示公共交通路段的票价，在计算时，根据公共交通线路票价表示方法把不同形式的票价 p 添加到路段的广义费用公式中。

②换乘广义费用

当第 k 条公共交通线路在换乘 T 处需要换乘时，所需的广义费用这里定义为：

$$t_{Tk} = \lambda t_5 - u_k \tag{5-12}$$

式中 t_5——换乘需要花费的时间；

u_k——换乘优惠幅度。

③公共交通路径的广义费用

根据上面的定义可得到路径—线段关系如下：

如果路径 $k\in \hat{K}_{rs}$，则 OD 对 rs 之间 k 路径的广义费用为：

$$\hat{c}_k^{rs} = \sum_a t_a(x_a)\delta_{a,k}^{rs} \tag{5-13}$$

如果路径 $k\in \widetilde{K}_{rs}$，则 OD 对 rs 之间 k 路径的广义费用为：

$$\tilde{c}_k^{rs}=\sum_a t_a(x_a)\delta_{a,k}^{rs}+\sum_T \tilde{t}_{T,k}\delta_{T,k}^{rs} \tag{5-14}$$

式中 $\hat{K}_{rs}$——OD 对 rs 之间直接到达的路径集合；

$\tilde{K}_{rs}$——OD 对 rs 之间换乘到达的路径集合；

K_{rs}——OD 对 rs 之间所有的路径集合；

$$\delta_{a,k}^{rs}=\begin{cases}1,\text{路段 } a \text{ 在 OD 对 } rs \text{ 之间路径 } k \text{ 上}\\0,\text{其他}\end{cases}$$

$$\delta_{T,K}^{rs}=\begin{cases}1,\text{OD 对 } rs \text{ 之间路径 } k \text{ 上的流量在 } T \text{ 处换乘}\\0,\text{其他}\end{cases}$$

$\tilde{t}_{T,k}$——换乘点 T 处第 k 条公共交通线路的换乘广义费用。

(2)双层规划模型

上层规划模型：

实施换乘优惠政策对于降低公共交通票价水平，提高城市客运运行效率和引导城市健康发展具有重要的意义。换乘优惠幅度的确定是该政策的核心内容之一。这里引入网络经济效益 EB(Net Economic Benefit)作为实施换乘优惠的效果评估。

根据 Yang H. 和 Huang H. J. 对网络经济效益的定义，在弹性需求下网络经济效益的计算公式如下：

$$EB=UB-SC=\sum_{rs}\int_0^{q_{rs}} D_{rs}^{-1}(x)\mathrm{d}x-\sum_a t_a(x_a)x_a \tag{5-15}$$

式中 UB——用户盈余(Total User Benefit)；

SC——社会成本(Total Social Cost)；

$D_{rs}^{-1}(x)$——OD 对 rs 之间需求函数 $q_{rs}=D_{rs}(\bar{S}_{rs})$的反函数。

在考虑换乘优惠补贴后，总的社会成本是线段和换乘点上消耗成本的总和，这时社会成本 SC 计算公式为：

$$SC=\sum_a t_a(x_a)x_a+\sum_T\sum_k \tilde{t}_{T,k}\tilde{x}_{T,k} \tag{5-16}$$

因此，以网络经济效益为最大化的上层规划模型的目标函数为：

$$\begin{aligned}&\max F(x_a,\tilde{x}_T,q_{rs},u)=\max UB-SC\\&=\max\left[\sum_{rs}\int_0^{q_{rs}} D_{rs}^{-1}(x)\mathrm{d}x-\left(\sum_a t_a(x_a)x_a+\sum_T\sum_k \tilde{t}_{T,k}\tilde{x}_{T,k}\right)\right]\end{aligned} \tag{5-17}$$

同时还应满足公共交通线路的容量限制和换乘优惠幅度的非负性约束，

$$s.t.\quad x_a(u) \leqslant C_a ; u \geqslant 0$$

下层规划模型：

在实际出行行为中，由于用户的出行行为受到各种因素的影响，以及用户对路网状况、交通现状不可能完全了解，而且存在一些难以量化的因素，在现有的交通信息水平下仅凭个人经验是不可能掌握路网的全部信息，用户对出行费用的估计存在偏差，是一个随机变量，因此有必要采用随机变量来描述用户的行为。另外换乘优惠政策的实施会对乘客出行次数、出行计划和公共交通吸引力等因素产生不同程度的影响，起讫点之间的交通需求量是一个变化的量。因此这里采用基于弹性需求的随机用户平衡模型作为下层模型，具体形式如下：

$$\begin{aligned} & \min L(x_a, \tilde{x}_T, q_{rs}, u) \\ & = \frac{1}{\theta} \sum_{r,s} \sum_{k \in \hat{K}_{rs}} \hat{f}_k^{rs} (\ln \hat{f}_k^{rs} - 1) - \frac{1}{\theta} \sum_{k \in \hat{K}_{rs}} q_{rs} (\ln q_{rs} - 1) + \sum_a \int_0^{x_a} t_a(w) \mathrm{d}w + \\ & \frac{1}{\theta} \sum_{r,s} \sum_{k \in \hat{K}_{rs}} \tilde{f}_k^{rs} (\ln \tilde{f}_k^{rs} - 1) + \sum_T \sum_k \tilde{t}_{T,k} \tilde{x}_{T,k} - \sum_{r,s} \int_0^{q_{rs}} D_{rs}^{-1}(v) \mathrm{d}v \end{aligned} \tag{5-18}$$

$$s.t.\qquad q_{rs} = \sum_{k \in \hat{K}_{rs}} \hat{f}_k^{rs} + \sum_{k \in \tilde{K}_{rs}} \tilde{f}_k^{rs} \tag{5-19}$$

$$\hat{x}_a = \sum_{r,s} \sum_{k \in \hat{K}_{rs}} \hat{f}_k^{rs} \delta_{a,k}^{rs} \tag{5-20}$$

$$\tilde{x}_a = \sum_{r,s} \sum_{k \in \tilde{K}_{rs}} \tilde{f}_k^{rs} \delta_{a,k}^{rs} \tag{5-21}$$

$$\tilde{x}_{T,k} = \sum_{r,s} \tilde{f}_k^{rs} \delta_{T,k}^{rs} \tag{5-22}$$

$$x_a = \hat{x}_a + \tilde{x}_a \tag{5-23}$$

$$f_k^{rs} \geqslant 0, q_{rs} \geqslant 0, x_a \geqslant 0, x_T \geqslant 0 \qquad \forall r, s, a, T, k \in K_{rs} \tag{5-24}$$

式(5-19)表示起点 r 至讫点 s 的直达公共交通需求量和换乘公共交通换乘量之和等于总公共交通需求量，为需求约束；式(5-20)和式(5-21)

分别表示直达公共交通线路和换乘公共交通线路路段流量与路径流量之间的关系；式(5-22)换乘点公共交通客运量与通过该换乘点的公共交通线路流量之间的关系；式(5-23)公共交通路段流量等于通过该路段直达公共交通和换乘公共交通流量之和；式(5-24)流量非负性条件；$\delta_{a,k}^{rs}$，$\delta_{T,k}^{rs}$意义如上。

四、模型求解及算法

1. 模型求解思路

首先，设计一个基于步长加速法和惩罚函数法相结合的直接搜索法来求解双层规划模型。该算法把下层弹性需求下的随机用户平衡模型(SUE)视为上层模型的约束条件，下层模型在双层规划模型中的作用是传递变量值，这个算法的核心是求解上层模型。

将上层模型利用惩罚函数法化为无约束的极值问题，得到如下模型：

$$\min F(x_a,\tilde{x}_T,q_{rs},u)=\Big[\sum_a t_a(x_a)x_a+\sum_T\sum_k t_{T,k}x_{T,k}\Big]-\sum_{rs}\int_0^{q_{rs}} D_{rs}^{-1}(x)\mathrm{d}x + \sum_a \gamma\{\max[(x_a-C_a),0]\}^2 \tag{5-25}$$

其次，对给定的惩罚因子 $\gamma>0$，利用步长加速法求解上述模型。选定初始收费方案 $u^{(0)}$，先进行探测搜索：即在当前收费方案下，求解下层弹性需求下的 SUE 模型，将求解得到的路段流量和 OD 流量反馈到上层模型中，再按一定步长探求一组使目标函数下降的新的收费方案。若该方案不存在，则判断是否满足停止准则($\delta<\omega$，ω 为达到该精度要求的步长)，如果不满足，则减少步长重新探求；若存在该方案进行模式搜索，循着找到有利的下降方向，采用加速因子做步长加速搜索。对每一固定的惩罚因子，两种搜索重复进行，直至满足停止准则，得到该惩罚因子下的最优解。如果该最优解中存在路段流量超过其通行能力，则增大惩罚因子的值，重复以上过程，直至每条路段上的流量都不超过其通行能力时为止，此时的解就是双层规划模型的最优解。

2. 求解算法步骤

算法的具体步骤如下：

(1)给定初始惩罚因子 γ_i，置 $i=1$；

(2)选定初始收费方案 $u^{(0)}$，求解下层 SUE 问题，得到 $x^{(0)}$ 和 $q^{(0)}$，代入上层目标中计算 $F(u^{(0)},\gamma)$，选择初始步长 δ 和加速因子 σ，置 $j=1$，$k=0$，其中：$(j=1,2,\cdots,n)$

(3)探测搜索，置 $T_{01}=u^{(0)}+\beta\delta e_1$（$e_1$ 为第 j 个元素为 1，其余元素为 0 的单位向量），先置 $\beta=1$，求解下层 SUE 问题，计算上层目标 $F(T_{01},\gamma)$。若 $F(T_{01},\gamma)<F(u^{(0)},\gamma)$，则 β 值不变；否则就置 $\beta=-1$，如果这时仍旧 $F(T_{01},\gamma)>F(u^{(0)},\gamma)$，则 $T_{01}=u^{(0)}$，$j=j+1$，重复(3)，即

$$T_{01}=\begin{cases}u^{(0)}+\delta e_1 & Z(u^{(0)}+\delta e_1,\gamma)<Z(u^{(0)},\gamma)\\ u^{(0)}-\delta e_1 & Z(u^{(0)}-\delta e_1,\gamma)<Z(u^{(0)},\gamma)<Z(u^{(0)}+\delta e_1,\gamma)\\ u^{(0)} & Z(u^{(0)},\gamma)\leqslant\min[Z(u^{(0)}-\delta e_1,\gamma),Z(u^{(0)}+\delta e_1,\gamma]\end{cases}$$

同理：

$$T_{0j+1}=\begin{cases}T_{0j}+\delta e_1 & Z(u^{(0)}+\delta e_1,\gamma)<Z(u^{(0)},\gamma)\\ T_{0j}-\delta e_1 & Z(u^{(0)}-\delta e_1,\gamma)<Z(u^{(0)},\gamma)<Z(u^{(0)}+\delta e_1,\gamma)\\ T_{0j} & Z(u^{(0)},\gamma)\leqslant\min[Z(u^{(0)}-\delta e_1,\gamma),Z(u^{(0)}+\delta e_1,\gamma]\end{cases}$$

重复进行上面的计算，得出 T_{0n}。

(4)模式搜索，若 $Z(T_{kn},\gamma)<Z(u^{(k)},\gamma)$、$\delta>\omega$，则令 $u^{(k+1)}=u^{(k)}+\sigma(T_{kn}-u^{(k)})$，$k=k+1$，$j=1$，转(3)；若 $Z(T_{kn},\gamma)<Z(u^{(k)},\gamma)$、$\delta<\omega$，则转(4)，否则置：$\delta=0.5\delta$，$j=1$，$u=u^{(k)}$，转(1)；

(5)若 $x_a>B_a$，$\forall a$，加大惩罚因子，则 $\gamma_{i+1}=\lambda\gamma_i(\lambda>1)$，令 $i=i+1$，$u^{(0)}=u^{(k)}$ 转(2)，否则，输出的 $u^{(k)}$ 作为最优解，停止运算。

五、实例分析

1. 换乘需求弹性

通过分析知道，公共交通换乘优惠政策的实施会引起乘客出行发生如下变化：采用公共交通出行次数增加，其他出行方式转向公共交通出行和直达交通转向换乘出行。因此，采用问卷调查的方式在深圳市公共交通需求较大的区域进行调查，得到换乘优惠幅度与换乘量之间的关系，如图 5-5 和表 5-5 所示。

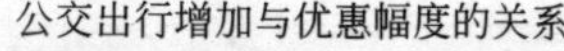

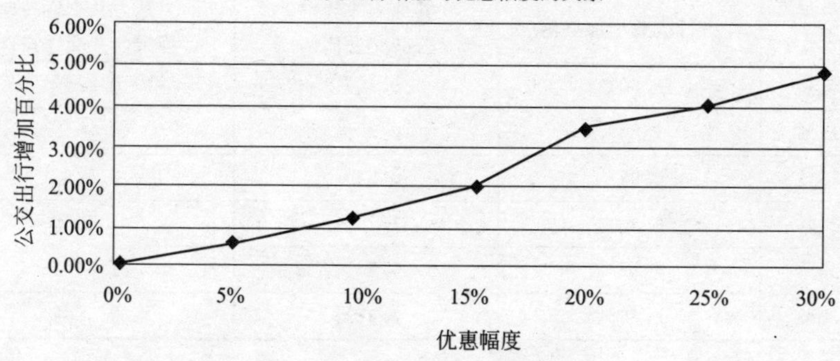

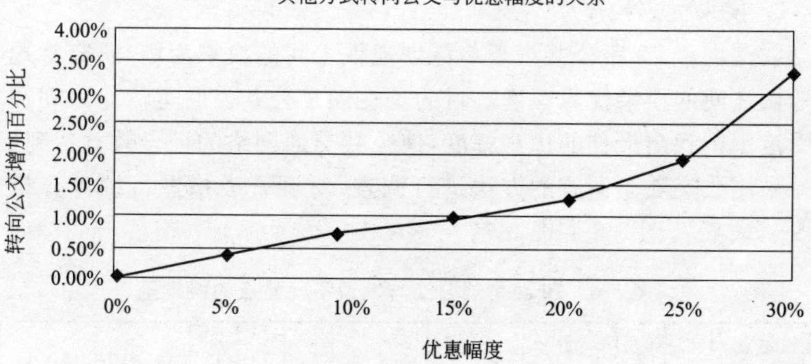

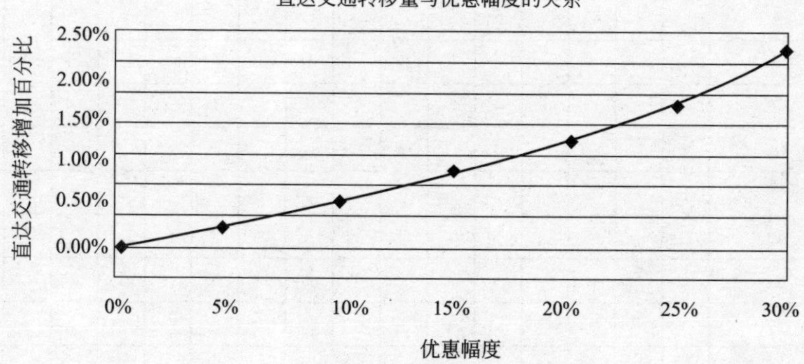

图 5-5　换乘优惠引起的各类因素变化关系

表 5-5　换乘需求的弹性分析结果

优惠幅度	弹性分析		
	出行次数增加比例	其他方式转向公共交通比例	直达公共交通转向换乘公共交通比例
5%	0.60%	0.30%	0.22%
10%	1.20%	0.75%	0.55%
15%	1.95%	0.94%	0.87%
20%	3.46%	1.29%	1.25%
25%	4.02%	1.84%	1.64%
30%	4.80%	3.36%	2.35%

2. 换乘优惠幅度

以深圳市 70 路公共汽车与深圳地铁之间的换乘为例，研究常规公交与地铁之间的换乘优惠幅度。目的是在满足公共交通运输能力和在补贴承受范围内找出最佳的优惠幅度，使公共交通网络的社会效益达到最大。

采用公交随车调查的方法进行调查，对调查表格进行统计分析得到表 5-6，表 5-7，图 5-6 和图 5-7。

表 5-6　70 路常规公交与地铁不同站点的换乘量

地铁站点 公交站点	1	2	3	5	6	7	8	9	11	12	13	14	15	16	17	18
1		1	2													
5									1							1
7	1			1							1				1	
8											1					
9	1									1			2		1	1
11											2					
14													1	2		
17														1		
18														1		
19							2				1				1	5
20										1	1					2

续上表

地铁站点 公交站点	1	2	3	5	6	7	8	9	11	12	13	14	15	16	17	18
21													1			4
22					1						2			1		
23													2	1		2
24									1	1	1		1	1	1	1
25		1						3		1			1	1	3	1
26											1	4				1
27													1	3		
28						1		1		1		1				
29					1							1	2	1		

表 5-7　70 路常规公交与地铁换乘指标

线路	换乘比例(%)	公交平均时间(min)	地铁平均时间(min)	地铁平均费用(元)
长线路	16%	32	21	4.2
短线路	20%	21	22	4.3

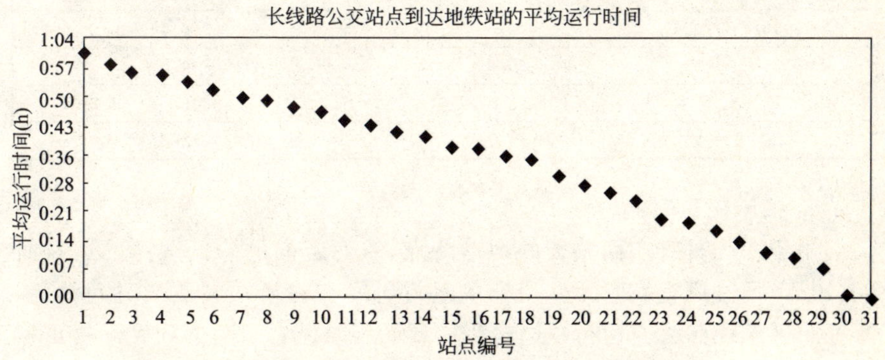

图 5-6　长公交线路到达世界之窗站的平均运行时间

计算结果见表 5-8，随着优惠幅度的增加，公共交通网路效益和公共交通换乘量增大，但换乘量相对于优惠幅度的变化呈弱弹性，与实际调查情况相同。这里考虑优惠幅度实施后，路段行驶时间为固定值，但如果优惠幅度超过 25%，由于换乘量增加，会使路段行驶时间迅速增加，网络效

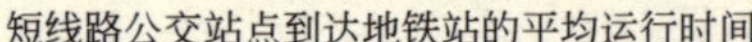

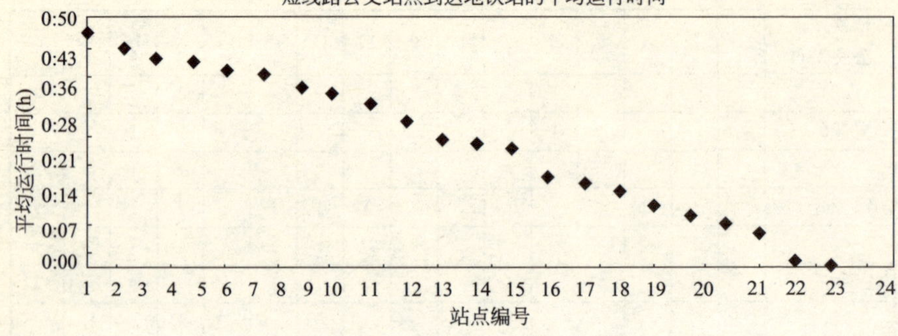

图 5-7　短公交线路到达世界之窗站的平均运行时间

益将会降低。同时，结合表 5-8 可知，当换乘优惠幅度达到 25%时，对于刺激出行方面来说已经接近平稳，而其它方式、直达公共交通转向量处于稳定状态的临界值。因此，确定深圳市公共交通换乘优惠额度应为 25%。

表 5-8　模型计算结果

优惠幅度(%)	增加换乘占总换乘比例(%)	目标函数值(元)
5	2.4	217.04
10	5.2	222.72
15	7.9	228.54
20	10.8	234.52
25	13.6	240.66
30	15.7	232.37

3. 换乘优惠时间

由于深圳具有东西狭长的地形特点，东西走向的跨区线路的运行时间较长。通过调查实际公共交通的运行时间和在换乘站点的时间消耗，某些跨区长线路公交运行单边全程需要两小时左右。考虑到实际的可操作性，采用乘坐第一辆车开始刷卡时间开始计时，在规定的时间内换乘第二辆车享受公共交通换乘优惠。同时，为了有效地避免同一张卡多人使用，规定同一张卡前后两次刷卡时间间隔不得低于 5 min。综上原因，确定换乘优惠时间范围为：5～120 min。

第六章　基于博弈的公共交通财政补贴方法

由于城市公共交通行业的准公共性、自然垄断性及公益性，政府必须对其定价行为进行管制，规定其价格范围，保证其低价性，并对其进行补贴。财政补贴与城市公共交通定价行为有着千丝万缕的联系，是整个定价系统中不可或缺的一部分，不能抛开财政补贴而单单只谈论定价。这就是为什么本书在讨论公共交通定价理论之后，又讨论财政补贴的原因。前面章节已经简要分析了运用博弈的方法分析公共交通财政补贴问题的合理性，本章主要运用博弈理论研究公共交通的财政补贴问题。

第一节　城市公共交通财政补贴的经济分析

一、公共交通的经济特性与市场失灵

公共交通行业提供的产品是通过提供各类公共交通工具满足人们出行需求过程中的各种服务。根据第二章对公共交通的特征分析可知，公共交通具有准公共物品的性质，在消费中具有一定的非竞争性和非排他性。同时公共交通作为准公共物品，也拥有公共物品在经济学上的一个共同特征，就是外部性。在微观经济学中，公共物品和外部性这两个经济特性是市场失灵的重要来源。

1. 准公共物品特性导致市场失灵

按照世界银行对公共物品的“公共”程度的分类标准，城市公共交通属于准公共物品。城市公共交通带有一定的非排他性——每个人都有权利享受公共交通服务，没有一种提供该服务又不使每个人都受益的办法；城市公共交通带有一定的非竞争性——在非特别拥挤的情况下，任何一个人对公共交通的享用并不禁止其他人的享用。

公共交通是这样一种商品，它能够以低价向一部分消费者提供，但是一旦该商品向一部分消费者提供，就很难阻止其他人也来消费它。例如，政府不能阻止任何一个人乘坐公共汽车，而公共交通是公益性事业，它的

社会福利性要求它必须是低价的。对于公共交通而言，免费搭便车者的存在使得市场很难或不可能有效地提供商品(公共交通服务)，或许如果服务涉及的人少，所需投入又相对不高，所有的社会成员会自愿同意分摊成本。然而，公共交通服务涉及到的人数多，资源的私人安排常常是无效率的，公共物品如要有效率的生产就必须由政府补助或者政府提供。由于搭便车行为，社会成员就没有动力来为这个公益性的事业买单，虽然这个事业对他们自身而言是很值得的。在这种情况下，市场不能供给多数消费者认为是有价值的商品，就出现了市场失灵。

2. 外部性导致市场失灵

如前所述，公共交通作为准公共物品(Public goods)是具有正外部性的特殊产品。公共交通为社会提供了相当大的经济效益和社会效益，其外部公益性主要表现在沿线居民出行条件的便利化、出行时间的缩短、出行距离的延长、沿线房地产的增值，城市交通污染的减少等。对于公共物品，通常人们只享受其外部性带来的效用就足够了，以至于没有人愿意为公共交通定价未到达成本而亏损的部分而付费。由于公共交通必须保持其社会福利性，公共交通经营者难以收取过高费用，会使得生产成本无法收回，造成市场供应不足。

在经济学中，当存在生产的正外部性时，在价格既定的情况下，生产者没有获得全部的社会效益，产量就会低于社会最优水平，使得潜在的生产能力没有充分发挥出来。因此，外部性的存在造成社会脱离最有效的生产状态，使市场经济机制不能很好地实现其优化资源配置的基本功能，导致市场失灵。

二、政府介入与帕累托效率(Pareto efficiency)

在市场经济条件下，市场在资源配置中起基础性作用，市场机制成为市场运行、变化与发展的自身调控系统。但由于公共交通的准公共物品性质和外部性，出现市场失灵，使市场经济机制不能很好地实现其优化资源配置的基本功能，致使公共交通无法充分实现公益性和社会福利性。在这种情况下，通过政府介入来矫正市场失灵、优化资源配置就显得非常必要。公共交通作为准公共物品具有社会福利性，现在世界各国也越来越重视公共交通的社会福利性，政府均采取低价、优惠、甚至免费等措施增加其外部效用。

根据福利经济学(welfare economics)最基本的“效率”问题，如果存在这样一种资源配置，无论作任何改变都不可能使一部分人境况变好而其他人的境况至少不变坏，则称之为“帕累托有效”(Pareto efficient)或“帕累托最优”(Pareto optimal)。然而，存在一种资源配置，使得一部分人境况得到改善而其他人的境况至少不变坏，则被称为“帕累托改善”(Pareto improvement)。在公共交通市场，政府的介入能够实现“帕累托改善”，从而实现公共交通的社会效益最大化。下面通过图例来分析，假设在社会成员中存在群体 A 和群体 B，他们在公共交通所享受到的福利水平及帕累托最优如图 6-1 所示。

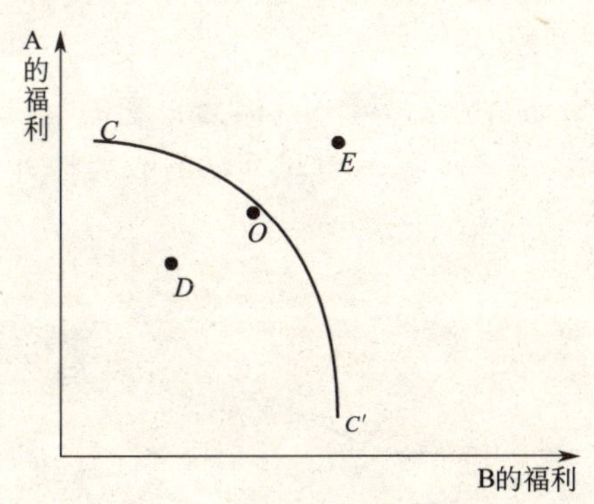

图 6-1　公共交通中福利边界与帕累托效率

图 6-1 中，横轴和纵轴分别代表 A 和 B 在公共交通中享受到的福利水平，由他们各自对公共交通服务的消费数量决定。而曲线 CC' 描述了将总量全部分配给 A 和 B 时双方福利水平的各种组合，称为福利边界。处于边界外的效率 E 是任何可能的资源配置方式都无法达到的，而处于边界内的效率 D 是由失灵的市场得到的公共交通资源配置。很明显，福利边界内的点 D 是低效率的，要提高效率必须通过政府的介入优化资源配置，同时提高群体 A 和群体 B 的福利水平，达到社会效益最大化，从而使得效率到达福利边界上的 O 点，实现公共交通资源配置的“帕累托改善”。

因此，公共交通必须借助政府的力量，发挥政府宏观调控的作用以实现“帕累托改善”，优化资源配置，进而使公共交通的社会效益达到最大化。

三、财政补贴公共交通的必要性

根据公共部门经济学，在市场经济条件下政府行为主要包括三种形式：①补贴与税收；②政府贷款；③管制企业。其中“补贴”是政府对公共交通这种带有正外部性的准公共物品最直观、最有效的行为。政府通过补贴降低公共交通普遍服务成本和经营成本，能够使公共交通提供更普遍更优质的服务，满足社会实际需求；财政补贴可以作为一种转移支付，改善低收入乘客的福利状况；政府通过补贴公共交通，可以提高公共交通出行吸引力，推动公共交通优先的发展，充分利用资源、降低城市污染，增大社会效益。

依照城市公共交通行业的具体情况，分析它的价格与供给、需求之间的关系如图 6-2 所示，进一步揭示财政补贴的必要性。

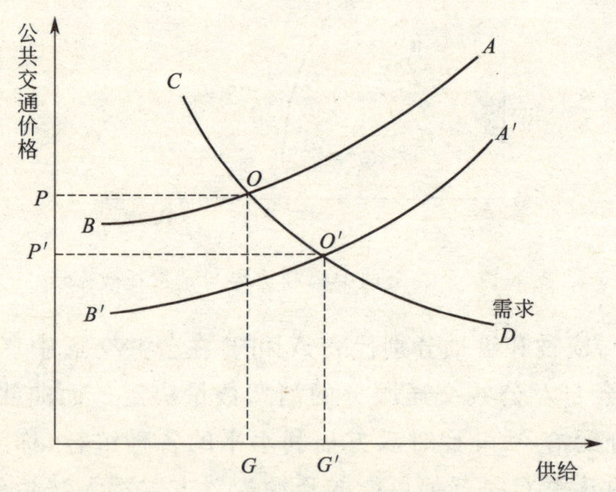

图 6-2　公共交通价格与需求、供给的关系

在图 6-2 中，AB 是表示在失灵的市场作用下公共交通的供给曲线，$A'B'$代表了政府介入并考虑公共交通社会收益后的社会供给曲线，CD 是社会总需求曲线。图中 O 点是在失灵的市场作用下公共交通供给与社会需求的均衡点，供给量为 G，价格为 P；O'点是公共交通的社会供给与社会需求的均衡点，供给量为 G'，价格为 P'。显然 $G<G'$，失

灵后的市场供给无法合理的配置资源，满足不了社会实际需求，从而无法实现公共交通的普遍服务。要使供给满足社会需求，即使供需平衡点移至 O'，想方设法降低公共交通价格成为必经之途。然而以公益性为目的降低公共交通价格，导致价格低于成本，于是公共交通企业出现亏损。所以政府必须从降低公共交通企业成本出发，从政策上、资金上扶持公共交通行业，以达到社会供给需求平衡，体现公共交通的社会效益。

因此，政府对公共交通进行补贴是相当必要的，只有通过财政补贴降低公共交通成本，才能使得公共交通真正的实现普遍服务性、体现社会公益性、增强福利性。

四、合理确定公共交通补贴的重要性

政府对公共交通进行补贴，必须考虑补贴范围、补贴额度、补贴机制三方面的合理性，只有合理的公共交通补贴才能促使公共交通企业提高效率和服务质量、提升公众满意度，推动公共交通行业的良性发展。反之，如果公共交通补贴不合理，将会使公共交通行业走上恶性循环的轨道，并带来一系列的负效应，如图 6-3 所示。

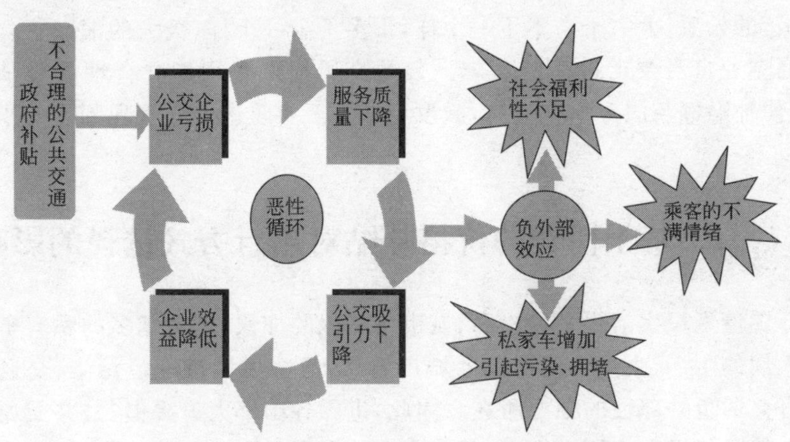

图 6-3 不合理的公共交通补贴导致的恶性循环

1. 合理的补贴范围

前面一节内容分析了公共交通行业亏损的原因，然而在实际的公共交通亏损中不仅有政府要求其公益性而导致的政策性亏损，同时也不能排除企业自身经营管理不善造成的经营性亏损。财政补贴必须区分这两种亏损，要强调补贴的对象是公共交通行业的政策性亏损部分，否则会使公共交通补贴显失公平，该享受补贴的部分没享受到，不该享受补贴的部分却躺在补贴上吃皇粮，造成财政资金的无效使用。

2. 合理的补贴额度

财政补贴额度过多，不仅造成财政资金的浪费，而且会削弱企业自我优化的动力，诱发公共交通企业的惰性。财政补贴额度过少，公共交通行业的生存和发展面临危机，会出现公共交通企业以牺牲服务质量为代价降低企业成本的现象，导致乘客满意度低、公共交通吸引力下降、私人出行者增多而引起的对城市环境的污染、道路资源的不合理占用、交通的拥堵等负外部性。

3. 合理的补贴机制

公共交通补贴机制的不合理容易产生“棘轮效应”，会出现“鞭打快牛”的现象：经营好的公共交通企业由于有效地减少了亏损而得不到相应的补贴额度，而经营差的公共交通企业却因为有较多的亏损而获得较多的补贴。不合理的补贴机制会使公共交通市场呈现计划经济时代“吃大锅饭”的景象，大家干与不干一个样，干多干少一个样，极大的消磨了公共交通企业自身要求进步的斗志。公共交通补贴必须建立合理的激励机制，使补贴额与服务质量挂钩，激发企业进一步改进经营管理制度的积极性。

第二节　基于博弈的价格补贴对出行方式选择的影响

随着人民生活水平的提高、城市化进程的加快，越来越多的私家车进入人们的生活，大量占用有限的城市道路，是造成城市环境污染、交通拥堵等交通负外部性的根源所在。因此，世界各国都大力提倡“公共交通优先”，鼓励市民选用轨道交通、公共汽车等大容量交通方式出行，以减少城市交通的负效应。国内外各大城市通过增加对公共交通的补贴、降低公共交通成本、提高公共交通服务质量，以提高公共交通对私人小汽车的竞争力。政府对公共交通实行补贴一方面可以促进城市交通系统的良性发展，另一方面能够增强公共交通的公益性。

本节运用博弈的方法分别讨论在一般情况和政府补贴公共交通的情况下，市民对出行方式选择的问题。在市民出行方式的选择中，出行总支付对人们的决策起决定性作用。因此在博弈中：选定出行者为参与人，公共交通出行和私人交通出行为决策变量，支付函数（或出行总支付）表示乘客的出行支付。

一、公共交通与私人出行的支付函数

同样，令 λ 为出行者的时间价值转化系数。实际上，支付函数的影响因素（变量）比较多，考虑到数据获取的难度，本书中采用三大指标，即时间、票款（或折旧、燃料等费用。若为步行，则无此类费用发生）、出行感知（包括出行舒适度感知和出行安全度感知）三部分来建立支付函数，研究公共交通与私车使用者出行选择行为的博弈。

1. 公共交通出行的支付函数

公共交通出行的支付函数通常由出行时间（包括车外时间和车内时间）、票款和乘客感知组成。在此以公共汽车为例。

(1)公共交通出行的时间支付

①车外时间

$$t_1 = t_0 + \frac{1}{f} \tag{6-1}$$

式中 t_0——乘客平均到站时间；

f——公交发车频率。

②车内时间

$$t_2 = \frac{1}{v_1} + \frac{l}{l_0} \cdot s \tag{6-2}$$

式中 l——乘客乘车距离；

v_1——公交车平均行驶速度；

l_0——公交的平均站距；

s——公交车的平均站点停靠时间。

则公共交通出行的时间支付函数为：

$$V_1=\lambda(t_1+t_2)=\lambda\left[\left(t_0+\frac{1}{f}\right)+\left(\frac{l}{v_1}+\frac{l}{l_0}s\right)\right] \tag{6-3}$$

(2)公共交通的票款支付：

$$V_2=l\cdot p \tag{6-4}$$

式中 p——公交票价基价。

(3)公共交通的乘客感知

设 ε_{11} 为出行者选择公共交通出行的舒适性感知指标；ε_{12} 为出行者选择公共交通出行的安全性感知。

令

$$V_3=\varepsilon_{11}$$

$$V_4=\varepsilon_{12}$$

则出行者选择公共交通方式出行的支付函数表达式为：

$$\begin{aligned}U_1&=\theta_1\cdot V_1+\theta_2\cdot V_2+\theta_3\cdot V_3+\theta_4\cdot V_4\\&=\theta_1\cdot\lambda\cdot\left[\left(t_0+\frac{1}{f}\right)+\left(\frac{l}{v_1}+\frac{l}{l_0}\cdot s\right)\right]+\theta_2\cdot l\cdot p+\theta_3\cdot\varepsilon_{11}+\theta_4\cdot\varepsilon_{12}\end{aligned} \tag{6-5}$$

式中 θ_1——快速性指标的参数；

θ_2——经济性指标的参数；

θ_3——舒适性指标的参数；

θ_4——安全性指标的参数。

不同收入人群选择出行方式的参数值也不同，详见表 6-3。

2. 私人小汽车出行的支付函数

私人小汽车出行的支付函数通常由出行时间、停车费、燃油费、车辆折旧费、乘客感知等组成。

(1)私人出行车内总时间：

$$V_5=\frac{l}{v_2} \tag{6-6}$$

式中 v_2——小汽车出行平均速度。

(2)私人出行额外支付费用：

$$V_6=lc_1+c_2+lc_3 \tag{6-7}$$

式中 c_1——小汽车出行燃油费用；

c_2——小汽车平均停车费用；

c_3——小汽车折旧费。

(3)私人小汽车的乘客感知同样包括两部分：

设 ε_{21} 为出行者选择小汽车出行的舒适性感知；ε_{22} 为出行者选择小汽车出行的安全性感知。

令
$$V_7 = \varepsilon_{21}$$
$$V_8 = \varepsilon_{22}$$

则，出行者选择私人小汽车方式出行的支付函数可表示为：

$$\begin{aligned} U_2 &= \theta_1 \cdot \lambda \cdot V_5 + \theta_2 \cdot V_6 + \theta_3 \cdot V_7 + \theta_4 \cdot V_8 \\ &= \theta_1 \cdot \lambda \cdot \frac{l}{v_2} + \theta_2 \cdot (lc_1 + c_2 + lc_3) + \theta_3 \cdot \varepsilon_{21} + \theta_4 \cdot \varepsilon_{22} \end{aligned} \tag{6-8}$$

3. 自行车私人出行的支付函数

自行车出行几乎没有金钱成本，但由于速度低，因而耗时长，尤其是对长距离出行，总时间价值成本较大，出行者选择自行车方式出行的支付函数可表示为：

$$\begin{aligned} U_3 &= \theta_1 \cdot \lambda \cdot V_9 + \theta_2 \cdot V_{10} + \theta_3 \cdot V_{11} + \theta_4 \cdot V_{12} \\ &= \theta_1 \cdot \lambda \cdot \frac{l}{v_3} + \theta_2 \cdot c_4 + \theta_3 \cdot \varepsilon_{31} + \theta_4 \cdot \varepsilon_{32} \end{aligned} \tag{6-9}$$

式中 v_3——自行车出行平均速度；

c_4——自行车折旧费；

ε_{31}——乘客选择自行车出行的舒适性感知；

ε_{32}——乘客选择自行车出行的安全性感知。

4. 步行出行的支付函数

步行出行只有时间支付，令步行速度为 v_4，则步行方式出行的支付函数为：

$$\begin{aligned} U_4 &= \theta_1 \cdot \lambda \cdot V_{13} + \theta_3 \cdot V_{14} + \theta_4 \cdot V_{15} \\ &= \theta_1 \cdot \lambda \cdot \frac{l}{v_4} + \theta_3 \cdot \varepsilon_{41} + \theta_4 \cdot \varepsilon_{42} \end{aligned} \tag{6-10}$$

式中 ε_{41}——乘客选择步行出行的舒适性感知；

ε_{42}——乘客选择步行出行的安全性感知。

二、不同收入人群出行方式选择的偏好

根据居民出行情况调查结果显示：

表 6-1 不同收入人群对出行方式的选择情况

收入(元/月) \ 出行方式	私家车	公交车	自行车	步行
<500	1.21	11.4	47.44	39.95
500～1 000	1.74	12.37	45.6	40.29
1 000～2 000	2.1	10.07	49.75	37.44
2 000～4 000	9.71	12.81	37.57	39.92
4 000～6 000	25.2	9.7	30.9	34.2
>6 000	36.8	6.9	25.8	30.5

表 6-1 表明城市居民个人收入与交通方式特性需求之间的关系。从上表可以看出，不同收入的人群对出行方式选择的偏好是不同的，个人的经济收入在很大程度上决定了其交通行为。收入相对较高的出行者可以随其所好自由地选择交通方式，其中多为私家车等；相反收入相对较低者，则只能选择经济型交通方式，如自行车、步行等。

表 6-2 出行方式选择的特征偏好

需求(%) \ 收入(元/月)	<500	500～1 000	1 000～2 000	2 000～4 000	4 000～6 000	>6 000	平均值
快速性	24.2	31.2	32.7	45.8	51.1	47.7	38.8
经济性	29.4	28.7	19.8	17.9	6.6	12.5	19.2
安全性	24.2	21.9	18.4	17.4	15.6	18.2	19.3
舒适性	22.2	18.2	29.1	18.9	26.7	21.6	22.8

由表 6-2 可知，随着收入的增加，居民出行时，对交通方式快速性的要求逐渐提高，而对交通方式经济性的要求则明显下降；从另一方面讲，月收入小于 1 000 元的居民出行主要考虑节省资金，而对于月收入超过 4 000 元的居民出行则重点考虑交通方式的快速性。

根据表 6-1 和表 6-2，分别对高、中、低收入群体进行分类并采用极大似然法求得不同收入人群的选择偏好参数见表 6-3。

表 6-3 不同收入人群的选择偏好参数

不同收入(元/月)人群	快速性(θ_1)	经济性(θ_2)	舒适性(θ_3)	安全性(θ_4)
高收入(>6 000)	0.508	0.108	0.202	0.182
中等收入(1 000～6 000)	0.365	0.270	0.194	0.171
低收入(<1 000)	0.208	0.542	0.127	0.123

三、补贴前不同收入人群出行的博弈与均衡

1. 高收入人群

在高收入人群出行方式的博弈中，假设局中人 A 和 B 可选择公共交通出行或者私人小汽车出行两种决策，决策以他们出行的支付函数作为博弈的效用函数。假设在城市某一路段的出行过程中，出行者选择公共交通出行的支付为 U_1，选择私人小汽车出行的支付为 U_{21}。下面讨论在这个博弈中的均衡问题。

由于城市道路资源的有限性，当选择私人交通的出行者过多时，交通量将会增大且到一定程度时会产生拥堵，造成出行者不舒适、出行时间增加等后果。假设增加单位车辆所造成拥堵带来的出行时间、乘客不舒适度等负面效应增加的额外支付为 Y，两个出行者 A 和 B 分别选择公共交通和私人交通方式出行的支付矩阵如表 6-4 所示。

表 6-4　高收入者出行方式选择的博弈支付矩阵

B \ A	公共交通	私人交通
公共交通	(U_1, U_1)	(U_1+Y, U_{21})
私人交通	(U_{21}, U_1+Y)	$(U_{21}+Y, U_{21}+Y)$

在出行方式选择的博弈中，当 A 和 B 都选择公共交通方式出行时，他们的支付函数都为 U_1，且不会造成拥堵。当 A、B 中有一方选择公共交通出行，而另一方选择私人交通出行时，私人交通出行者只需支付 U_{21}，而私人交通占用有限道路资源所带来的拥堵会对选择公共交通出行的一方带来出行费用的增加，此时选择公共交通出行一方的支付函数为 U_1+Y。然而当双方都选择私人交通方式出行时，会对城市交通带来更大的拥堵，出行时间也将因拥堵而增加，因此双方的支付函数都为 $U_{21}+Y$。

如果公共交通行业没有政府财政补贴，公共交通行业的运营成本偏高，无法真正的实行低票价和高效率。高收入人群出行支付函数的参数见表 6-3，人的平均步速为 6 km/h，公交平均票价为 0.25 元/km。根据对深圳市公交不享有补贴的 2006 年(公交降价前)调查数据，在 9 km 的

平均出行距离下，城市主干道上的公交车和私家车出行的相关数据如表4-1和表6-5，并结合式(6-5)和式(6-8)得到表6-6公交车与私家车出行的支付。

表6-5 公交车和私家车出行支付相关数据1

公交车	平均车速	平均发车频率	平均离站里程	平均站点停靠时间
	25 km/h	10班/h	600 m	20 s
私家车	平均车速	平均停车费用	燃油费	折旧费
	50 km/h	5元/次	0.5元/km	1.5元/km

表6-6 公交车和私家车出行支付相关数据2

指标	时间	费用	舒适感知	安全感知	总支付
公交车	12.33	2.25	3.00	3.00	7.66
私家车	3.56	23.00	2.00	4.00	5.43

参与人A、B对出行方式的选择进行博弈。当A选择公交车出行时，从出行者B的个人理性出发，会选择出行支付较小的出行方式。由表6-6可知$U_1 > U_{21}$，即出行者B会选择私家车方式出行的策略；当A选择私家车出行时，B的可行策略的支付函数$U_1 + Y > U_{21} + Y$，B仍然会选择私家车出行。反之亦然。因此，局中人A和B的最优策略都是“私人交通出行”，该博弈的Nash均衡解为(私人，私人)。

根据上面对高收入人群出行选择的博弈分析可以发现，在城市中私人小汽车占用了大量的道路资源并造成一系列负效应是有据可循的。这主要是由于其支付的使用费用远低于使用成本而造成的。事实上，在交通拥堵时给其他出行者所带来的出行费用与时间延误的增加远高于给出行者本人所造成的损失，对于道路利用率极低的小汽车使用者来说，就更是如此。简言之，小汽车的使用者占用着大量的道路空间，不但没有支付必要的社会成本，而且增加了公共交通使用者的出行费用。

2. 中、低收入人群

讨论有无补贴情况下中低收入人群的出行方式选择，主要出发点是分析补贴对公共交通的公益性和福利性的影响程度。

对于中等收入人群，公交出行是固定需求，他们对出行所耗费的总时间有一定的要求，当前的收入水平又不足以平衡小汽车出行的费用。因此，公共交通是他们的唯一选择。根据深圳市 2006 年(补贴前)市民每月公交出行费用支出情况：

表 6-7 补贴前公交出行月费用

公交出行月费用(元)	＜100	100～200	200～320	320～400	＞400	平均值
	22.90%	30.80%	21.70%	9.80%	14.70%	165.6

深圳市 2006 年中等收入水平人群的居民人均可支配收入为 22 612.80元，月人均可支配收入为 1 884.40 元，而深圳市居民月人均出行费用为 165.6 元，占居民人均可支配收入的 8.79%。根据发展中国家及我国其他城市有关经验，居民公交支出占可支配收入比例一般为 6%～8%较为合理；可见实行降价补贴前，居民公交出行费用相对较高。

根据表 6-1，对低收入人群而言，远距离出行使用自行车者所占比重较大。根据自行车出行的支付函数式(6-9)，结合表 6-1 中较多选用自行车方式出行的人群收入情况，选择相应的出行偏好参数如表 6-3，自行车平均速度为 12 km/h。仍然以公交平均票价为 0.25 元/km，9 km 的平均出行距离。另外，假定自行车每次出行的费用为 0.3 元，自行车的舒适感知为较差，安全感知为一般。根据表 4-4、式(6-5)和式(6-9)，得到出行者选择公共交通和自行车的出行支付如下：

表 6-8 补贴前低收入者出行支付比较

指标	时间	费用	舒适感知	安全感知	总支付
公交车	12.33	2.25	3.00	3.00	4.53
自行车	14.85	0.30	5.00	4.00	4.38

考虑到出行支付，低收入人群宁愿花费较少的费用，尤其是花费较少的现金，选择耗时较多的自行车出行。

通过以上对高、中、低收入人群的出行支付分析，在公共交通实行补贴并降价前，高收入者享受着城市道路公共资源的暗补，优先选择私人小汽车出行必定会给城市带来交通拥堵、污染等一系列社会负效应；对于中、低收入人群，居民出行月费用所占收入比例高达 9%左右，低收入人群更是退而选择低支付的自行车出行或步行，公共交通并未实现其应有的福利性。

四、补贴后的出行博弈与均衡

通过以上对实行公共交通补贴前对高中低收入人群交通方式选择的分析，可以得知：高收入人群由于时间价值较高宁愿花费较多的金钱换取时间价值，选择私人小汽车出行；而对于中、低收入人群，中收入群的公交出行费用在人均可支配收入中所占比例过高，低收入者为避开较高花费退而选择自行车或步行出行，使得公共交通应有的福利性未得到体现。为了城市交通的健康发展，使拥有小汽车的人也选择公共交通方式出行，同时保障中低收入人群的福利水平，需要国家的宏观调控，对公共交通实行补贴，切实提高公交服务水平，将私人出行者吸引到公共交通出行中来。

1. 高收入人群

使用深圳市公交补贴降价 29.6%的数据，结合式(6-5)和式(6-8)，可计算得到公交补贴后高收入者采用公共交通方式出行的总支付 $U'_1=7.58$，而公交补贴前 $U_1=7.66$，说明此次公交降价对于高收入人群的出行支付影响较小。同时，$U_{21}=5.43$，$U'_1>U_{21}$，说明公交补贴降价后的公交出行总支付仍然远大于私人交通出行的总支付。由博弈支付矩阵表6-5和以上比较可知，在其他条件不变的情况下，由于公交出行的总支付远大于私人交通出行的总支付，高收入者并不会仅仅因为公交降价而选择公共交通出行，城市交通问题仍然得不到有效的治理。这是因为高收入人群对快捷性、舒适性指标要求较高，高收入人群比中、低收入人群更愿意花更多费用得到快捷、舒适的出行服务。

表 6-9　时间和票价组合选择与收入之间的关系

组合	收入	<1 000 元	1 000～4 000 元	>4 000 元
1.5 元 30 min	选择人群	50	260	19
	比例	48.08%	45.14%	31.15%
3 元 15 min	选择人群	54	316	42
	比例	51.92%	54.86%	68.85%

可见，单纯地降低公共交通票价，并不足以达到吸引私人小汽车转向公交出行的目的。

如果在补贴后，除了降低票价外，一方面提高公共交通服务水平，减少等待时间（提高发车频率）和车内运行时间；另一方面提高公共交通的舒适性和便捷性。根据公交出行的支付函数式(6-5)，U_1 中除了 V_2（票款费用）得到最直观的降低以外，由于补贴引起的公交服务质量的提高，V_1（出行时间）中的 t_1（车外时间）将由于发车频率的提高而减少，t_2（车内时间）也会因车内运行时间的减少而下降。显然，使用公交出行者的总支付得到明显的减少。此时，采用私人小汽车出行者，根据式(6-8)出行费用 U_{21} 仍然不变，但（私人，私人）的策略选择会使私人出行费用增至$U_{21}+Y$。

因此，补贴后降价的同时提高公交服务水平，使得高收入人群的出行支付 $U'_1<U_{21}$。在政府对公交实行补贴后的出行博弈中，出行者 A 和 B 作为理性人，均会选择在另一方决策下的最小支付出行，而 $U'_1<U_{21}$、$U'_1+Y<U_{21}+Y$，因此双方都将有积极性选择公共交通，即公交出行成为理性个体在政府财政补贴下新的占优策略，使得出行者交通方式选择博弈的惟一的纳什均衡解为（公交，公交）。从而达到公交优先、缓解城市交通问题的目的，降低小汽车出行分担率，增大社会效益。

2. 中、低收入人群

对中等收入人群，同样使用深圳市的数据进行分析。2007 年深圳市对公交企业进行补贴使其降价后，冷巴基价由 0.25 元/km 下调至 0.22 元/km，并且使用“深圳通”卡还可以享受折价优惠，公交票价整体下降了 29.6%。仍然以深圳市 2006 年中等收入水平人群的居民月人均可支配收入计算，补贴后深圳市居民月人均出行费用为降至 116.6 元，占居民人均可支配收入的 6.19%，在 6%～8%的合理范围内。可见，公交补贴降价后，中等收入者的公交出行费用占人均可支配收入比例比较合理，实现了公共交通的社会福利性。

对低收入人群而言，公交获得补贴并降价后，根据式(6-5)和式(6-9)，得到出行总支付的变化见表 6-10。

补贴降价后，出行总时间和乘客感知并未发生变化，但票款支出减少了，由表 6-8 和表 6-10 可知，公共交通出行总支付从 4.53 减少至 4.17，低收入者的最佳出行选择转换为公共交通。公交补贴降价后为低收入者节省了出行费用，低收入人群用较少的支付享受出行时间较短的公共交通，消费者剩余增加，实现了公共交通应有的社会公益性。

表 6-10　补贴后低收入者出行支付比较

指标	时间	费用	舒适感知	安全感知	总支付
公交车	12.33	1.58	3.00	3.00	4.17
自行车	14.85	0.30	5.00	4.00	4.38

政府对公共交通实行补贴后，只有使得公交服务“物美价廉”——不仅票价较低并且服务质量得到提高，才能够吸引更多的乘客，尤其吸引私人小汽车出行者，提高公交分担率，优化城市交通系统，更大化公共交通的社会效益。

通过以上对公交补贴前和补贴后的分析，可知中、低收入人群出行选择与票价关系较大，公交补贴降价能够降低中等收入人群的出行费用，并吸引低收入人群从自行车转向公交出行。而高收入者由于时间价值较高，出行选择最关心的并不是公交票价而是出行时间的长短和公交综合服务水平。因此，在政府对公交实行价格补贴的同时要提高公共交通的服务水平，真正做到公交优先，通过开辟公交专用道，公交先行信号灯，提高公共交通的行车速度；增加公交站点覆盖率，提高公交的发车频率，减少乘客的步行时间和等待时间；优化公交线网，增强公交出行的可达性和便捷性；改善乘车环境，增强乘客的舒适性、安全性，提高乘客总体满意度。只有这样，才能够在实现公众福利性的基础上充分吸引私人小汽车拥有者转移到公共交通上来，优化城市交通组织，实现社会利益最大化。

第三节　改进的公共交通补贴委托—代理博弈模型

公共交通政府补贴内容众多，包括政策性（非金钱）补贴和财政（金钱）补贴：政策性补贴包括燃油补贴、减免征税、地铁的沿线土地开发权等等；财政补贴主要是政府针对公共交通企业的公益性造成的成本亏损进行现金补贴。由于现金补贴的方式、额度所产生的补贴效果是有很大差异的，因此本书主要研究财政补贴，通过分析乘客—政府—公交企业的委托—代理博弈关系，并针对公交企业的特性，建立改进的公交补贴委托—

代理博弈模型。

一、城市公共交通补贴中的委托—代理关系

虽然很早就有国内外学者将委托—代理博弈关系引入政府对公共产品的管制，但是公共交通是准公共物品，有着与完全公共物品所不同的特殊性。

目前，只有李巧茹将委托代理博弈正式的引入公共交通行业。在她的文献中，笔者将政府看作是委托人，而公交企业为代理人，建立了公交企业与政府博弈的模型，并对不同形式下的政府政策——补贴进行了分析，得出应建立合理的政府对公交企业的约束激励机制的结论。但是她在博弈模型中只描述了政府与企业的博弈关系，没有考虑乘客也是公共交通博弈中必不可少的，也是非常重要的参与人；同时，在模型的构造上，并未体现政府对公共交通财政补贴的特殊性。因此，根据公交企业运营及补贴的实际情况，对公交补贴中完整的委托—代理体系进行描述，并建立改进的政府与公交企业委托—代理基本博弈模型具有重要意义。

在完整的城市公共交通补贴体系中，乘客应该是补贴的最终受益者，也是财政补贴公共交通的最终目的。因此，可以将政府看成是全体乘客的公共交通服务供给的代理人，全体乘客与政府之间是一种委托—代理关系。由此，提出城市公共交通财政补贴的双重委托代理关系，如图 6-4 所示。

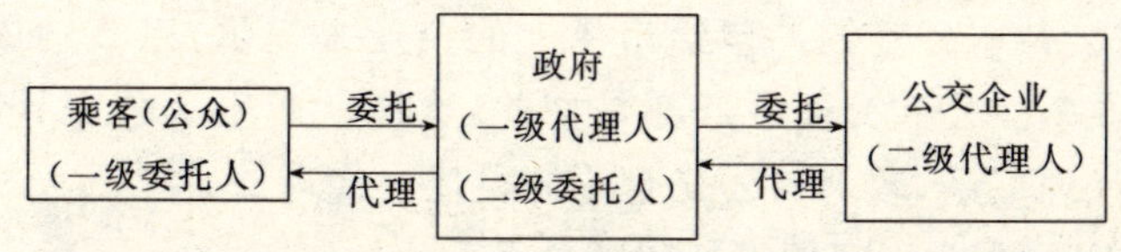

图 6-4　乘客、政府、公交企业的双重委托—代理关系

实际上，政府和企业内部也存在着委托—代理关系，为了简化，这里假设政府和企业都为独立的主体，这种假设不会影响分析的结果。

1. 乘客与政府之间的委托代理关系

公共交通补贴中的第一层委托—代理关系是乘客与政府之间的委托—代理关系。乘客，不是指某个人，而是对公共交通服务有需求的群体的总称。由于公共交通服务的广泛性，每个人都可能成为乘客，在此将其

概念扩大化为公众。由现代政府理念的基石—社会契约论和人民主权论不难进一步推论，得出政府是全体公众的集体作品，其合法性来源于公众的同意，其权力来源于公众权力的让度，其职责在于代表公众利益行使公共权力，为公众谋福利，亦即公众与政府之间存在着一种事实上的契约关系，按照此种契约，公众是委托人，是最终的利益主体，政府是代理人，它的根本任务就是通过组织、管理国家和社会事务来执行并最大化实现人们的意志和利益。从以上论述可以看出，政府是代表乘客利益的机构，是乘客的代理人，具有代理人的一般特点。但是该代理人有其特殊性，即当委托人（乘客）一旦将代理公共交通服务供给的决策交由代理人（政府），代理人（政府）的行为就具有强制性。

这一层的委托一代理关系中，作为乘客，其委托人的身份是不明显的，其契约是隐性的、不明确的。由于乘客的分散性，难以形成统一的意志，因而对政府的行为也难以形成有效的监督。根据公共选择理论，政府也是“经济人”，其行为也是追求自身利益的最大化，政府占据着信息优势，同时乘客无法对其行为进行有效的监督，公共服务由政府垄断供给必然造成腐败，出现低效服务目的和服务效果异化的现象。“现实中的政府，由于其所有者—选民的利益是分散的，难以整合成统一的愿望和诉求，加上没有利润动机的严重影响，极易出现政府对于选民的利益无动于衷，甚至做出某些有损于选民利益的行为”。

近 20 年来各国政府都将市场化作为行政改革的核心，政府以委托人的身份，将公共服务签约外包给市场上的企业去提供，以节约成本，并获得更高的效率。公共交通服务亦是如此，这样就产生了公交补贴的第二层委托—代理关系，政府与公交企业的委托—代理。

2. 政府与企业之间的委托代理关系

从对公共交通财政补贴的经济分析中，已经得出结论：应该根据公共交通的外部效应给予补贴。公交企业享受补贴时，只是在政府强制限价下达到了低票价的要求，却不一定能够按照政府所想的那样积极的提高公交服务质量和劳动生产率及节约经营成本。经济学进一步解释了这一难题产生的根源，即享受补贴的公交企业（二级代理人）和政府（二级委托人）的目标和信息存在差异，这包括：

（1）代理人和委托人的目标不一致。对政府来说，实现社会福利最大化，让更多的人以低价享受到高质量的公交服务是其最终目标；而享受补贴的公交企业的直接目标只是自身利益的最大化。

(2)代理人和委托人之间存在着信息不对称。就公交企业的实际成本和生产状况方面，代理人处于信息优势的一方：这是因为享受补贴的公交企业比政府能更多地了解企业的技术和当地的需求状况；公交企业控制成本和提高服务质量的努力是政府不能直接观察到的，也很难以一定的标准量化。

由于政府与公交企业之间存在着目标差异，企业并不会以政府的目标作为行为选择的准则，而是为如何争取到更多的补贴而费尽心思。因此，社会福利最大化的目标便会大打折扣，财政补贴可能达不到应有的效果。而政府与企业之间的信息不对称，使得政府无法观测企业的行为选择，在城市公共交通的委托—代理关系中，公交企业为风险规避者，财政补贴的过程中存在着行为隐藏的道德风险，因此，可能使得公交企业没有动力提高服务质量并控制成本。如果补贴方式不尽合理，必然很难促使公交企业完成公益性和经营性的双重使命。

二、改进的公交补贴博弈模型

1. 模型中函数关系的几点改进

在委托代理模型中，主要以努力水平 a 作为公交企业的决策变量，模型中所涉及的函数、参数和变量做以下定义：

(1)以往的模型中将公交企业的客运量 Q 看作是固定的常量。而实际上，公交企业采取较高努力水平会使得其服务质量得到提高，从而达到更高的生产效率，吸引更多的乘客，所以公交企业的客运量 Q 与努力水平 a 是正相关的。因此，公交企业的客运量 $Q(a)$ 应是努力水平的函数，且满足 $Q'>0$。

由于在公共交通客运量中存在一部分固定需求（比如上班或上学的通勤出行），由于路途遥远且没有私人小汽车，公共交通是其唯一可选择的出行方式；之外还有一部分乘客是有需求弹性的，他们或有私人小汽车、又或出行里程较近，可选择步行、自行车等其他出行方式。因此，无论公交企业是否努力经营，具有固定需求的客运量是不变的，而弹性需求部分会随公交企业努力程度增加而上升，且由于城市的总人口是一定的，上升到一定程度后增长速度减慢，即 $Q''<0$，为凹函数，如图 6-5 所示。

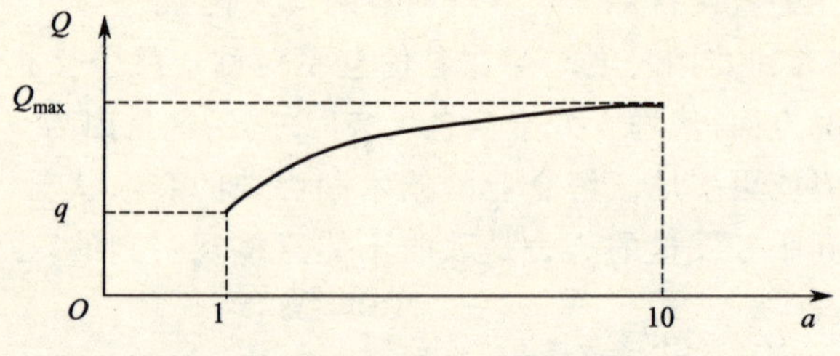

图 6-5　公交企业努力水平与客运量

为简化起见，用以下函数来表示客运量与公交企业努力程度的函数关系：

$$Q(a)=q+k\cdot\ln a \tag{6-11}$$

其中，q 为常量，表示公共交通固定需求客运量；$k>0$ 表示努力水平与弹性需求客运量之间的相关程度；a 为代表公交企业努力水平的一维变量，由公交企业经理及全体员工的工作努力程度所决定，$a>1$，$a\in A$，为了便于识别和评定，假设 $A=[1,10]$。

(2)以往的模型中消费者总剩余 S 通常设为固定的常量。但实际上，由于公交企业生产的是“位移”服务，当公交企业采取较高的努力水平时，消费者可以得到更好的服务质量，因而公交企业的服务总效用与其市场价值之间的差额(即消费者剩余)得到提高，因此消费者剩余 S 应该为公交企业的努力水平 a 的增函数。公交企业通过努力提升服务质量后会吸引更多的乘客选择公共交通出行，也就是说公交客运量增长后，消费者总剩余也是随之增加的。因此假设单个乘客的消费者剩余为 s，则消费者总剩余可表示为：

$$S(a)=s\cdot Q(a)=s\cdot(q+k\cdot\ln a) \tag{6-12}$$

其中，$s>0$。

以上函数表示消费者剩余是与公交企业努力水平相关的函数，并且公交企业提供的服务质量越高，公交客运量越多，消费者总剩余也愈大，即 $S'>0$。

(3)重新定义企业成本。将公交企业的成本分 C 为固定成本和可变成本两部分，其中固定成本 c_0 用常量来表示，而可变成本是与公交企业努力水平相关的变量，当企业的努力水平越高时，公交企业内每个员工的努力成本、更新设备的成本、提高服务质量的成本等等都会相应地增加，即 $C'>0$。公交企业成本函数可表示为：

$$C(a)=c_0+\phi a \tag{6-13}$$

其中 $\phi>0$，ϕ 表示与努力水平相关的成本的系数。

2. 政府与公交企业的目标函数

根据以上对基本函数的修正，针对公共交通补贴分别描述公交企业和政府的目标函数如下：

(1)公交企业的收益最大化目标

对二级代理人(公交企业)而言，实现自身利益的最大化是其最终目标，这里用公交企业的客票收入与成本的差值，再加上政府的财政补贴，来表示公交企业的收益：

$$\pi(a)=p\cdot Q(a)+b-C(a) \tag{6-14}$$

其中，p 为公交企业的票价，由于在此重点研究公共交通补贴与公交企业努力程度之间的关系，假定票价为固定常量；b 为政府对公交企业的补贴额度。

前面已经分析过，由于公共交通带有一定的公益性，低票价的运营收入并不能收回成本，必须通过政府的财政补贴才能至少保证公交企业的成本。并且公交企业的亏损程度是企业的努力程度可以控制的，公交企业付出更多努力时，企业的亏损程度会降低，即 $V(a)$增加。因此，有以下条件成立：

$$\begin{cases}V(a)=p\cdot Q(a)-C(a)<0\\V'(a)>0\\\pi(a)\geqslant 0\end{cases} \tag{6-15}$$

(2)政府的社会效益最大化目标

政府的目标是实现社会效益最大化，而根据经济学原理可知：

社会效益＝消费者剩余＋生产者剩余－补贴征税的影子成本

因此政府的社会效益函数表达式为：

$$U(a)=S(a)+p\cdot Q(a)+b-C(a)-\mu\cdot b \tag{6-16}$$

其中，μ 为政府征税的影子成本系数。由于政府的货币补贴来源于税收，而税收会带来一定的社会成本，因此政府征税的影子成本大于零，因而 $\mu>0$，μ 为常数。

3. 公共交通财政补贴的基本博弈模型

为了便于分析，本书假定政府完全代表全体乘客的利益，政府与乘客之间存在着信息对称，即一级委托人与二级委托人的效用是完全等效的；二级委托人（政府）与二级代理人（公交企业）之间存在着信息不对称，公交企业掌握着比政府更多的关于企业运营的信息，而政府无法观测到公交企业的选择行为。

委托人（政府）的问题是选择合适的企业努力水平 a 和最佳的补贴 b 使得社会效益最大化，但是委托人的期望受代理人的两个约束，首先是代理人（公交企业）的参与约束（participation constraint），当公交企业接受财政补贴实现其社会公益性时所获得的效用不得少于政府不补贴企业时的效用，这个效用又称之为“保留效用”，用π表示。参与约束又称个人理性约束（individual rationality constraint），可表述为：

$$\text{(IR)}\quad p\cdot Q(a)-C(a)+b\geqslant\pi$$

其次是代理人（公交企业）的激励相容约束（incentive compatibility constraint），给定委托人（政府）不能观测到代理人的行动 a，在任何的激励合同下，代理人总是选择使自己的期望效用最大化的行动 a，因此，任何委托人希望的 a 都只能通过代理人的效用最大化实现。换言之，如果 a 是委托人希望的行动，$a'\in A$ 是代理人可选择的任何行动，那么，只有当代理人从选择 a 中得到的期望效用大于从 a' 中选择的期望效用时，代理人才会选择 a。同时，由于政府与公交企业的信息不对称，应考虑其风险分担问题。激励相容约束的数学表述如下：

$$\text{(IC)}\quad p\cdot Q(a)-C(a)+b\geqslant p\cdot Q(a')-C(a')+b$$

根据以上分析，建立公共交通财政补贴的委托—代理博弈模型：

$$\max\quad p\cdot Q(a)+S(a)+b-C(a)-\mu b$$

$$\text{s.t.}\quad \text{(IR)}\quad p\cdot Q(a)-C(a)+b\geqslant\pi$$

$$\text{(IC)}\quad p\cdot Q(a)-C(a)+b\geqslant p\cdot Q(a')-C(a')+b'$$

第四节　不同补贴方式下的博弈模型

在我国，公交企业在政府管制下普遍实行低票价政策以实现社会公益性，使得绝大多数公交企业亏损，企业的生存和发展不得不依靠政府的财政补贴。政府对公共交通进行补贴，总是既希望能够实现社会公益性，同时又能调动公交企业的积极性而努力经营，使得有限的补贴能产生最佳的效果。目前，我国对公共交通企业的补贴现状中，存在多种不同的补贴方式，主要有：统包补贴、包干补贴、按客运量补贴、还有尚在探讨之中的基于服务质量及成本监督机制的公交补贴。为了便于分析不同补贴方式下的补贴效果，根据城市公共交通补贴中的委托—代理关系，建立不同补贴方式之间的博弈模型，分析其补贴机制和公交企业的行为选择，推导出各种方式的补贴效果和合理补贴额度。

一、财政补贴统包的博弈模型

1. 基本模型

政府对公交企业统包补贴是指政府根据企业申报的上年度财务决算和本年度运营计划确定补贴额，直接对公交企业的实际亏损情况进行全额补贴，公交企业达到盈亏平衡，即$\pi=0$。在这种补贴方式下，政府希望并认为两者之间是信息对称的，因此不存在激励相容约束。而实际上，公交企业作为独立的理性个体，它有自身的利益，其努力行为的选择是以公交企业的收益为导向的；公交企业获得补贴后，有没有通过努力降低自身运营成本并提高公交服务质量，是政府不可得知的，因此它们之间的信息其实不对称的。

在统包补贴方式下，公交企业的亏损额即是政府的补贴额度，公交企业的全部收益来自于财政补贴，参与约束表示为：

$$(\mathrm{IR})\quad p\cdot Q(a)-C(a)+b(\pi(a))=0$$

因此，政府与公交企业博弈模型可表示为：

$$\begin{aligned}\max\quad & p\cdot Q(a)+S(a)+b(\pi(a))-C(a)-\mu b(\pi(a))\\ \text{s.t.}\quad & (\mathrm{IR})\quad p\cdot Q(a)-C(a)+b(\pi(a))=0\end{aligned}$$

其中，b是关于公交企业收益$\pi(a)$的函数，表示政府根据公交企业的亏损情况进行补贴。

2. 模型求解与分析

针对模型构造 Lagrange 函数：

$$\begin{aligned}L(a,\lambda)=&(p+s)\cdot Q(a)+(1-\mu)\cdot b(\pi(a))-C(a)\\&+\lambda(p\cdot Q(a)-C(a)+b(\pi(a)))\end{aligned}$$

最优化的两个一阶条件为：

$$\begin{cases}\partial L/\partial a=0\\ \partial L/\partial \lambda=0\end{cases}\Rightarrow p\cdot Q(a)-C(a)+b(\pi(a))=0$$

由上式可得，政府对公交企业的补贴额度为：

$$b(\pi(a))=c_0+\phi a-p\cdot(q+k\cdot \ln a) \tag{6-17}$$

在公共交通补贴政府统包的方式下，补贴额与公交企业亏损额直接挂钩，企业从政府获得的补贴与其亏损情况是一致的。为了便于分析，假设公交企业可供选择的行为 $a=\{a^H,a^L\}$，a^H 表示较高的努力水平，a^L 表示较低的努力水平。由式(6-14)和式(6-12)可得：

$$b'=\phi-p\cdot k\cdot \frac{1}{a}<0 \tag{6-18}$$

即公交企业获得的补贴是企业努力水平的减函数，公交企业的努力程度越低，企业获得的收益(补贴)反而越高，即 $b(a^L)>b(a^H)$。因此，对公交企业来说，会选择 a^L 即较低的努力水平以增加自身收益。在统包补贴方式下，公交企业为了实现自身利益最大化，会想方设法获得更多的补贴，统包的补贴方法只会助长公交企业的惰性，而并不能达到激励公交企业努力经营的效果。

此时政府所追求的社会效益可表示为：

$$\begin{aligned}U&=S(a)+\bar{\pi}-\mu b(\pi(a))\\&=s\cdot(q+k\cdot \ln a)+\bar{\pi}-\mu b(\pi(a))\end{aligned} \tag{6-19}$$

显而易见，公交企业为了获得更多的补贴会选择尽可能低的努力水平，从而实现其获得的财政补贴额度 b 增加，根据式(6-18)，社会效益也将随之会降低，政府对公共交通的补贴不仅达不到相应的效果，反而背离了政府的初衷。

在统包补贴方式下，政府与公交企业实际上存在信息的不对称，公交企业掌握着比政府更多的企业信息。根据以上分析，企业亏损越多，获得的补贴额也越大，公交企业为了获得较多的补贴会选择更低的努力水平，导致公交企业效率低下，政府负担加重，社会效益也随之减小，出现了“棘轮效应”。统包的补贴方式无法区分政策性亏损与经营性亏损，补贴机制无法促使公交企业努力经营，是计划经济时代的历史遗留，不利于调动企业自身的积极性。

二、财政补贴包干的博弈模型

1. 基本模型

政府对公交企业实行“包干补贴”是指:政府对公交企业采用定额补贴的方法,多补不退,少补不追加,确定补贴额度后,几年不变。在这种补贴方式下,政府与公交企业之间的信息不对称,政府并不知晓公交企业选择的行为(努力程度),存在着道德风险问题。政府与公交企业在包干补贴方式下的委托—代理博弈模型可表述为:

$$\max \quad p\cdot Q(a)+S(a)+b-C(a)-\mu b$$

$$\text{s.t} \quad (\text{IR}) \quad p\cdot Q(a)-C(a)+b\geqslant\bar{\pi}$$

$$(\text{IC}) \quad p\cdot Q(a)-C(a)+b\geqslant p\cdot Q(a')-C(a')+b$$

2. 模型求解与分析

令 λ 为模型中参与约束的 Lagrange 乘子,构造 Lagrange 函数:

$$L(a,\lambda,\tau)=(p+s)\cdot Q(a)+(1-\mu)\cdot b-C(a)$$
$$+\lambda(p\cdot Q(a)-C(a)+b-\bar{\pi})$$

最优化的一阶条件为:

$$\begin{cases}\partial L/\partial a=0\\ p\cdot Q(a)-C(a)+b-\bar{\pi}=0\end{cases}$$

$$\Rightarrow\bar{\pi}+c_0+\phi a-p\cdot k\cdot \ln a=b \tag{6-20}$$

由于是政府先进行补贴支付,公交企业后做行为选择。由式(6-17)可知,一旦政府的补贴额度确定,公交企业的努力水平也将随之确定。由于信息不对称,考虑风险分担问题。如果委托人不需要代理人有更高的努力,那么无疑道德风险问题不存在。支付给代理人一个定额就足够了,这与在对称信息下为了保证代理人的保留效用水平而对他支付是一样的,于是代理人会选择一个固定的努力水平,因为这将使他的效用实现最大化(他的努力成本降至最小)。

但如果委托人希望代理人达到高的努力水平,则存在道德风险问题。企业提高努力水平自身得到的效益仅为自身收益的一点点增加,补贴额并不随之增长,并且政府与公交企业存在着信息不对称,公交企业还要独自承担提高努力水平的风险。假设代理人(公交企业)为风险规避者,委托人(政府)为风险中性。在对称信息下,代理人的行为不承担任何风险,但由于政府与公交企业存在着信息不对称，代理人(公交企业)必须承担一定的风险，这就是有非对称信息导致的激励与风险的取舍(trade-off)。

因此包干补贴相当于定额支付，不管政府补贴多少，公交企业都会选择相同的努力水平(公交企业参与约束的努力水平)。政府对公共交通企业实行包干的补贴方式优于统包方式，虽然在包干补贴方式下公交企业会选择低的努力水平以达到自身利益的实现，但与统包补贴方式不同的是，公交企业至少不会选择更低的努力水平。但在包干补贴方式下，由于激励弱化，公交企业没有动力选择更高的努力水平。

三、政府按客运量补贴的博弈模型

1. 基本模型

政府对公交企业按照运量补贴是指，政府对单个乘客进行补贴，公交企业年终决算，有多少客运量，政府就补贴多少。按客运量补贴的表达式为：

$$b=b_0\cdot Q(a)\cdot l \tag{6-21}$$

其中，$b_0>0$，表示对单个乘客的补贴额度，元/人·公里；l 表示乘客的平均乘距。

在按客运量补贴的方式下，政府与公交企业之间的信息是不对称的，公交企业掌握着多于政府的有关企业的信息。政府观测不到公交企业的行动，存在行为隐藏的道德风险问题，政府设计了激励机制：公交企业得到的补贴额度与其客运量挂钩，客运量越多，得到的补贴也就越多；反之，补贴就越少。由于公交企业所选择的行为是以其效益最大化为目标的，激励相容约束可以用公交企业的一阶条件来代替。则客运量补贴方式下的政府与公交企业的委托—代理博弈模型可表示为：

$$\max \quad p\cdot Q(a)+S(a)+b-C(a)-\mu\cdot b_0\cdot Q(a)$$

$$\text{s.t.}\quad (\text{IR})\quad p\cdot Q(a)-C(a)+b_0\cdot Q(a)\geqslant\pi$$

$$(\text{IC})\quad p\cdot Q'(a)-C'(a)+b_0\cdot Q'(a)=0$$

2. 模型求解与分析

令 λ 和 τ 分别为模型中参与约束和激励相容约束的 Lagrange 乘子，构造 Lagrange 函数：

$$L(a,\lambda,\tau)=(p+s)\cdot Q(a)+(1-\mu)\cdot b_0\cdot l\cdot Q(a)-$$

$$C(a)+\lambda(p\cdot Q(a)-C(a)+b_0\cdot l\cdot Q(a)-\bar{\pi})+$$
$$\tau(p\cdot Q'(a)-C'(a)+b_0\cdot l\cdot Q'(a))$$

根据最优一阶条件得：

$$\begin{cases}\partial L/\partial a=0\\ \partial L/\partial\lambda=0\\ p\cdot k\cdot a^{-1}-\phi+b_0\cdot l\cdot k\cdot a^{-1}=0\end{cases}$$

$$\Rightarrow a=\frac{k\cdot(p+b_0\cdot l)}{\phi} \tag{6-22}$$

由上式可知，政府可以通过调节单个乘客的补贴额度 b_0，诱使公交企业的努力水平达到政府的期望值。假设政府期望公交企业达到努力水平 a^*，则对单个乘客的补贴额度可表示为：

$$b_0=\frac{\phi a^*-p\cdot k}{k\cdot l} \tag{6-23}$$

并且只要较高努力水平 a^H 使得下列条件成立：

$$p\cdot Q(a^H)+b^H-C(a^H)>p\cdot Q(a^*)+b^*-C(a^*) \tag{6-24}$$

公交企业便有动力选择高于政府基本要求的努力水平。

政府对公共交通企业按客运量进行补贴的方式有一定的激励效应，能够促使公交企业积极努力提高生产效率，但激励效果受到公交企业自身利益最大化的限制，政府所期望的公交企业努力水平必须借助于公交企业利益最大化的实现才能达到。

并且按客运量补贴使得公交企业的努力偏向增大客运量，而客运量并不完全代表了企业的努力程度，只注重客运量，忽视服务质量的提高和成本的控制；甚至会导致企业偏向运营客运量多的线路，而对于偏远的福利性线路弃之不顾，这也会导致政府的社会效益大打折扣。因此兼顾服务质量与成本控制，全面、客观的评价代理人（公交企业）努力程度的问题得以提出。

四、服务及成本监督下的补贴博弈模型

1. 基本模型

服务及成本监督是指，将公共交通补贴额度 b 与提高服务质量同时控制成本的努力水平挂钩的补贴方式。政府每年对公交企业的成本和服务质量进行考核和监督，对于成本来说，如果公交企业经营能达到政府要

求的成本水平，即发放相应的补贴，成本控制的水平高于政府的要求时给予奖励，经营不善引起的成本增加要给予一定的惩罚；对于服务质量来说，补贴金额配合服务质量评价的成绩发放，达到政府的基本要求即发放应得补贴，服务质量高者给予奖励，同时服务质量低者给予相应惩罚。公交企业的努力水平可由服务质量评价和成本监督结果综合得到，评价的结果以百分制形式，即 $0<sc<100$，而 $a=sc/10$。

在服务及成本监督的补贴方式下，代理人（公交企业）的行动 a 是可以观测的，即委托人与代理人之间的信息是对称的。此时可以达到风险最优分担，因此在激励机制中无需考虑风险问题。委托人（政府）可以根据观测到的 a 对代理人实行奖惩，就是说，激励合同可以建立在行动上，从而，激励相容约束是多余的，因为委托人可以设计任意的"强制合同"(forcing contract)：如果公交企业选择 a^*，财政补贴 $b(a^*)=b^*$，否则补贴额度 $b<b^*$，使得下列条件成立：

$$p\cdot Q(a^*)+b^*-C(a^*)>p\cdot Q(a)+b-C(a),\ \forall a\in A \qquad (6\text{-}25)$$

只要 b 足够小，即对代理人（公交企业）的惩罚力度足够大，公交企业绝对不会选择 $a\neq a^*$。

由于实行监督的成本相对补贴额度较少，对补贴效果影响不大，为了使问题更清晰，在模型中不考虑政府实施监督的成本。下面讨论最优努力水平 a 的选择，由于 a 是可以观测的，委托人可以强制代理人选择任意的 a，激励相容约束是多余的，委托人可以选择 a 和 b 来求解下列问题：

$$\max \quad p\cdot Q(a)+S(a)+b-C(a)-\mu b$$

$$\text{s. t} \quad (\text{IR}) \quad p\cdot Q(a)-C(a)+b\geqslant\bar{\pi}$$

2. 模型求解与分析

对委托人（政府）而言，是先监督公交企业行为的结果，后进行补贴的发放，政府可以设定任意的强制合同，使公交企业的努力水平达到政府的要求。政府要达到社会效益最大化，期望的努力水平为：

$$\partial U/\partial a=0$$

$$\Rightarrow p\cdot Q(a)+s\cdot Q(a)+b-C(a)-\mu b$$

$$\Rightarrow a^*=\frac{k\cdot(p+s)}{\phi} \qquad (6\text{-}26)$$

下面讨论政府期望企业达到期望努力水平的补贴额度 b^* 和对企业努

力程度的奖惩系数。假设 a^* 为政府期望公交企业达到的努力水平。将努力水平分为三个等级 a^H, a^*, a^L，分别表示高努力水平、中等努力水平和低努力水平，它们相对应的补贴额度分别为：

$$b(a^H)=(1+\eta_1)b^*, b(a^*)=b^*, b(a^L)=(1-\eta_2)b^*$$

其中，η_1 表示对企业高于政府期望努力水平的奖励系数，η_2 表示对企业低于政府期望努力水平的惩罚系数；$0<\eta_1<1, 0<\eta_2<1$。

公交企业在三种不同的努力水平下经营，并依照政府对经营结果的监督获得相应的财政补贴，其收益情况如下：

$$\pi^H=p\cdot k\ln a^H-c_0-\phi a^H+(1+\eta_1)b^*$$
$$\pi^*=p\cdot k\ln a^*-c_0-\phi a^*+b^*$$
$$\pi^L=p\cdot k\ln a^L-c_0-\phi a^L+(1+\eta_2)b^* \tag{6-27}$$

政府想要公交企业达到努力水平 a^*，实现社会效益最大化，必须满足以下条件：

$$\pi^*>\bar{\pi}$$
$$\Leftrightarrow p\cdot k\cdot\ln a^*-c_0-\phi a^*+b^*>p\cdot k\cdot\ln a^H-c_0-\phi a^H+(1+\eta_1)b^* \tag{6-28}$$

由上式得到政府希望公交企业选择行为 a^* 时间支付的财政补贴为：

$$b^*>\bar{\pi}-p\cdot k\cdot\ln a^*+c_0+\phi a^* \tag{6-29}$$

下面讨论政府如何选择合适的惩罚力度，控制公交企业不选择 a^L。根据公交企业追逐自身利益最大化的特点，只有当 $\pi^L<\pi^*$ 时，政府才能有效地控制公交企业不选择 a^L。将式(6-27)带入，得到政府设置的合理惩罚力度应当满足下列条件：

$$\eta_2>\frac{p\cdot k(\ln a^L-\ln a^*)-\phi(\mathrm{a}^L-a^*)}{b^*} \tag{6-30}$$

政府对公交企业设置合适的奖励系数可以有效的激励公交企业选择高努力水平 a^H，当 $\pi^H>\pi^*$ 时，公交企业才有动力选择 a^H，将式(6-27)带入其中，得到政府设置的合理奖励系数应满足以下条件：

$$\eta_1>\frac{p\cdot k\cdot(\ln a^*-\ln a^H)-\phi(a^*-a^H)}{b^*} \tag{6-31}$$

五、不同补贴方式的比较分析

在以上讨论的四种不同的补贴方式中：

(1)统包补贴方式不存在激励机制，致使公交企业丧失经营动力，尤其是统包补贴方式的信息不对称会产生“鞭打快牛”的现象，从而使得公交企业有动力降低努力水平以争取更多的财政补贴，使得财政补贴起到相反的效应；

(2)包干补贴方式也不存在激励机制，实际上是委托人(政府)的固定支付，它对政府需要公交企业一般努力水平时是有效的，但由于没有激励机制，并不能促使公交企业进一步提高努力水平，增强经营能力；

(3)按客运量补贴的方式含有激励相容约束，能够激励公交企业通过提高努力水平以改善服务质量，获得更多的客运量，从而争取更多的补贴，但客运量不能全面的体现公交企业的努力水平，政府与公交企业的信息不对称可能会带来一定的社会负效应；

(4)服务及成本监督下的补贴方式是基于政府与企业信息的对称，其激励合同建立在行动上，政府可以观测到企业的努力水平，因而可以设计任意的“强制合同”实现政府的社会利益最大化目标，并且可以通过设计合理的奖惩系数来控制公交企业的低努力行为、诱导其付出高努力水平。

因此，建议政府部门在对公共交通企业的补贴中采用具有较强激励机制的服务及成本监督下的补贴方式，准确地观测公交企业的行为选择，更能激发公交企业努力经营的动力，能高效率地使用财政补贴，实现较大的社会效益。

由于委托—代理理论属于信息经济学的前沿理论，目前仍然处于研究与发展阶段，而将博弈论运用于公交补贴问题的研究也仅属于探索阶段，并且因数据的局限性和模型的抽象性，本书未能做出对应于模型的实例分析，希望能在以后做进一步的研究。

附录　王江发表的相关论著目录

著述方式	题目	字数	出版单位/报刊名称	时间
专著	地铁运营评估	420 000	中国铁道出版社	2008年6月
评论	立法根治泥头车管理难题，是否能见成效？	2 500	《深圳新闻网》-报网联动	2009年4月2日
评论	目前对泥头车有多个部门在管却难以管到位	3 500	《深圳特区报》	2009年4月
论文	基于伯特兰德模型——深圳港与香港港的港口定价博弈分析	5 200	《水运管理》	2009年3月
评论	让路边车位高效流转真正便民	2 800	《深圳特区报》	2009年3月
论文	城市公交站点间距优化方法研究	3 500	《交通世界》	2009年1月
评论	再问—谁能管得住泥头车？	3 000	《深圳新闻网》-报网联动	2008年12月4日
评论	下调的士份钱能否由淡季变为长期？	1 500	深圳电视台-第一现场	2008年11月21日
评论	深圳能不能管好泥头车？怎么才能管好泥头车？	2 500	《深圳新闻网》-报网联动	2008年11月19日
评论	如何让电动自行车走出灰色地带	2 200	《深圳新闻网》-报网联动	2008年11月3日
评论	华强北“黑巴”现象深入分析	1 100	深圳电视台-第一现场	2008年8月23日
论文	城市公交站点发展规模研究	4 200	《交通标准化》	2008年6月
评论	“的哥”公开招聘，能否杜绝“茶水费”？	2 000	《深圳新闻网》-报网联动	2008年6月12日

续上表

著述方式	题目	字数	出版单位/报刊名称	时间
论文	论深港物流一体化	4 000	《物流科技》	2008 年 6 月 1 日
评论	老司机开不了新绿的出租车公司有说法	2 000	《深圳新闻网》-报网联动	2008 年 6 月 5 日
论文	道路货运市场信息发布机制研究	5 000	《物流科技》	2008 年 6 月
论文	地铁运营服务评估体系的构建	4 000	《交通世界》	2008 年 5 月
论文	出租车牌照拍卖制下的牌照合理估值	4 800	《科学中国人》	2008 年 5 月
评论	新的士投放的理性分析	3 000	深圳电视台-第一现场	2008 年 4 月 3 日
论文	新形势下交通运输行业特性分析	4 220	《综合运输》	2008 年 4 月
评论	的士茶水费的经济学分析	3 000	深圳电视台-财经频道	2008 年 3 月 18 日
评论	联邦快递的启示	11 000	《对话改革》	2008 年 3 月 5 日
评论	珠三角限制私家车渐行渐近	3 263	《南方日报》	2008 年 1 月 8 日
合著	深港国际大都会形成机理研究	50 000	中国城市出版社	2008 年 1 月
评论	深圳明年追上，香港港口地位或急跌沦落第四	1 000	《香港文汇报》	2007 年 12 月 22 日
评论	深圳拟征“交通拥堵费”反响强烈	1 000	《深圳新闻网》	2007 年 11 月 13 日
评论	2 000 红的牌照近日开拍——首次采用“估低价淘汰”拍卖限制拍出天价将以实际得牌数投放的士数量——理性拍卖，避免国有资产流失	1 900	《南方都市报》	2007 年 10 月 30 日
论文	深港物流强强联合，推动区域经济发展	5 200	《经济动态》	2007 年 9 月

续上表

著述方式	题目	字数	出版单位 /报刊名称	时间
评论	公交区域专营是降价灵丹	3 153	《南方都市报》	2007年8月31日
评论	深圳通不通深圳降价难奏效	2 500	《南方都市报》	2007年8月30日
评论	提升管理水平改善停车服务	3 000	《深圳特区报》	2007年8月27日
评论	西部通道每日柜车不足20辆	1 200	《香港大公报》	2007年8月8日
评论	珠船与深圳结成联盟！推行珠江战略	1 000	《香港文汇报》	2007年7月18日
评论	票价平民化 深圳拟定公交改革时间表	2 500	《经济观察报》	2007年5月12日
论文	发展物流总部经济，推进深港物流合作	5 000	《经济动态》	2007年7月
评论	科学规划合理设置方便市民快捷出行	5 000	《深圳特区报》	2007年04月15日
评论	专家开药方治高价公交——建议实行月票、双程票、深圳通折扣、周票 等多种形式优惠	1 500	《南方都市报》	2007年3月22日
评论	专家畅谈深圳公交票价改革——资金成本定价已经不合时宜	1 730	《深圳晚报》	2007年3月22日
评论	停车场缴费一卡通应该可行	750	《深圳商报》	2007年1月29日
论文	深圳BRT系统建设的思考	6 235	《交通标准化》	2006年12月
论文	论“知识失业”与产业结构调整	8 000	《特区经济》	2006年4月
论文	深圳市长途公路客运市场的现状思考	4 800	《交通标准化》	2006年2月
评论	咪表管理规范停车才能省心	6 300	《深圳特区报》	2005年5月31日

续上表

著述方式	题目	字数	出版单位 /报刊名称	时间
评论	电召的士“赶走”黑的	2 000	《深圳法制报》	2005 年 10 月 26 日
评论	深圳市民月均增加停车费用由 694 元降至 186 元	3 000	《深圳晶报》	2005 年 10 月 25 日
评论	我市居民公交出行费用偏高	800	《深圳商报》	2005 年 10 月 12 日
论文	深圳静态交通管制的工具——“咪表”的理论依据与应用浅析	5 800	《特区经济》	2005 年 10 月
评论	多数代表理解停车费合理上调	1 700	《深圳晶报》	2005 年 9 月 16 日
评论	咪表里有个价格杠杆	1 520	《深圳特区报》	2005 年 5 月 31 日
论文	深圳城市道路交通发展模式的设想	5 760	《特区经济》	2005 年 5 月
评论	何日地铁如香港，雨天上班不打伞也不会湿身	4 860	《南方都市报》	2005 年 1 月 28 日
评论	听证会：咪表与丢车赔偿为关注要点	3 000	《南方都市报》	2002 年 11 月 24 日
评论	走出“两张皮"的困境——对我市公交站点规划的思考	1 650	《深圳特区报》	2001 年 9 月 9 日
独立完成	城市公交管理决策方式的探讨	8 000	《汽车运输》	1999 年 8 月
该文转载	深港交通合作构想	6 000	《中国人民大学》	1997 年 12 月
独立完成	我国运输企业的发展趋势	7 000	《汽车运输研究》	1997 年 1 月
第二作者	交通投资管见	8 000	《深圳大学学报》	1996 年 3 月
第二作者	试论政府部门宏观调控公路配载网络系统	8 000	《汽车运输研究》	1994 年 1 月

参考文献

[1] Tabuchi M. Bottleneck Congestion and Modal Split [J]. Journal of Urban Economics. 1993，(34):414-443.

[2] Bruno De Borger, Sandra Wouters. Transport Externalities and Optimal Pricing and Supply Decisions in Urban Transportation: A Simulation Analysis for Belgium [J]. Regional Science and Urban Economics. 1998,(28):163 - 197.

[3] Marvin Kraus, Yuichiro Yoshida. The Commuter's Time-of-Use Decision and Optimal Pricing and Service in Urban Mass Transit[J]. Journal of Urban Economics. 2002,51:170 - 195.

[4] Paolo Ferrari. Road network toll pricing and social welfare[J]. Transportation Research Part B. 2002,(36):471 - 483.

[5] Jiang-qian Ying, Hai Yang. Sensitivity analysis of stochastic user equilibrium flows in a bi-modal network with application to optimal pricing[J]. Transportation Research Part B. 2005,(39):769 - 795.

[6] 高家驹.综合运输概论[M].第四版.北京:中国铁道出版社,2000:165-170.

[7] Hai Yang, S. C. Wong. A Network Model of Urban Taxi Services[J]. Transportation Research Part B,1998,(32):235-246.

[8] Hai Yang, S. C. Wong, K. I. Wong. Demand-supply Equilibrium of Taxi Services in a Network under Competition and Regulation[J]. Transportation Research Part B,2002,(36):799-819.

[9] 陈启新.公交规划中的成本预测[J].城市公共交通.1994,4,(20):27.

[10] 彭其渊,吴文娟.季节性差别定价方法在客运专线中的应用探讨[J].交通运输工程与信息学报,2006,4(03):1-4.

[11] 王殿海,吴娟,栗红强.典型线路公共汽车票价确定方法研究[J].公路交通科技,2000,17(06):80-82.

[12] 全允桓.城市快速交通线项目的最优票价与政府补偿[J].系统工程理论与实践,2001,(04):88-91.

[13] Hai-Jun Huang. Pricing and Logit-based Mode Choice Models of a Transit and Highway System with Elastic Demand European [J]. Journal of Operational

Research,2002,(140):562 - 570.

[14] 闫小勇,牛学勤.基于概率选择的城市轨道交通最优票价计算方法[J].城市轨道交通研究,2003,(06):79-81.

[15] 张明海.上海公交价格需求弹性估计[J].上海管理科学,2004,06:28-29.

[16] 胡思红.公交企业标准成本研究[J].城市公共交通,2004,28(05):18-29.

[17] 兰恒友,韩泽,黄南京,李竹渝.城市快速交通线项目票价预测模型[J].数学的实践与认识,2004,34 (01):24-28.

[18] 赵良杰,陈义华,车天义.重庆轻轨票价方案研究[J].铁道运输与经济,2005,27 (11):40-42.

[19] 朱玲玲,徐庆.弹性需求下铁路票价和提速策略的优化模型[J].系统工程,2005,23 (04):69-74.

[20] 戚宇杰,姜涛.基于系统动力学的城市轨道交通定价方法研究[J].都市快轨交通,2005,18 (06):17-20.

[21] 钟伟浩,宋家骅.基于成本分析的常规公交和 BRT 的比选研究[J].城市交通,2006, 08:78-80.

[22] 王健,安实,赵泽斌.基于财政补贴的拥挤定价下公交收费策略研究[J].管理工程学报,2006,20 (02):84-88.

[23] 汤薇,陈森发,仇向洋.基于生命周期客流分摊成本的城市轨道交通定价方法[J].系统工程理论与实践,2007,(05):69-74.

[24] MATT G KARLAFTIS, PATRICK Mc CARTHY. Operating Subsidies and Performance in Public Transit: An Empirical Study [J]. Transportation Research -A, 1998,32(5):359-375.

[25] DOUGLAS O, A OSULA. A Procedure for Estimating Transit Subsidization Requirements for Developing Countries [J]. Transportation Research -A, 1998, 32(8):599-606.

[26] Astrid De Witte. The Impact of 'Free' Public Transport: The Case of Brussels [J]. Transportation Research Part - A, 2006, (40):671-689.

[27] James Odeck, Abdulrahim Alkadi. The Performance of Subsidized Urban and Rural Public Bus Operators: Empirical Evidence from Norway[J]. Ann Reg Sci, 2004, (38):413-431.

[28] Rainald Borck, Matthias Wrede. Commuting Subsidies With Two Transport Modes [J]. Journal of Urban Economics, 2007:1-8

[29] John Pucher, Stefan Kurth. Verkehrsverbund: the success of regional public transport in Germany, Austria and Switzerland[J]. Transportation Policy, 2003, 2(4):279-

291.

[30] Peter Nelson, Andrew Baglino, Winston Harrington, Elena Safirova, Abram Lipman. Transit in Washington DC:Current Benefits and Optimal Level of Provision[J]. Journal of Urban Economics,2007(62):231-251.

[31] 姜国杰,肖欣荣.城市公交的机制改革和补贴方式[J].城市公用事业,1999,13(04):1-2 .

[32] 杨则海.城市公共交通的二重性与补贴机制研究[J].城市公共交通,2000,(04):15-17.

[33] 杨长溪.城市公共交通补贴机制的分析—以台北市为例[J].世界城市交通,2000,(04).

[34] 张敏,欧国立.城市公共交通补贴问题分析[J].城市公共交通,2001,(03):9-12.

[35] 李瑞敏,杨新苗,史其信.国外城市公共交通财政补贴政策研究[J].城市发展研究, 2002,9 (03):62-65.

[36] 叶海行,杨浩.城市公交企业补贴机制探讨[J].内蒙古科技与经济,2003,(02):66-68.

[37] 张光远.用价格政策支持城市公共交通优先发展[J].价格理论与实践,2005,(12):12-13 .

[38] 黎莹.浅谈城市公共交通中的政府补贴问题[J].财经界,2007,(04):47-48.

[39] 周春燕,王琼辉.公众参与城市轨道交通政府补贴机制探讨[J].价格理论与实践,2007,(06):26-27.

[40] 张建英.博弈论的发展及其在现实中的应用[J].理论探索,2005,(02):36-37.

[41] 邵祖峰.博弈论在道路交通管理中的应用[J].道路交通与安全,2006,6 (03):8-11.

[42] David Levinson. Micro-foundations of congestion and pricing: A game theory perspective [J]. Transportation Research Part A,2005,39:691-704

[43] 黄绪明.道路收费政策下的博弈分析[J].鄂州大学学报,2005,12 (06):42-45.

[44] 黎明,段万春.道路交通拥挤成本的博弈分析及其运管对策[J].交通科技,2007,(02):74-76.

[45] 曹霖,刘肇城.博弈论在城市公交优先机制中的应用[J].甘肃科技,2007,23(04):17-18.

[46] 王成,郑树清,鲁英. 公共资源利用中的博弈模型分析——以公交运营为例[J].商场现代化,2005,17(103).

[47] 贺国光,纪银苗,刘峰涛.基于双层博弈的交通方式选择[J].长安大学学报(社

会科学版),2006,8(03):4-7.

[48] 周晶,朱振涛.城市交通供需失衡的层次分析及其控制策略[J].交通运输系统工程与信息,2007,(04).

[49] 黄园高,周晶.收费公路和公共交通之间的定价博弈分析[J].东南大学学报(自然科学版),2004,34(02):268-273.

[50] 陈宽民,罗小强.城市快速轨道交通合理票价的博弈分析[J].长安大学学报(自然科学版),2005,25(04):52-55.

[51] 李树彬,陈峰.城市间多模式交通旅客票价制定的博弈分析[J].铁道运输与经济,2006,28(03):8-10.

[52] 李巧茹,马寿峰,魏连雨.城市公交企业与政府博弈研究[J].系统工程,2004,22 (06):16-20.

[53] 刘彤,綦忠平,王逢宝.新加坡公交定价模型对城市公交票价改革的启示[J].价格理论与实践,2007,(10):46-47.

[54] 华兆增.美国的城市公共交通[J].交通与运输,2007,(01):34-35.

[55] 周小梅.我国公交补贴政策及其改革——从桂林免费公交谈起[J].价格理论与实践,2002,(08):25-27.

[56] 张光远,张东生,王伟.运价管理——政策、现状、借鉴与分析[M].北京:中国市场出版社,2005:267-268.

[57] 胡润州.由公交优先与票价政策引发的思考[J].城市交通,2007,5(3):94-95.

[58] 王炜,杨新苗,陈学武,等.城市公共交通系统规划方法与管理技术[M].北京:科学出版社,2002:23-26.

[59] 杨浩.运输组织学[M].北京:中国铁道出版社,2004:177.

[60] 北京交通发展研究基地.北京交通发展研究报告 2006[R].北京:同心出版社,2006

[61] 王庆云.交通运输发展理论与实践[M].北京:中国科学技术出版社,2006.

[62] 陆锡明.城市交通战略[M].北京:中国建筑工业出版社,2006:11,65.

[63] 肯尼思·巴顿.运输经济学[M].冯宗宪,译.北京:商务印书馆,2001:141,183.

[64] 张大宁.城市公共交通价格机制的研究[D].北京:北京工业大学硕士学位论文,2002.

[65] 马荣国.城市公共交通系统发展问题研究[D].西安:长安大学博士学位论文,2003.

[66] 奥兹,谢伊.网络产业经济学[M].张磊,译.上海:上海财经大学出版社,2002,156.

[67] 哈尔.R.范里安.微观经济学:现代观点[M].第六版.费方域,译.上海:上海三联书店,上海人民出版社.2006:342-355.

[68] 曲振涛,杨恺钧.规制经济学[M].上海:复旦大学出版社,2006:63.

[69] 杨卫东,缪玉玲.江苏省交通产业发展战略研究[M]北京:人民交通出版社,2004.15.

[70] 朱柏铭.公共经济学[M].杭州:浙江大学出版社,2002:85.

[71] 沈贤德.公交票价形成体系规范的探讨[J].浙江统计,2006,(7):21-22.

[72] 约瑟夫.E.斯蒂格利茨.公共部门经济学[M].第三版.郭庆旺,译.北京:中国人民大学出版社,2005:109-126.

[73] 深圳大学物流研究所.深圳公交票价体系研究[R].深圳:深圳大学物流研究所,2006.

[74] 肯特.门罗.定价——创造利润的决策[M].孙忠,译.北京:中国财政经济出版社,2005:推荐序,10-19.

[75] 刘伟铭.道路收费系统的优化模型及算法[M].北京:人民交通出版社,2004:18-25.

[76] 骆品亮.定价策略[M].上海:上海财经大学出版社,2006.

[77] 蒋惠圆.运输市场营销学[M].北京:人民交通出版社,2004:152-176.

[78] 傅玲.城市轨道交通票价定价研究[D].重庆:重庆大学硕士学位论文,2005.

[79] 赵良杰.公共交通的最优定价理论与模型研究[D].重庆:重庆大学硕士学位论文,2006.

[80] 陶小马,黄治国.公用事业定价理论模式比较研究[J].价格理论与实践,2002,(07).

[81] D.S.沃森.M.A.霍尔曼.阂庆全.价格理论及其应用[M].北京.中国财经经济出版社,1983.

[82] 季令.张宝国.城市轨道交通运营组织[M].北京.中国铁道出版社,1998.

[83] 杨君昌,曾军平.公共定价理论[M].上海:上海财经大学出版社,2002.

[84] 于维生,朴正爱.博弈论及其在经济管理中的应用[M].北京:清华大学出版社,2005.

[85] 张维迎.博弈论与信息经济学[M].上海:上海三联书店,上海人民出版社,1996.

[86] 黄韬.博弈论的发展与创新[J].财经问题研究,1995(5):3-9.

[87] 侯经川,基于博弈论的国家竞争力评价体系研究[M].北京:北京图书馆出版社,2002.

[88] 侯经川,基于博弈论的国家竞争力评价体系研究(信息管理科学博士文库)

[M]. 北京:北京图书馆出版社,2005.

[89] 马丁. J. 奥斯本,阿里尔. 鲁宾斯坦. 博弈论教程[M]. 魏玉根,译. 北京:中国社会科学出版社,2000.

[90] 王文举. 博弈论应用与经济学发展[M]. 北京:首都经济贸易大学出版社,2003:7-12.

[91] 黄涛. 博弈论教程—理论应用[M]. 北京:首都经济贸易大学出版社,2004.

[92] 刘芬芳. 基于完全信息静态博弈下的城市公交优先研究[J]. 交通科技,2008,总230.

[93] 谢识予. 经济博弈论[M]. 上海:复旦大学出版社,2002.

[94] 因内恩,马可-斯达德勒,J. 大卫,佩雷斯-卡斯特里罗. 信息经济学引论:激励与合约[M]. 管毅平,译. 上海:上海财经大学出版社,2004:32-40.

[95] 陈禹. 信息经济学[M]. 北京:清华大学出版社,1998:21-23.

[96] Hardin G. The tragedy of the commons[J]. Science,1968(10):13-23.

[97] 陈学武. 城市公交优先的发展对策研究[J]. 城市交通, 2004, (1):34-36.

[98] 王孝坤,王辉,杨扬. 运用票价政策推动城市公交优先发展[J]. 综合运输,2006,(8-9):63-65.

[99] 刘彤,巩丽媛,王逢宝. 城市公交票价定价与调整政策研究[C]. "迎全运"提升城市建设管理水平研讨会优秀论文集,143-146.

[100] 卢伟,刘闯,邬万江,公交票价与交通需求相互影响研究[N]. 科技创新导报,2008-17:210-211.

[101] 郑宇. 基于服务质量的公交企业补贴探讨[J]. 博士论坛,2005:362-366.

[102] 卜伟. 北京市公交优惠票价政策分析[J]. 综合交通,2008,04:34-36.

[103] 宋旭光,优先发展城市公交的策略研究—北京市公交低价模式的优化与发展,价格理论与实践:37-38.

[105] 周军,深圳市公交票价及财政政策研究,市政工程设计:73-76.

[106] 甘璐,王雪,深圳公交降价政策分析,《合作经济与科技》2008 年 8 月号下(总第 351 期)。

[107] 陈莉,深圳市地面交通价格存在问题及对策研究,价格理论与实践:24-25.

[108] 资建民,王海军,邬旭. 关于博弈论与交通政策的探讨[J]. 交通科技, 2005,(5):102-104.

[109] 刘洪营. 城市客运交通结构评价、设计与优化研究[D]. 西安:长安大学硕士学位论文,2003.

[110] 李成威. 公共产品的需求与供给:评价与激励[M]. 北京:中国财政经济出版社,2005:198-224.

[111] Gray, George E, Lester A. Hoel. Public Transportation[M]. Englewood Cliffs, New Jersey: Prentice Hall. 1992.

[112] 王燕. 城市客运系统分析与评价[D]. 成都:西南交通大学硕士学位论文, 2003.

[113] 陆锡明,陈小雁. 客运规划与城市发展[M]. 上海:华东理工大学出版社, 1996.

[114] 陈蓉. 博弈论均衡理论在价格竞争中的应用分析[D]. 北京:中国地质大学硕士论文,2006.

[115] Ichiishi T. Game theory for economic analysis[M]. Academic Press, New York, 1983.

[116] 陆化普,黄海军. 交通规划理论研究前沿[M]. 北京:清华大学出版社,2007.

[117] 刘灿齐. 现代交通规划学[M]. 北京:人民交通出版社,2001.

[118] 邵春福. 交通规划原理[M]. 北京:中国铁道出版社,2004.

[119] 龚勃文. 交通方式划分的非集计模型及应用研究[D]. 长春:吉林大学硕士学位论文,2007.

[120] 聂伟. 都市圈道路网络优化及其评价理论研究[D]. 北京:北京交通大学博士学位论文,2007:72-73.

[121] 周晶, 盛昭瀚, 何建敏. 弹性需求下公交网络系统票价结构的优化[J]. 自动化学报, 2001,27(5):637-643.

[122] 四兵锋,高自友. 市场竞争条件下的客运价格优化策略模型及算法[J]. 交通运输系统工程与信息,2007(7)1:74-78.

[123] Norbert O. Urban Travel Demand Modeling: From Individual Choice to General Equilibrium[M]. A Wiley-Inter-science Publication, John Wiley&Sons, INC, 1994.

[124] Lian-Ju Sun, Zi-You Gao. An equilibrium model for urban transit assignment based on game theory[J]. European Journal of Operational Research 181 (2007):305-314.

[125] 周晶. 城市交通系统分析与优化[M]. 南京:东南大学出版社,2001.

[126] Ferrari P. Road pricing and network equilibrium[J]. Transportation Research B, 1995, 29.

[127] Harker P T. Generalized Nash games and quasi-variational inequalities[J]. European Journal of Operational Research, 1991, (54):81-94.

[128] 朱健梅. 竞争性运输通道选择的博弈模型研究[J]. 西南交通大学学报,2003, 38(3):336-340.

[129] 罗伯特·吉本斯. 博弈论基础[M]. 高峰,译. 北京:中国社会科学出版社,1999:1-37.

[130] 王玉萍. 常规公交与轨道交通之间的竞争与合作[D]. 西安:长安大学硕士学位论文,2004.

[131] 陈琛. 城市公共交通换乘系统研究[D]. 南京:东南大学硕士学位论文,2005.

[132] 孙利辉,徐寅峰,李纯青. 合作竞争博弈模型及其应用[J]. 系统工程学报,2002,17(3):211-215.

[133] Maria Bengtsson, Soren Kock. Cooperation and competition among horizontal actors in business networks[C]. Paper presented at the 6th Work-shop on Interorganizational Research,1996,23-25.

[134] Hausken Kjell. Cooperation and between-group competition[C]. Journal of Economic Behavior &Organization,2000,42:417-425.

[135] 石盛林. 合作竞争战略的博弈分析[D]. 广州:广东工业大学硕士学位论文,2004.

[136] 覃煜,晏克非,赵童. 铁路客运与市内公交衔接协调性的评价分析[J]. 武汉交通科技大学学报,2000,24 (02):207-211.

[137] 陈启新. 试析城市公共交通的换乘[J]. 城市公共交通,2003,(03):42-44.

[138] 周伟,王秉纲. 路段通行能力的理论探讨[J]. 交通运输工程学报,2001,1(02):92-98

[139] 林柏梁,杨富社,李鹏. 基于出行费用最小化的公交网络优化模型[J]. 中国公路学报,1999,12(1):79-83.

[140] 钱臻,陆化普. 一种公交网络客流分配方法及其实用性研究[J]. 清华大学学报,2005,45(9):1170-1174.

[141] 周雪梅,杨晓光. 基于ITS的公共交通换乘等待时间最短调度问题研究[J]. 中国公路学报,2004,17(2):82-84.

[142] Yang H., Huang H. J. Principle of Marginal-Cost Pricing: How Does It Work in a General Road Network [J]. Transportation Research Part A, 1998, 32(1):45-54.

[143] 毛林繁. 城市公交网络可靠性的双层规划模型[J]. 中国公路学报,2002,15(3):88-91

[144] Bellei G, Gentile G, Papola N. Network pricing optimization in multi-user and multimodal context with elastic demand [J]. Transportation Research Part B,2002,36(9):779-798.

[145] Adamsli A, Turnau A. Simulation Support Tool for Real-time Dispatching Control

in Public Transport[J]. Transportation Research Part A,1998, 32(2):73-87.

[146] 罗文昌,袁春华.弹性需求下的随机用户平衡模型及求解算法[J].重庆交通学报, 2003,22(3):101-119.

[147] 高自友,宋一凡,四兵锋.城市交通连续平衡网络设计理论和方法[M].北京:中国铁道出版社,2000.

[148] 张华歆,周溪召.多模式交通网络的拥挤道路收费双层规划模型[J].系统工程理论方法及应用,2005,14(6):546-551.

[149] Halr Arian. Microeconomic Analysis[M]. W. W. Norton&Company,1997.

[150] 保罗·萨谬尔森,诺德豪斯.经济学[M].北京:首都经济贸易大学出版社,1996:569.

[151] A C Pigou. The Economics of Welfare [M]. MacMillan Company Ltd,1952.

[152] 资建民,王海军,邬旭.关于博弈论与交通政策的探讨[J].交通科技,2005(5):102-104。

[153] 李振华.城市公交优先与经济扶持政策研究[D].北京:北方交通大学硕士学位论文,1999:22.

[154] 深圳统计局.深圳市统计年鉴 2006[M].北京:中国统计出版社,2006.

[155] 袁建,叶亮.公交服务水平对公交票价调整的影响分析[J].价格理论与实践,2007,(05):45-46.

[156] 欧文.E.休斯.公共管理导论[M].北京:中国人民大学出版社,2001:13.

[157] Cole E.. Partnering:A Quality Model for Contract Relations[M]. The Public Manager, 1993:39-42.

[158] Calorado. The International Encyclopedia of Public Policy and Administration [M]. West view Press,A Division of Harper Collins Publishers . In c. ,1998:1498.

[159] Peter Tisato. Service Unreliability and Bus Subsidy[J]. Transportation Research A,1998,32(6):423-436.

后　记

博弈论是当今经济学乃至整个社会科学中极为重要的一门理论学科，它利用数学工具对种种社会经济现象进行深入的规范分析，获得了丰硕的研究成果。但用博弈论来分析城市公共交通定价与补贴较为稀少。

本书是根据作者担任的广东省自然科学基金项目“基于博弈分析的城市公共交通定价及补贴研究”的最终研究成果改编而来的。2008 年 5 月，当王江的第一本专著《深圳地铁一期工程运营情况评估》出版时，我们就已开始着手准备本书的构思。为了增加可读性，我们根据近两年来国内外公共交通定价与补贴研究的最新成果，引入许多城市大幅下调公交票价的最新案例，借鉴引用有关同仁的观点，对研究成果中的内容进行了适当的删增。因此，作者既要对科研期间给予过关心和帮助的同事们表示感激，又对要交通相关领域的众多朋友表示敬意！

感谢深圳大学副书记陶一桃教授，她是一名才华横溢的经济学家，为本书的完成提出了宝贵的学术意见。感谢我们的同事张双、王晓静、马晓翠、彭锡、高原、陈娱、刘志雄、王依波等，他们前期所研究的课题是本书的基本素材。感谢王镜博士导师邵春福教授，师弟聂伟博士，哈尔滨工业大学深圳研究生院的王健博士后、谢秉磊博士后，北京工业大学交通研究中心博士生毛科俊，他们给了我们许多学术上的支持。在本书编写过程中，还参考了大量的国内外相关书籍和论文，在此对这些作者表示衷心的感谢。

感谢深圳市物价局的马裕滨、彭鸿林、袁方、黄健平、王耘、马哲，交通局的黄敏、陈惠港、马勇智、高旭敏、朱各英、罗小虎、韩立清、刘彦达等各位领导和专家；在数据的采集、相关资料的搜集、实用性分析等方面给予了一定得帮助和指导，在此我们深表谢意。

衷心感谢中国铁道出版社对本书的专业审核与编辑，使这本书顺利出版。由于时间仓促，又无前车之鉴，加之我们的学识和能力水平有限，书中难免有不足之处，希望各位专家和读者多提宝贵意见，使本书的内容进一步完善。

王江　王镜

2009 年 4 月 30 日